Qualidade de Vida no Trabalho – QVT

O GEN | Grupo Editorial Nacional – maior plataforma editorial brasileira no segmento científico, técnico e profissional – publica conteúdos nas áreas de ciências sociais aplicadas, exatas, humanas, jurídicas e da saúde, além de prover serviços direcionados à educação continuada e à preparação para concursos.

As editoras que integram o GEN, das mais respeitadas no mercado editorial, construíram catálogos inigualáveis, com obras decisivas para a formação acadêmica e o aperfeiçoamento de várias gerações de profissionais e estudantes, tendo se tornado sinônimo de qualidade e seriedade.

A missão do GEN e dos núcleos de conteúdo que o compõem é prover a melhor informação científica e distribuí-la de maneira flexível e conveniente, a preços justos, gerando benefícios e servindo a autores, docentes, livreiros, funcionários, colaboradores e acionistas.

Nosso comportamento ético incondicional e nossa responsabilidade social e ambiental são reforçados pela natureza educacional de nossa atividade e dão sustentabilidade ao crescimento contínuo e à rentabilidade do grupo.

Ana Cristina Limongi-França

Qualidade de Vida no Trabalho – QVT

Conceitos e Práticas nas Empresas da Sociedade Pós-industrial

2ª Edição

A autora e a editora empenharam-se para citar adequadamente e dar o devido crédito a todos os detentores dos direitos autorais de qualquer material utilizado neste livro, dispondo-se a possíveis acertos caso, inadvertidamente, a identificação de algum deles tenha sido omitida.

Não é responsabilidade da editora nem da autora a ocorrência de eventuais perdas ou danos a pessoas ou bens que tenham origem no uso desta publicação.

Apesar dos melhores esforços da autora, do editor e dos revisores, é inevitável que surjam erros no texto. Assim, são bem-vindas as comunicações de usuários sobre correções ou sugestões referentes ao conteúdo ou ao nível pedagógico que auxiliem o aprimoramento de edições futuras. Os comentários dos leitores podem ser encaminhados à **Editora Atlas Ltda.** pelo e-mail faleconosco@grupogen.com.br.

Direitos exclusivos para a língua portuguesa
Copyright © 2002 by
Editora Atlas Ltda.
Uma editora integrante do GEN | Grupo Editorial Nacional

Reservados todos os direitos. É proibida a duplicação ou reprodução deste volume, no todo ou em parte, sob quaisquer formas ou por quaisquer meios (eletrônico, mecânico, gravação, fotocópia, distribuição na internet ou outros), sem permissão expressa da editora.

Rua Conselheiro Nébias, 1384
Campos Elísios, São Paulo, SP – CEP 01203-904
Tels.: 21-3543-0770/11-5080-0770
faleconosco@grupogen.com.br
www.grupogen.com.br

Capa e ilustrações: Guilherme Grolla
Composição: Lino-Jato Editoração Gráfica

DADOS INTERNACIONAIS DE CATALOGAÇÃO NA PUBLICAÇÃO (CIP)
(CÂMARA BRASILEIRA DO LIVRO, SP, BRASIL)

Limongi-França, Ana Cristina

Qualidade de vida no trabalho – QVT : conceitos e práticas nas empresas da sociedade pós-industrial / Ana Cristina Limongi-França. – 2. ed. – [11. Reimpr.]. – São Paulo : Atlas, 2019.

ISBN 978-85-224-3889-1

1. Qualidade de vida no trabalho I. Título. II. Título: Conceitos e práticas nas empresas da sociedade pós-industrial.

02-6625
CDD-658.31422

Índice para catálogo sistemático:

1. Qualidade de vida no trabalho : Administração de pessoal : Administração de empresas 658.31422

Homenagens desta 2ª edição

A Tia Miche – Maria Alice –, *in memoriam*, exemplo de amor à
Vida.

A meus pais, Maria Thereza e Rubens, *in memoriam*, saudades de muitos exemplos de
Vida.

A meus filhos, Ana Alice e Caio Augusto, jovens adultos que descobrem e constroem novos
Afetos.

Aos meus queridos alunos, colegas, professores especialmente ao Milton, com quem a cada idéia, desafio, tarefa renovei minha aprendizagem de
Vida.

*"E não é o tempo, exatamente como o amor,
indivisível e insondável?
Contudo, se em vossos pensamentos
deveis dividir o tempo em estações,
que cada estação envolva todas as outras estações.
E que vosso presente
abrace o passado com nostalgia
e o futuro com ânsia e carinho."*

GIBRAN, 1968, em *O Profeta*

Sumário

Apresentação, 9

Prefácio da 2ª edição, 11

Prefácio, 13

Introdução, 17

1 ESCOLAS DE PENSAMENTO EM QUALIDADE DE VIDA NO TRABALHO, 21
   1.1 Escola socioeconômica, 24
   1.2 Escola organizacional, 26
   1.3 Escola condição humana no trabalho, 28

2 FATORES CRÍTICOS DA GESTÃO QVT: RETROSPECTIVA CONCEITUAL, 31
   2.1 Conceito de QVT, 34
   2.2 Produtividade, 44
   2.3 Legitimidade, 53
   2.4 Perfil do gestor, 65
   2.5 Práticas e valores nas empresas, 74
   2.6 Nova competência, 87

3 CAMPOS DE ATUAÇÃO DA GESTÃO DA QUALIDADE DE VIDA: EXPERIÊNCIAS PRÁTICAS, 95
   3.1 A Rede de estudos em gestão da qualidade de vida no trabalho (REG-QVT), 96

3.2 Conexões internacionais, 124
3.3 Proposta, característica e perfil dos alunos do curso avançado em gestão empresarial de qualidade de vida (CAGE-QV), 124
3.4 Os indicadores BPSO-96 e a visão dos executivos do MBA – RH (FIA-FEA/USP) – sobre qualidade de vida no trabalho, 134

4 INTERFACES DA QUALIDADE DE VIDA DA ADMINISTRAÇÃO NO BRASIL, 143
 4.1 Questionário Interfaces QVT & Administração, 145
 4.2 Conceito de QVT, 148
 4.3 Produtividade, 151
 4.4 Legitimidade, 153
 4.5 Perfil do administrador em QVT, 156
 4.6 Práticas e valores nas empresas, 162
 4.7 Nova competência, 164

5 PERSPECTIVAS DA GESTÃO DA QUALIDADE DE VIDA NO TRABALHO, 171
 5.1 Visão dos executivos de gestão de pessoas, 173
 5.2 Conceito de QVT, 175
 5.3 Produtividade, 175
 5.4 Legitimidade, 175
 5.5 Perfil do administrador, 176
 5.6 Práticas e valores nas empresas, 177
 5.7 Nova competência, 177

Bibliografia, 187

Índice remissivo, 213

Apresentação

O século 21 inicia-se em um contexto de amplas transformações no ambiente empresarial, que vem tornando-se cada vez mais competitivo. São mudanças na economia mundial, nas relações internacionais, na tecnologia, na organização produtiva, nas relações de trabalho e na educação e na cultura do país, gerando impactos inter-relacionados sobre a vida das pessoas, das organizações e da sociedade.

De um lado, o acirramento da competição e da competitividade a qualquer custo impõe a necessidade de se refletir sobre suas influências nas organizações e na sociedade; de outro, a maior conscientização do trabalhador, do consumidor e do cidadão a respeito do *stress* e da importância crescente da qualidade de vida no trabalho, das novas condições do mercado de trabalho e, sobretudo, quanto às questões ambientais e de responsabilidade social que colocam imensos desafios à gestão organizacional nesses novos tempos.

A gestão da Qualidade de Vida no Trabalho (QVT) vem ganhando importância no âmbito das organizações e espaços nas discussões acadêmicas e empresariais, suscitando várias indagações: por que as preocupações com a QVT vêm crescendo nos últimos anos, quando as empresas estão intensamente envolvidas com sua sobrevivência e sua posição competitiva no mercado? As empresas têm considerado a questão da qualidade de vida no trabalho em suas estratégias de Gestão de Pessoas nesse ambiente competitivo? Até que ponto uma organização pode ter qualidade total de produtos ou serviços, se não houver qualidade de vida no trabalho de seus colaboradores? Como a redução das oportunidades de emprego e as novas modalidades de trabalho refletem-se na qualidade de vida no trabalho? Certamente, essas e outras questões ocupam o espaço das discussões atuais sobre qualidade de vida no trabalho.

Esta obra representa importante consolidação dos trabalhos de pesquisa, consultoria e treinamento desenvolvidos pela autora ao longo de sua carreira. Tenho tido o privilégio de ter acompanhado sua carreira profissional, seus esforços e suas importantes contribuições para o avanço do conhecimento em Qualidade de Vida no Trabalho, no Brasil e no exterior.

Temos convivido como amigos e colegas de trabalho no Programa de Estudos em Gestão de Pessoas da Fundação Instituto de Administração (Progep) e como professores da área de Recursos Humanos no Departamento de Administração da Faculdade de Economia, Administração e Contabilidade da Universidade de São Paulo.

Este livro pode ser de grande interesse para empresários, executivos, pesquisadores e estudantes preocupados com as questões estratégicas da gestão de pessoas, com as relações de trabalho, e com o desempenho das pessoas e das organizações e, especificamente, com o estudo de suas relações com a Qualidade de Vida no Trabalho.

Os novos paradigmas de gestão das organizações no século 21 seguramente apontam para uma atuação gerencial socialmente responsável e mais preocupada com as condições de trabalho de seu principal ativo, que são seus colaboradores.

Os leitores interessados nestes assuntos encontrarão um excelente espaço para suas reflexões sobre Qualidade de Vida no Trabalho, tirando proveito das importantes contribuições da autora, neste assunto.

Boa leitura!

Prof. Lindolfo Galvão de Albuquerque
Professor Titular da Universidade de São Paulo

Prefácio da 2ª Edição

Após dois anos do lançamento da primeira edição deste livro sobre práticas e conceitos de gestão de qualidade de vida no trabalho, é com satisfação que pudemos observar que o tema é de interesse crescente, ao lado de maior seriedade e conseqüente credibilidade das ações e dos programas. Pessoas e grupos responsáveis pelas empresas têm sido corajosos – ao mesmo tempo em que estão preocupados em entender melhor sobre os impactos, as necessidades, as frustrações e as perdas e os ganhos relativos ao bem-estar no trabalho.

Qualidade de vida é um assunto atrante e ao mesmo tempo carregado de contradições. De um lado, há mais conhecimento disponível sobre tudo, maior pressa para consumo e maior liberdade de escolha de hábitos e estilo de vida. De outro, surgem contradições decorrentes das contínuas e crescentes exigências de qualificações – sempre insuficientes. Há ainda outros aspectos a considerar, como a maior pressão e visibilidade de produtos e serviços, cujo consumo tem gerado maior endividamento e também mais fragilidade nos vínculos entre pessoas e instituições. Enfim, trata-se de uma competência organizacional, cuja capacidade de solução pressupõe: vontade, legitimidade e qualificação dos diversos níveis de poder, interesses e impactos.

Defrontamos mais uma vez com o desafio de aprofundar a compreensão sobre a busca do mehor equilíbrio entre condições de vida e hábitos saudáveis, resultado sempre esperado quando se trata de Gestão da Qualidade de Vida no Trabalho. Os resultados iniciais da aplicação responsável dessa competência de gestão são promissores, mas há muito que aprender ou, melhor, desaprender.

É sempre tempo de recomeçar, de "renovar", enfim, de cuidar da vida saudável no trabalho.

Boa leitura!
Agosto de 2004.
A autora

Prefácio

Cheguei ao término deste livro. Sei que não caminhei sozinha. Meu agradecimento e carinho às pessoas que me estimularam, colaboraram e viabilizaram o projeto e a construção dele, originado da tese de livre-docência na FEA-USP.

Inicialmente, a meus filhos queridos Ana Alice e Caio Augusto Limongi Gasparini, ativos e jovens adultos, parceiros e éticos de tantas experiências de vida.

À convivência integral com o professor Milton de Abreu Campanário, inicialmente colega atento entre as aulas de administração e economia, hoje companheiro e orientador, comprometido e exigente nos padrões e rigor científico de dados, conteúdo e forma na preparação da pesquisa.

Ao professor Dante Martinelli, que mais uma vez deu um impulso fundamental na decisão de candidatar-me à livre-docência.

Ao professor José Afonso Mazzon pela atenção, valorização da pesquisa e especial competência na assertividade da análise e tratamento dos dados estatísticos.

À Miriam Matsuda, rara serenidade na Assistência Acadêmica da Secretaria de Colegiados, e secretárias Sonia Cecília Damázio e Lenira Afonso, pela confiança em momentos críticos de preparação da livre-docência.

Aos professores da comissão de livre-docência: Lindolfo Galvão de Albuquerque, que gentilmente escreveu a apresentação deste livro, Maria Cristina Cacciamali, Vitória Kedy Cornetta, Seizi Oga e René Mendes – ao mesmo tempo criteriosos e generosos nas argüições, me fizeram refletir, aprender e sentir prazer de compartilhar análises profundas sobre o tema.

Ao Programa de Gestão de Pessoas (Progep), da Fundação Instituto de Administração, pelo coleguismo e estímulo, especialmente aos professores Lindolfo Galvão de Albuquerque, Maria Tereza Leme Fleury e Rosa Maria Fischer, experientes norteadores de muitas idéias e atitudes aqui trabalhadas.

Aos professores e funcionários da Universidade de São Paulo, Faculdade de Economia, Administração e Contabilidade (*campus* de São Paulo), especialmente à Sheyla Isolina Mazzeo – pelo contínuo estímulo e apoio –, e Ribeirão Preto, Instituto de Psicologia, Politécnica, Escola de Comunicações e Artes, pela estimulante convivência acadêmica.

À Icléia Alves Cury da OFICINA EDITORIAL, que deu estética e lógica visual ao conteúdo, com sensibilidade e entusiasmo contínuos.

Ao extenso trabalho de Yeda S. Santos, Silvia Santos Vieira, Bruno Oliveira Maronese, Elaine Durigam Ferreira Pessanha e gráficos elaborados por Delfim Galisi Domingues. Cada um com estilo e momentos próprios para garantir correção e clareza nos textos.

À estimuladora equipe técnica virtual – Jurema dos Santos Polycarpo, Mariângela de Abreu Lima, Maria Ângela Abduch, Eliete Bernal Arellano, Alessandro e Alexandre Gaino –, companheiros de muitos projetos e tarefas.

Aos alunos da Administração, Economia e Contabilidade: Kavita M. Hamza, Manoel Galdino Pereira Neto, Roberta Maitino de Oliveira Alves, Sílvia Fagá de Almeida, Tatiana Kaawar Ratcu, Thiago Jordão Rocha, Marcelo Praxedes, André Rodrigues Veloso e Bruno Vasquez, pelo entusiasmo, transpiração e demonstração de alta capacidade de integração e trabalho em equipe.

Um especial agradecimento ao casal Patrícia Morilha de Oliveira e Sérgio Nunes Muritiba, que "abriram" espaços em compromissos já assumidos e realizaram com envolvimento, cuidado e qualidade o tratamento dos dados. E à Marina Foresti, breve futura brilhante administradora que cuidou da preparação e revisão dos originais da versão em livro.

A Luis Silva dos Santos, Cleusa Soares, Eder de Souza Diógenes, Fabiano Carlos Ruel, Olga Maria Marques Charro e Bruno Frances Araujo Lima pelo apoio atento no processamento dos dados.

Ao professor Rui Otávio Bernardes de Andrade, presidente do Conselho Federal de Administração, pelo apoio imediato à pesquisa e pela colocação do questionário no *site*, agilizada pelos seus assistentes Rodrigo e Luiz.

Ao pessoal do MEC-Sesu, entre elas, professora Mariza de Araujo Albuquerque Melo. Aos colegas da comissão de administração, especialmente ao professor Mario César Barreto Moraes, pelas sugestões na fase de pré-teste do questionário, e também aos professores Hudson Fernandes do Amaral, Tânia Fischer e Norberto Hoppen meu agradecimento.

Ao professor Manuel Santos Borges Alvarez da Associação Nacional dos cursos de Graduação em Administração (Angrad) e Ângela Lucas, vice-presidente, João Paulo Vergueiro, presidente, Federação Nacional dos Estudantes de Administração (Fenead).

Aos colegas das Associações Brasileiras de: Qualidade de Vida (ABQV), Medicina Psicossomática (ABMP), Ergonomia (Abergo) e Associação dos ex-alunos MBA-FIA-FEA/USP pelo apoio ao preenchimento do questionário.

Às pessoas da Fundacentro, Metro, Alcoa, Nestlé, Brasiltelecom, entre outras tantas, com quem venho convivendo nos desafios e soluções da qualidade de vida nas empresas.

À professora Marleen Becht, da Universidade de Tilburg – Holanda –, pelo pronto envio de preciosa bibliografia sobre qualidade de vida no trabalho.

À Dulcinéia Jacomini, amiga e diretora da biblioteca, pelo qualitativo rastreamento bibliográfico.

Ao pessoal da Rede REGQVT da FEA/USP: Jurema, Maria Ângela, Vera, Aparecida, Alessandro, Fabiana, Sérgio, Imaculada, Massarenti, Claudio, Celso, velhos e novos amigos que nas reuniões mensais indagam, discutem e atuam com crença de que Qualidade de Vida no Trabalho é um tema de futuro. À Catherine de Paula Campos Guimarães (Caty), que iniciou sua experiência profissional preparando a documentação de dados da Rede e soube demonstrar clareza em suas escolhas.

À Eulália Ferreira de Souza (Lia), que este seu primeiro emprego seja o caminho da expressão plena do seu jeito dedicado e sociável.

Às gerentes Marta Buongermino e Aparecida Olanir, pela atenção e crédito em momentos cruciais.

Ao Joilson Moraes de Araujo e equipe, Rubens, Johnny e equipe, Elton e equipe, com quem sempre pude contar nos apuros de serviços de entrega, reprodução de materiais e demandas afins.

À professora Sandra Márcia Motta Nunes Liger, que nestas quase três décadas de amizade sempre esteve presente de forma incondicional. Neste livro fez a aplicação de questionários para um número significativo de professores de administração.

À Ana Carlota, sensível cantora, e Vicente de Paulo, geógrafo desde sua primeira infância, desejando que seus projetos de vida tragam muitas alegrias. Meu carinho também a Ana Isabel, Antonio de Sant'Ana, Stepfan, Ana Judite, Carlos Otávio e aos demais familiares que fazem parte positiva da minha vida.

E à Editora Atlas, especialmente ao Sr. Luiz Herrmann, Presidente da editora, e ao Ailton Brandão, Diretor, que têm apoiado de forma estável e clara a produção acadêmica nestas últimas décadas, e que têm confiado incondicionalmente em meu trabalho.

Este livro foi concluído com a sensação de integração de idéias, práticas e horizontes. Espera-se que, daqui a uma geração, quando os jovens de hoje estiverem na posição de pesquisadores do tema QVT, o mundo esteja diferente e que a revolução que atualmente se enfrenta para reaprender as organizações tenha transformado o ambiente em mais positivo, para a obtenção de resultados empresariais e melhores indicadores de desenvolvimento humano.

A Autora

Introdução

Há decisões na vida acadêmica que só fazem pleno sentido quando se chega ao término, quando se sente estar no horizonte idealizado, quando se reconhece o caminho percorrido, o processo de criação nas respostas objetivas. Tem-se a sensação de maturidade e inesperada autonomia, que converge para o eterno apreender do processo de conhecimento.

As indagações iniciais foram carregadas de alta energia psicossocial – fatos, eventos, parcerias, debates –, sintetizadas em atividades de docência, parcerias e redes de relacionamento. Um dilúvio de informações foi processado com a intenção de síntese científica.

O percurso em uma mesma linha temática, desde o início das vidas pessoal e acadêmica, gerou a oportunidade de pesquisa, reforçada pela necessidade crescente de lidar com novos cenários e pela grande busca para reaprender a vida no trabalho.

Como arquitetar uma oportunidade de pesquisa em um instrumento capaz de traduzir-se não só em avanço acadêmico, mas também em sugestões que possam subsidiar novas práticas nas empresas? Essa foi a principal intenção no processo de preparação deste livro. Na Figura 1, apresentam-se, de forma esquemática, as linhas mestras que direcionaram o processo de pesquisa.

Das multifacetadas informações sobre práticas de QVT e de demandas objetivas das empresas decorre o **objeto deste livro: o conjunto de práticas e percepções relativas à gestão da qualidade de vida nas em-**

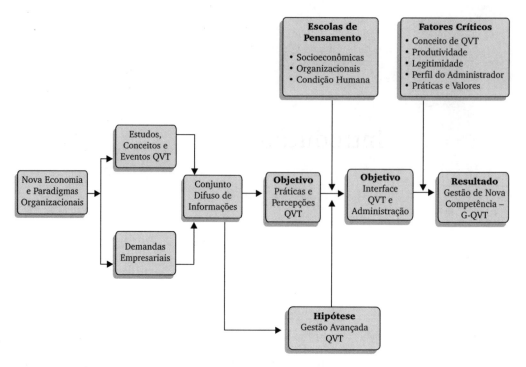

Figura 1   *Enfoque de investigação.*

presas. Trata-se, a rigor, de um ensaio conceitual lastreado em dados empíricos qualitativos e quantitativos, estes últimos de caráter exploratório. Procura-se, dentro dessa delimitação, atingir o **objetivo** central de **identificar as interfaces da gestão da qualidade de vida no trabalho na administração de empresas**.

Nessa pesquisa, parte-se da **hipótese** de que **práticas, valores e percepções observáveis sobre Qualidade de Vida no Trabalho demonstram a emergência de uma nova e complexa competência gerencial**. Essa nova competência é apresentada com base na análise e avaliação de fatores críticos de gestão, identificados não só na literatura especializada, mas também nas práticas empresariais e nas percepções dos administradores. Esses fatores são críticos não só para a constituição da nova competência em QVT, mas também para sua forma específica de incorporação nos modelos de gestão empresarial. Assim, além do objetivo central, abordam-se os seguintes **desdobramentos**:

- avaliar conceitos e percepções sobre os **Fatores Críticos**: conceito de QVT, produtividade, legitimidade, perfil do administrador, práticas e valores da cultura organizacional e novas competências;
- analisar, à luz de informações qualitativas e quantitativas, as possibilidades de consolidação de uma **Nova Competência** especializada em

QVT, construída pela percepção de sua importância para a administração das empresas e para os administradores;

- propor um **Modelo de Gestão Avançada** que incorpore novos padrões de informação e comunicação sobre a nova competência identificada em QVT.

O enfoque de investigação é sintetizado esquematicamente na Figura 2, Estrutura do livro.

Figura 2 *Estrutura do livro.*

Nos Capítulos 1 e 2, investiga-se como as práticas e os conceitos de QVT evoluíram de uma perspectiva predominantemente voltada para a saúde e a segurança para a conquista do *status* de estratégia empresarial. Identificam-se, ainda, os fatores críticos que condicionam, em diferentes graus, o aparecimento de QVT como nova competência gerencial nas organizações e como ela se localiza nas interfaces da administração de empresas.

Procura-se, a seguir, demonstrar que a hipótese central de trabalho sobre o surgimento de uma nova competência identificada em QVT está fundamentada tanto no ponto de vista conceitual como no Projeto G-QVT e na pesquisa de interfaces. Os resultados são discutidos no Capítulo 4. Finalmente, as Conclusões apontam para a importância futura dessa nova competência em QVT como fruto de conhecimento, atitudes e práticas empresariais, de conquista e qualificação dos empregados e do compartilhamento de responsabilidades entre empresa e empregados, considerando as limitações e contribuições da pesquisa realizada para esse trabalho.

1
Escolas de Pensamento em Qualidade de Vida no Trabalho

As coisas simples da vida.

Fonte: *Jornal Valor*, 25 jan. 2001, p. 7.

Escolas de Pensamento em QVT.

No cenário marcado pela exuberância tecnológica, a Qualidade de Vida é uma necessidade? Ou é um modismo pós-industrial? Ou, ainda, é uma resposta a pressões da vida moderna diante das novas exigências de adaptação ao viver globalizado?

A resposta é simples. Existe uma nova realidade social: aumento da expectativa de vida, maior tempo de vida trabalhando em atividades produtivas, maior consciência do direito à saúde, apelos a novos hábitos e estilos comportamentais, responsabilidade social e consolidação do compromisso de desenvolvimento sustentável. A maioria dessas exigências é de natureza psicossocial. Elas atingem e modelam interativamente pessoas e instituições de qualquer tipo. Os efeitos sobre o bem-estar a médio e longo prazos são pouco conhecidos. A curto prazo, o alarme está disparado: o *stress*, incorporado na medicina por Selye há seis décadas, é o grande tema do momento no mundo do trabalho urbano. O ambiente organizacional está rediscutindo burocracia, tempos e movimentos, relações humanas e ética. As novas referências de gestão são o autocontrole, o comprometimento, os círculos e as células de produção, a qualidade de processos e produtos, os ambientes virtuais, a gestão em redes de conhecimento, as inovações tecnológicas e o questionamento da credibilidade das instituições. A agilidade e a velocidade das informações ainda são limitadas pela fronteira de acesso a tecnologia e educação digital, mas vive-se a era do conhecimento.

A QVT faz parte das mudanças pelas quais passam as relações de trabalho na sociedade moderna, em rápida transformação. Conforme relata Sampaio (1999), essa disciplina é discutida nas literaturas empresarial e científica desde os anos 50. Essa competência foi desenvolvida de disciplinas da área de saúde, evoluindo para englobar dimensões da Psicologia, da Sociologia e da Administração. Em sua essência, é um tema discutido dentro de enfoque multidisciplinar humanista. As visões e definições de QVT são multifacetadas, com implicações éticas, políticas e de expectativas pessoais. Para localizar a visão do pesquisador no tema investigado, adotou-se o modelo de eixos fundamentais denominados, para fins de investigação científica, fatores críticos ou temas de gestão empresarial. Esses fatores críticos são o alicerce da discussão sobre as interfaces da QVT na administração de empresas. O objetivo é facilitar as análises e as comparações entre os diversos movimentos que ocorrem nas idéias e nos modelos relacionados à QVT. Os eixos temáticos são:

- conceito de QVT;
- produtividade;
- legitimidade;
- perfil do administrador;
- práticas e valores organizacionais;
- nova competência para a gestão de QVT.

Muitos são os fatores desencadeadores de ações de QVT. As demandas de qualidade de vida não são aleatórias. Elas pressupõem necessidades a serem atendidas no sentido da preservação pessoal e da sobrevivência da espécie. Contudo, só na última década do século passado é que se difundiu amplamente o conceito de qualidade de vida. Em alguns países, as demandas de QVT são denominadas **condições de trabalho**, como na França, por exemplo. A questão é: QVT era um fenômeno ignorado ou, simplesmente, não existia nas empresas? O mais provável é que QVT era uma ação não reconhecida como responsabilidade do ambiente interno da organização, tanto por empregadores como por empregados.

Historicamente, o que se analisa na maioria das empresas são as ações paliativas, aleatórias ou reativas às exigências de responsabilidade civil e criminal. Do ponto de vista da gestão das pessoas, há estudos iniciais de redução da fadiga física, um dos vetores da organização dos estudos ergonômicos. Discutem-se, também, estudos sobre o moral do grupo de trabalho, seguidos de modelos gerenciais mais ou menos controladores (Teorias X e Y) e de modelos sociotécnicos. Na última década do século XX, com os temas de responsabilidade social, envelhecimento da população e desenvolvimento sustentável, descortinam-se novos paradigmas para as questões de QVT. Alguns desencadeadores de QVT típicos em nossa sociedade pós-industrial são os seguintes:

- vínculos e estrutura da vida pessoal: família, atividades de lazer e esporte, hábitos de vida, expectativa de vida, cuidados com a saúde, alimentação, combate à vida sedentária, grupos de afinidades e apoio;

- fatores socioeconômicos: globalização, tecnologia, informação, desemprego, políticas de governo, organizações de classe, privatização de serviços públicos, expansão do mercado de seguro-saúde, padrões de consumos mais sofisticados;

- metas empresariais: competitividade, qualidade do produto, velocidade, custos, imagem corporativa;

- pressões organizacionais: novas estruturas de poder, informação, agilidade, co-responsabilidade, remuneração variável, transitoriedade no emprego, investimento em projetos sociais.

Para responder a esses fatos desencadeadores, várias ciências têm tratado da condição humana, especialmente no trabalho. A Economia apresenta importantes contribuições aos estudos e levantamentos para a montagem dos índices de Desenvolvimento Humano (IDH), Desenvolvimento Social (IDS) e de Condições de Vida (IDCV). Já no foco pessoa, a temática de QVT também se estende a levantamentos de riscos ocupacionais do trabalho, ergonomia, questões de saúde e segurança do trabalho, carga mental, esforços repetitivos, comunicação tecnológica, psicologia do trabalho, psicopatologia, significado do trabalho, processos comportamentais, expectativas, contrato psicológico de trabalho, motivação, liderança, fidelidade, empregabilidade.

Dada a extrema complexidade do tema, propõe-se a consolidação das teorias das escolas de pensamento sobre QVT, a fim de obter-se um conjunto de conceitos mais ordenado e adequado às mudanças socioeconômicas da época atual, ao desenho organizacional e ao novo perfil da pessoa no trabalho.

UMA PROPOSTA DE CONSOLIDAÇÃO

O tema Qualidade de Vida no Trabalho (QVT) tem sido tratado como um leque amplo e, geralmente, confuso. As definições de QVT vão desde cuidados médicos estabelecidos pela legislação de saúde e segurança até atividades voluntárias dos empregados e empregadores nas áreas de lazer, motivação, entre inúmeras outras. A maioria desses caminhos leva à discussão das condições de vida e do bem-estar de pessoas, grupos, comunidades e até mesmo do planeta inteiro e de sua inserção no universo. Na verdade, a base da discussão sobre o conceito de qualidade de vida encerra escolhas de bem-estar e percepção do que pode ser feito para atender a expectativas criadas tanto por gestores como por usuários das ações de QVT nas empresas.

Considerando o conjunto e a natureza das indagações em torno do tema e dos diversos conceitos, critérios, abordagens, indicadores e outros meios de discussão do tema QVT, podem-se agrupar as dimensões sob as quais o tema é abordado em escolas de pensamento. A seguir, uma proposta de classificação de tais escolas é sistematizada, salientando-se que essa iniciativa tem propósito analítico, uma vez que o correto ajuste dessa tentativa requer esforço de sistematização que está além dos objetivos deste livro. Dentro dessas limitações, as escolas de pensamento propostas são: socioeconômica, organizacional e condução humana no trabalho.

1.1 ESCOLA SOCIOECONÔMICA

Na atualidade, talvez a contribuição mais reveladora no campo da organização sociopolítica das nações seja a denominada "terceira via". Giddens (1998, p. 37 e 76), seu principal idealizador, situa os dilemas da sociedade nos últimos 15 anos: a globalização, o individualismo e as posições políticas de esquerda e direita, que parecem não ter mais sentido. Cresce a consciência sobre o desenvolvimento sustentável e o futuro das novas gerações, o que coloca em xeque o processo de globalização. Para o autor, o objetivo geral da política da terceira via deveria ser ajudar os cidadãos a abrir seu caminho por meio das mais importantes revoluções de nosso tempo: globalização, transformação na vida pessoal e relacionamento com a natureza. Os valores difundidos pela "terceira via" estão fundamentalmente assentados no princípio da igualdade social, na proteção aos vulneráveis, na liberdade com autonomia, nos direitos com responsabilidade, na autoridade com democracia, no pluralismo cosmopolita, entre outros. Esses princípios afrontam o conservadorismo neoliberal, principal fonte ideológica da globalização. De forma esquemática, Giddens (1998, p. 37 e 76) enumera os princípios básicos dessa nova corrente política:

- desenvolvimento da cidadania;
- responsabilidade e projetos sociais;
- igualdade com liberdade;
- preservação do meio ambiente;
- desenvolvimento sustentável.

"É claro que os dilemas não são separados, mas precisamos atar os fios", afirma Giddens (1998). "Atar os fios", quando se fala de Qualidade de Vida no Trabalho, começa com a análise das relações de trabalho nesta era da globalização e de seus paradoxos. A globalização tem impulsionado novas relações de trabalho e tendências que, certamente, estão refletindo na segurança, na saúde e nas expectativas do trabalhador. Cada vez mais avançada, a tecnologia proporciona equipamentos de proteção mais seguros e a medicina preventiva pode contar, por sua vez, com estudos e mais soluções. Ao mesmo tempo, novos desafios surgem pela revolução nas relações de produção e nas formas ocupacionais, como, por exemplo, o trabalho a distância. Reivindicações para diminuir a carga horária de trabalho acontecem em vários países e, quando atendidas, esse tempo livre para o trabalhador descansar ou fazer outras atividades é direcionado para o turismo e o consumo. Simultaneamente, a inclusão de novas tecnologias pode implicar a exclusão de pessoas da esfera produtiva.

Esses paradoxos da era moderna indicam a constituição de um novo paradigma das ciências sociais. A sociedade nacional está sendo recoberta, assimilada ou subsumida pela sociedade global, uma realidade que ainda não está suficientemente codificada. A sociedade global apresenta desafios empíricos e metodológicos, ou históricos e teóricos, que exigem novos conceitos, outras categorias, diferentes interpretações. As referências conceituais alteram-se rapidamente. Segundo o cientista político Octávio Ianni (1994, p. 147):

> *"Sempre houve um enorme debate sobre como a sociedade e o estado relacionam-se, qual deveria subordinar o outro e qual encarnar os valores morais mais elevados. Assim, ficamos acostumados a pensar que as fronteiras da sociedade e do Estado são as mesmas ou, se não, poderiam (e deveriam) ser. (...) Vivemos em Estados. Há uma sociedade sob cada Estado. Os Estados têm história e, portanto, tradições. (...) O único problema era que, à medida que o tempo corria, mais e mais anomalias revelavam-se*

inexplicadas nesse esquema de referência; e mais e mais lacunas (de zonas de atividade humana não pesquisadas) pareciam emergir."

No campo aqui investigado da Qualidade de Vida no Trabalho, independentemente da camada analítica, seja ela biológica, psicológica, social ou organizacional, novas referências ou novos paradigmas estão surgindo. Veja-se o que acontece na área da saúde, seguindo as posições de Santos e Westphal (1999, 75):

> "A nova saúde pública surge do reconhecimento de tudo o que existe ser produto da ação humana, salvo o que se poderia chamar de natureza intocada, em contraposição à hegemonia da terapêutica, como solução para todos os males que poderiam atingir o corpo do homem. A saúde de um indivíduo, de um grupo de indivíduos ou de uma comunidade depende também de coisa que o homem criou e faz, das interações dos grupos sociais, das políticas adotadas pelo governo, inclusive os próprios mecanismos de atenção à doença, de ensino da medicina, da enfermagem, da educação, das intervenções sobre o meio ambiente."

Há, portanto, consciência da construção social da saúde pública, por vários atores sociais que se tornam parte integrante do processo de saúde e doença das pessoas.

1.2 ESCOLA ORGANIZACIONAL

A dimensão socioeconômica está presente e condiciona as formas de encarar teórica e analiticamente as questões de Qualidade de Vida no Trabalho. No caso da saúde, por exemplo, a prática terapêutica deve ser entendida somente como um dos instrumentos modernos para a ação da sociedade na área. Sem a compreensão desses condicionamentos socioeconômicos gerais, principalmente na velocidade com que a globalização afeta as relações de trabalho e estas reagem, criando especificidades históricas e regionais, não será possível apreender as reais dimensões do conceito de QVT.

A análise de fenômenos específicos do trabalho, como saúde, segurança, motivação, adaptação de expectativas a condicionantes gerais, entre inúmeros outros, limita a compreensão da investigação. A rigor, Qualidade de Vida no Trabalho envolve uma dimensão específica do local onde as relações de produção ocorrem. Trata-se de reconhecer que grande parte das relações de trabalho, de suas práticas e seus valores nasce de experiências no chão de fábrica, dos processos de controle da produção, dos tempos e movimentos, evoluindo para qualidade total e critérios de excelência. Embora influenciada pelas condições gerais de organização socioeconômica, é nessa dimensão, que se pode designar de organizacional, que muitos pesquisadores apoiaram sua reflexão.

Talvez a referência paradoxal dessa escola seja Taylor, com seus estudos sobre as melhores formas de racionalizar a produção em massa, fenômeno típico do século XX. A razão do saber em Taylor era de natureza tecnológica, por meio do uso de melhores técnicas e métodos pelos empregados, estes vistos como uma das partes da complexa engrenagem produtiva. Após essa postura fragmentada, surge um movimento que enfatiza as relações humanas e abre espaço, mais para a frente, para as questões relativas à saúde física e mental ou psicológica do trabalhador. Esse movimento foi iniciado por Elton Mayo e seus colaboradores, em Hawthorne. Os centros reais de liderança estariam apoiados nas relações interpessoais da unidade de trabalho. Seguem-se os modelos de teorias de administração X e Y de McGregor e as concepções de maturidade-imaturidade de Chrys Argyris. Esses estudos tiveram um novo marco com Maslow, com o desenvolvimento do conceito de hierarquia de necessidades. Hersberg, na seqüência, introduz as necessidades higiênicas e de satisfação como pontos focais do processo de trabalho (Hersey e Blanchard, 1986). A partir da década de 70, os gurus da qualidade, entre eles Juran e Deming, são os precursores da discussão das questões de qualidade pessoal como parte dos processos de qualidade organizacional. Já na década de 90, os trabalhos norte-americanos de Schein, Handy, Mintzberg e Ulrich abordam novos conceitos de condição humana no trabalho, em extenso conjunto de contribuições sob a perspectiva organizacional, no que se refere a competência, estratégia, cultura e talento.

Já com a denominação de qualidade de vida, Walton (1975) é o primeiro autor norte-americano que fundamenta, explicitamente, um conjunto de critérios sob a óptica organizacional, iniciando importante linha de pesquisa de satisfação em qualidade de vida no trabalho. Entre os autores mais recentes, Spink é sem dúvida uma referência nacional e internacional, com a visão sociotécnica. Fernandes e Rodrigues destacam-se como pensadores e consultores contemporâneos das questões organizacionais de qualidade de vida no trabalho. Do conjunto de contribuições da escola organizacional, podem-se destacar as seguintes características:

- expansão dos processos de qualidade e produtividade para o de qualidade pessoal;
- política de gestão de pessoas – valorização e capacitação;
- marketing – imagem corporativa e comunicação interna;
- tempo livre – desenvolvimento cultural, hábitos de lazer e esporte;
- risco e desafio como fatores de motivação e comprometimento.

1.3 ESCOLA CONDIÇÃO HUMANA NO TRABALHO

Toda pessoa é um complexo biopsicossocial, isto é, tem potencialidades biológicas, psicológicas e sociais que respondem simultaneamente às condições de vida. Essas respostas apresentam variadas combinações e intensidades nesses três níveis e podem ser mais visíveis em um deles, embora eles sejam sempre interdependentes. Esse conceito advém da medicina psicossomática, e Lipowski é seu precursor. Nessa visão, a pessoa prevalece como ente biopsicossocial, e os fatores psicossociais são fundamentais para a explicação da saúde e da doença da sociedade moderna. A visão biopsicossocial está assim fundamentada:

- a **dimensão biológica** refere-se às características físicas herdadas ou adquiridas ao nascer e durante toda a vida. Inclui metabolismo, resistências e vulnerabilidades dos órgãos ou sistemas;
- a **dimensão psicológica** refere-se aos processos afetivos, emocionais e de raciocínio, conscientes ou inconscientes, que formam a personalidade de cada pessoa e seu modo de perceber e de posicionar-se diante das demais pessoas e das circunstâncias que vivencia;

- a **dimensão social** revela os valores socioeconômicos, a cultura e as crenças, o papel da família e as outras formas de organização social, no trabalho e fora dele, os sistemas de representação e a organização da comunidade a que cada pessoa pertence e da qual participa. O meio ambiente e a localização geográfica também formam a dimensão social.

Essa conceituação é descrita por Lipowski (1986) como o resgate de uma visão mais ampla do conceito de saúde que tem sido a tendência nas últimas décadas. A saúde não seria apenas a ausência de doença, mas também o completo bem-estar biológico, psicológico e social. Essa conceituação, adotada pela Organização Mundial de Saúde (OMS) em 1986, abre campo significativo para a compreensão dos fatores psicossociais na vida moderna e, especificamente, no desempenho e na cultura organizacionais da saúde do trabalho.

Para atender às especificidades da cultura e do ambiente organizacionais, criou-se a dimensão organizacional, que se refere às questões de imagem corporativa, inovação e tecnologia, sistemas de controle, movimentações e registros, programas de treinamento e desenvolvimento e outras atividades específicas das empresas.

Essa compreensão do ser humano, em que o indivíduo é seu corpo, revela condições de vida e marcas das experiências vividas e desejadas. Situa-se na mesma proposta conceitual da visão holística de homem. Entre os especialistas brasileiros, Cobra (1996, 8) desenvolveu um método ao longo de mais de quatro décadas, numa visão cósmica do homem, a qual contraria muito a ciência da época, que divide o homem em departamentos. A escola biopsicossocial une a Fisiologia, a Psicologia, a Filosofia e a Sociologia em um conjunto de conceitos integrados. O homem não pode ser repartido; ele deve ser entendido como uma obra-prima que se desenvolve de maneira harmônica. Cobra (1996) afirma que nosso organismo é assim chamado porque se organiza, desde que a ele forneçamos os insumos fundamentais para sua existência.

Embora não exista uma definição precisa do conceito de Qualidade de Vida na escola de pensamento condição humana no trabalho, três aspectos fundamentais referentes ao constructo Qualidade de Vida foram abstraídos de um grupo de especialistas de diferentes culturas: subjetividade, multidimensionalidade, presença de dimensões positivas (mobilidade, por exemplo) e negativas (dor, por exemplo). O desenvolvimento desses elementos conduziu à definição de Qualidade de Vida no Whoqol Group (*site*: <www.hcpa.ufrgs.br>, 1998), como "a percepção do indivíduo sobre sua posição na vida, no contexto da cultura e do sistema de valores nos quais ele vive e em relação aos seus objetivos, expectativas, padrões e preocupações". O reconhecimento da multidimensionalidade do constructo refletiu-se na estrutura do instrumento, baseada em seis domínios: físico, psicológico, nível de independência, relações sociais, meio ambiente e espiritualidade/religião/crenças pessoais.

A idéia de criar escolas de pensamento de QVT que integram e localizam as demandas de qualidade de vida nas empresas pode ser um avanço importante da consolidação de uma nova competência da administração. Essa consolidação deve sinalizar para as especialidades, qualificação e natureza dos diferentes fenômenos relacionados ao bem-estar no trabalho e entorno da empresa, muitas vezes banalizado e esvaziado em decorrência da ausência de referencial prático e teórico. As dimensões socioeconômicas, organizacionais e de condições humanas no trabalho devem viabilizar definição de critérios, procedimentos metodológicos e metas de gerenciamento e definição da natureza dos resultados. Os vários tipos de esforços denominados de Qualidade de Vida no Trabalho podem ser identificados em vários níveis de análise, entre eles os modelos de gestão, expressos na evolução das teorias de administração, as práticas organizacionais com resultados positivos dos pontos de vista empresarial e pessoal e os elementos que caracterizam a missão QVT nas empresas.

2
Fatores Críticos da Gestão de QVT: Retrospectiva Conceitual

A observação em qualquer ambiente de trabalho leva à identificação de uma gama relativamente grande de informações relacionadas à qualidade de vida no trabalho. Há inquietudes, individuais e coletivas, quanto a pressões, conciliação de expectativas entre trabalho, família e consumo, sinais de *stress*, hábitos alimentares e cuidados físicos, estilos de vida, impactos tecnológicos. Tudo desperta para a vontade de bem-estar no trabalho. Esses fatos provocam novas atitudes das empresas e mudança no modo de vida das pessoas, abrindo espaços continuamente para a discussão e a busca de qualidade de vida dentro e fora do trabalho.

A globalização econômica, a nova economia da era digital, os novos paradigmas da gestão organizacional, a modernidade ou pós-modernidade da cultura e a difícil união entre qualidade de vida e estabilidade financeira acabam impulsionando ações complexas de troca de informações, sistemas virtuais e milhares de formas de viabilizar uma sobrevivência com maior qualidade de vida. Na última década, a qualidade de vida no trabalho das empresas ascendeu, de forma gradativa e sistemática, de características essencialmente operacionais e legisladas para ações corporativas estratégicas. As responsabilidades dos profissionais envolvidos com o tema têm início em questões de saúde e segurança e ampliam-se para qualidade pessoal, qualificações profissional e cultural, planejamento, trabalho voluntário e cidadania. Essas atividades requerem, cada vez mais, novas competências, conduzidas por pessoal interno, terceiros, ou mesmo podem ser compartilhadas.

As competências para a Gestão da Qualidade de Vida no Trabalho (G-QVT) podem ser identificadas de maneira clara em interfaces originárias especialmente nas áreas da saúde, benefícios, gestão de pessoas, engenharia de produção, ergonomia, sistemas de gestão da qualidade, pesquisa, inovação tecnológica, balanço social, marketing e atividades de responsabilidade social. No entanto, essa diversidade de atividades forma um conjunto difuso, com lacunas e sobreposições que dificultam a localização precisa do *locus* de decisão sobre ações e programas de qualidade de vida nas organizações empresariais.

As lacunas e sobreposições de gestão parecem estar associadas à utilização de conceitos pouco precisos, por vezes inconsistentes e fragilmente atrelados à complexidade biopsicossocial das pessoas no trabalho. Para superar essas dificuldades, torna-se indispensável consolidar atividades e interfaces organizacionais relativas à qualidade de vida. A rigor, aponta-se para características mais avançadas de soluções social e organizacional, como, por exemplo, a lógica do funcionamento de complexa cadeia produtiva. Nesses casos, além de a gestão da qualidade de vida fundamentar-se em conceitos de qualidade, produção, comunicação e estratégia de negócios, são necessários conhecimentos sobre a pessoa, o significado do trabalho, a educação corporativa, as novas tecnologias e o mercado. Trata-se, assim, de reconhecer que essa competência forma um conjunto de habilidades passíveis de unificação por meio de um sistema de gestão avançado.

No mundo empresarial, com crescente freqüência ocorrem alinhamentos das questões organizacionais e da dimensão humana. Nesses casos, amplia-se a compreensão do lado humano das organizações. Aumenta-se a possibilidade de viver melhor na empresa. A compreensão desse processo de construção de uma **nova forma de administrar o bem-estar**, com competências e habilidades complexas, é reforçada, como se procura demonstrar, por evidências e sinais das organizações, do mercado, dos tipos de trabalho e do estilo de vida individual. Esse conjunto de evidências indica que está sendo construída uma nova competência da gestão nas empresas a partir dos fatores críticos:

- conceito de QVT;
- produtividade;
- legitimidade;
- perfil do gestor;
- práticas e valores;
- competência GQVT.

2.1 CONCEITO DE QVT

Fernandes e Gutierrez (1998, p. 185) relatam a experiência brasileira em QVT e experiências inovadoras realizadas em vários países desenvolvidos. Segundo os autores, a melhoria da saúde por meio de novas formas de organizar o trabalho tem sido objeto de inúmeros artigos e obras publicados sob a denominação de Qualidade de Vida no Trabalho (QVT). No Brasil, o tema tem despertado o interesse de empresários e administradores pela contribuição que pode oferecer para a satisfação do empregado e a produtividade empresarial.

No entanto, tem-se constatado certa confusão sobre os significados teórico e técnico do conceito de QVT, o que poderia conduzir, simplesmente, a outro modismo nas empresas. Outra dificuldade refere-se ao papel desempenhado pelos executivos e profissionais da área de Recursos Humanos (RH) ou por consultores no desenvolvimento dessas experiências. Tendo procurado definir Qualidade de Vida no Trabalho teoricamente, na seqüência deste texto busca-se mostrar que não é suficiente a decisão de melhorar a QVT das organizações. Devem-se identificar fatores e critérios que sustentem a formulação de modelos de implantação de projetos de QVT.

No campo conceitual, o trabalho de Walton (1975) forneceu um modelo de análise de experimentos importantes sobre Qualidade de Vida no Trabalho com oito categorias conceituais como critérios de QVT, incluindo: compensação justa e adequada, condições de trabalho seguras e saudáveis, oportunidades imediatas para desenvolver e usar as capacidades humanas, oportunidades futuras para o crescimento contínuo e a garantia de emprego, integração social na organização, constitucionalismo na organização, trabalho e espaço total na vida do indivíduo, e relevância social do trabalho. Embora não sejam desconhecidas a diversidade das preferências e as diferenças individuais relativas a cultura, classe social, educação, formação e personalidade, tais fatores são intervenientes, de modo geral, na Qualidade de Vida do Trabalho.

Segundo Fernandes e Gutierrez (1998), a Qualidade de Vida no Trabalho é afetada, ainda, por questões comportamentais que dizem respeito às necessidades humanas e aos tipos de comportamentos individuais no ambiente de trabalho, de alta importância, como, entre outros, variedade, identidade de tarefa e retroinformação.

2.1.1 Ergonomia: o ponto de encontro da relação homem-trabalho

Ferraz (2000) afirma que a adaptação do trabalho ao ser humano tem sido vista pela Ergonomia com base nos meios físicos, cognitivos, ambientais e psicossociais. A crescente – e cada vez mais rápida – evolução da tecnologia vem tornando o trabalho mais complexo e exigindo pessoas com maior qualificação, em um movimento contrário ao que ocorreu no período taylorista-fordista.

A organização do trabalho humano também tem sido considerada como um dos elementos na análise e no projeto ergonômicos. Ela envolve, entretanto, questões mais amplas do que aquelas habitualmente tratadas pela Ergonomia em suas avaliações. Não se limita ao escopo do cargo ou da tarefa. Ao realizar um trabalho, o indivíduo está inserido em um contexto social mais amplo. A representação que esse trabalho tem socialmente causa impacto na vida e no bem-estar desse indivíduo, podendo levar a situações de maior ou menor desgaste.

2.1.2 Abordagens clínico-verbais em questões de atendimento à qualidade de vida

Recentemente, em matéria publicada na revista *Veja*, Castro (10 jan. 2001) apresentou o seguinte diálogo: "Façamos um trato: você emagrece 20 quilos e eu não opero suas coronárias." "Quem salva mais vidas, o bisturi ou suas mensagens na televisão?" "A próxima revolução na saúde virá pela comunicação mais do que na mesa de operações." A incidência de doenças e a esperança de vida são pouco influenciadas por hospitais, seus médicos e tudo o que se passa lá dentro! Historicamente, a mortalidade e a morbidade caíram quando melhoraram a qualidade da água, o tratamento dos esgotos, a disponibilidade permanente de alimentos, o controle das endemias e a higiene em geral. Segundo o articulista, grande fonte de perplexidade para os leigos é a fraca correlação entre a medicina curativa mais sofisticada e as variações nas estatísticas de saúde e doença. Em outras palavras, os fatores que decidem entre a vida e a morte de grande parte da população acontecem predominantemente fora dos hospitais e clínicas, em hábitos e estilos de vida.

Os piores problemas de saúde pública estão quase resolvidos do ponto de vista técnico. Ultrapassada essa fase, o que determina a vida ou a morte resume-se a dois fatores: o comportamento individual, em que cada um é dono de sua longevidade, e os programas públicos de saúde, por meio dos quais a difusão de conhecimentos básicos é realizada. O grande matador são os maus hábitos de estilo de vida. Um fato evidente: pessoas morrem pela má administração do *stress*. Enfrentar a tensão da vida cotidiana é, também, uma questão de aprendizagem. A saúde requer mudança de estilo de vida. Há muito comportamento nocivo à saúde pela mera falta de informação. "A escola que todo mundo freqüenta é a televisão." Nesse ponto, Castro (10 jan. 2001) sinaliza para a relação entre QVT e informação. Em princípio, a informação e a conversa também são consideradas tratamentos médicos em estudos anteriores (Gasparini, 1989). Para as grandes questões de saúde, a informação bem difundida é muito mais eficaz do que o hospital.

2.1.3 Distúrbios osteomusculares relacionados com o trabalho (Dort): a doença da era da globalização

Os Dort são, entre as novas doenças ocupacionais, o maior motivo de atenção para os profissionais de saúde e segurança, os ergonomistas, os engenheiros industriais, os empregadores, os sindicatos e os trabalhadores. Essa é a visão de Carayon (2000), compartilhada por muitos especialistas e pesquisadores. A pesquisadora relata, apoiada pelo *Bureau of Labor Statistics* (BLS) dos Estados Unidos, que todos os tipos de Dort têm aumentado em relação ao percentual total de doenças de trabalho. Segundo a autora, em 1995, os Dort relacionados a traumas repetidos foram responsáveis por mais de 300 mil casos de doenças na indústria privada. Os Dort são enfermidades dos tendões (tendinite do ombro), enfermidades dos nervos (síndrome do túnel do carpo, síndrome do desfiladeiro toráxico), enfermidades dos músculos (síndrome de tensão no pescoço), enfermidades das articulações (osteoartrose), enfermidades vasculares (síndrome de Reynaud), enfermidades da bursa (bursite do joelho) e sintomas não específicos. Estudos recentes indicam vínculo potencial entre organização do trabalho, *stress* no trabalho e Dort (Niosh 1998; Smith et al. 1982). Teorias sobre esses vínculos têm sido propostas. Crescem as comprovações empíricas.

Dejours (2000, p. 37) sinaliza, na mesma linha de discussão:

> *"Já que, na sua maioria, aqueles que trabalham conseguem evitar deslizar na doença mental (descompensação psicopatológica), podemos admitir que, aquém da doença mental, existem estados de sofrimento compatíveis com o prosseguimento do trabalho e uma inserção conveniente na sociedade. Se os referidos sofrimentos não levam à aparição de doenças mentais, é porque contra elas os homens e as mulheres que trabalham constroem 'defesas'. Estratégias individuais e estratégias coletivas permitem controlar em muitos casos os efeitos deletérios do sofrimento sobre a saúde mental. Assim a normalidade se apresenta como um compromisso ganho, após lutas ferrenhas, graças ao ajuste das defesas para enfrentar o sofrimento no trabalho."*

O pesquisador francês, que tem expressiva influência nos estudos brasileiros de psicopatologia, sugere modificação de denominação nos estudos de doenças mentais do trabalho. Para Dejours, esses estudos deslocaram-se aos poucos da análise das doenças mentais para a análise das estratégias de defesa individuais e coletivas contra o sofrimento e a doença mental do trabalho. É por isso que decidiu pela modificação da denominação da disciplina e pela substituição da terminologia "psicopatologia do trabalho" por "psicodinâmica do trabalho".

Sznelwar e Zidan (2000), organizadores de fórum de discussão científica sobre o "trabalho humano com sistemas informatizados no setor de serviços", assinalam que tais estudos mostram ser o trabalho executado sob fortes constrangimentos causados pela maneira como é concebido. Esses seriam os fatores que fortemente contribuiriam para o aparecimento de doenças ocupacionais, inclusive os Dort. Os aspectos a seguir foram considerados como fundamentais para a gênese do sofrimento dessas pessoas:

- forte pressão temporal caracterizada pela necessidade constante de superar-se ou de manter ritmos acelerados durante jornadas de, ao menos, seis horas;
- insuficiência de pausas e de intervalos entre atendimentos para a recuperação;
- fortes restrições ao diálogo com seus interlocutores (clientes), devido à imposição de respeito a roteiros (*scripts*) predeterminados;
- restrições à livre movimentação pela necessidade de manter-se ligado ao posto de trabalho com pequenas interrupções ao longo da jornada;
- manutenção constante da atenção e forte solicitação de memória, principalmente as de curto e curtíssimo prazos, durante longos períodos;
- estímulo à competitividade entre colegas, por causa de programas de produtividade calcados na individualização excessiva da produção;
- conflitos constantes com superiores hierárquicos e ausência de espaço organizacional para expressão, discussão e resolução de problemas;
- fragmentação e inserção muito limitada das tarefas no processo de produção.

Todos os aspectos relacionados por Sznelwar e Zidan (2000) ratificam a complexa natureza psicossocial dos sintomas, exemplificando a presença de fenômenos relativos à interação pessoa-pessoa no ambiente altamente tecnológico.

2.1.4 Fatores psicossociais e qualidade de vida

As ações possíveis de ser desenvolvidas para manter as pessoas saudáveis podem, didaticamente, ser classificadas em ações de recuperação, proteção e promoção da saúde. As ações de recuperação da saúde são as desenvolvidas com pessoas já doentes, para recuperá-las tanto do ponto de vista físico como do psicológico e do social. As ações de proteção da saúde visam evitar a exposição dos indivíduos a agentes nocivos identificados – o emprego de equipamentos de proteção individual no trabalho e a vacinação são exemplos que se enquadram nesse grupo. As ações de promoção da saúde são, por sua vez, mais abrangentes e extrapolam a mera preocupação de evitar doenças, embora elas sejam, também, importantes componentes. Da mesma forma que a paz não pode ser apenas entendida como a ausência de guerra, ter saúde ou ser saudável não significa apenas não estar doente, mas também estar em estado de satisfação e plenitude. Diferentemente do que se afirma, a atividade física foi essencial para a sobrevivência da espécie, e as questões de integração social, como solidariedade e afeto, fazem parte da saúde. No texto a seguir, o autor destaca esses pontos.

> *"A tendência ao sedentarismo, que hoje observamos, é algo que data apenas de não mais de 150 anos (...) 96% de toda a energia produzida na Terra originava-se da força muscular-animal ou humana. (...) inclui-se o estado de insatisfação e tensão crônicas relacionadas à competição, que é símbolo da nossa época. (...) o pouco espaço que se concede nesta nossa sociedade moderna para a vivência e expressão das emoções. (...) o ritmo vertiginoso da vida, tensa e plena de medos dos mais diversos tipos e origens, (...) denominou-se 'cativeiros emocionais'. (...) é maior a solidão e o anonimato e menor o suporte social e afetivo das pessoas, o que contribui de forma importante para a ocorrência de eventos isquêmicos. (...) Em uma sociedade regida por esses valores, importa pouco o bem que se pratica ou praticou, a bondade de que se for possuidor, a honestidade e a lealdade no trato com as outras pessoas. (...) a solidariedade genuína é vista com reservas (...) não parece haver dúvidas da relação direta que há entre qualidade de vida e a qualidade das relações que se consegue manter com as outras pessoas. (...) Mas passa, sobretudo e principalmente, por uma mudança interior na nossa maneira de ver e viver a vida e o mundo, que nos habilite a competir menos e amar mais"* (Nobre, 1995, 33-39).

Esse texto é uma forte referência da discussão sobre as relações humanas no processo de bem-estar psicossocial relacionado à saúde e à qualidade de vida. Há outros pontos, nas questões de relações psicossociais, a serem destacados na moderna compreensão da condição humana na sociedade.

Entre os especialistas brasileiros que mais se destacam nos estudos sobre *stress*, Ana Maria Rossi, em entrevista à jornalista Suzana Barelli (2001), afirma que o *stress* é absolutamente antagônico à tecnologia. Antigamente, mesmo as pessoas sedentárias faziam algum movimento, nem que fosse mínimo, o que não mais ocorre com o elevador, o telefone celular. Cada vez menos, as pessoas se dão a oportunidade de reagir a esse bombardeamento. A competitividade e a apreensão em sair de férias fizeram com que os homens sofressem mais do "estresse de adrenalina". Quer-se que as pessoas reajam proporcionalmente ao estímulo e que tenham a serenidade de saber se vale a pena ou não reagir a uma situação. Sobre autocontrole, ela comenta que o ideal é a pessoa ter serenidade para decidir se vale a pena reagir. No Brasil, existe dificuldade em definir o significado do autocontrole. Não é repressão, mas a habilidade de avaliar a situação e de resolver. É o diferencial de quem terá sucesso nos próximos anos, afirma a especialista Rossi (ver *site* www.ismabrasil.com.br) na mesma entrevista.

2.1.5 O momento de cuidar do agravo à saúde

Mendes (1999) aponta, no clássico e mais completo compêndio brasileiro sobre Patologia do Trabalho, para a necessidade de detecção dos agravos à saúde relacionados com o trabalho. Esse princípio é inseparável da idéia de precocidade: se a patologia do trabalho ainda é uma realidade, cruel e literalmente dolorosa, é preciso, pelo menos, detectá-la o mais cedo possível. Cabe aqui, como referência, o conceito de detecção precoce, tomado de um comitê de especialistas da OMS, que o definiu como "a detecção de distúrbios dos mecanismos compensatórios e homeostáticos, enquanto ainda permanecem reversíveis alterações bioquímicas, morfológicas e funcionais" (wwwmhxpa.ufrgs.br/psiq/whqol.htm. 24-3-99).

Segundo Mendes (1999), o requisito fundamental da reversibilidade constitui-se, também, em um divisor de águas que aponta para a questão dos distintos papéis e responsabilidades. Em outras palavras, dependendo de sua inserção institucional, o profissional da saúde terá a oportunidade e a obrigação de detectar agravos à saúde relacionados com o trabalho, em momento ainda suficientemente precoce, portanto, reversível. No caso de outras inserções, ele terá a oportunidade e a obrigação de detectar o processo já em fase mais avançada.

Mendes (1999, p. 51) informa que profissionais da saúde que trabalham em empresas têm a oportunidade e a obrigação de detectar esses agravos precocemente, já que as populações expostas a condições de risco são por eles acompanhadas, às vezes durante anos. Destaca que a precocidade na detecção de agravos à saúde constitui uma meta permanente – para não dizer obrigação permanente – das instituições responsáveis pela vigilância da saúde do trabalhador.

A subjetividade nas condições de trabalho é um dos temas de resgate dos estudos de Seligmann-Silva (1995, p. 289-291). A professora afirma que as condições físicas, químicas e biológicas vinculadas à execução do trabalho – há muito reconhecidas na vertente orgânica da patogenia de numerosas doenças – também interferem nos processos mentais e, portanto, nas dinâmicas relacionadas à saúde mental. O espaço da subjetividade não é, como se afirmou por muito tempo, uma caixa-preta cujos processos são inacessíveis à análise. Por outro lado, esses processos não são, de fato, imediatamente visíveis, como uma lesão dermatológica, nem objetiváveis em sua inteireza por intermédio de tomógrafo ou equipamento similar. Eles são expressos de maneiras peculiares e diversificadas, de modo a tornar necessária uma leitura especializada. Podem, evidentemente, expressar-se pelos sintomas e síndromes classicamente reconhecidos pela psiquiatria. De qualquer forma, as patologias mentais também devem ser objeto de identificação preventiva.

2.1.6 A legislação e os programas de segurança e saúde do trabalho

Carmo et al. (1995) relatam os direitos programáticos para a referência às normas sociais que reconhecem, definem, atribuem direitos ao homem, mas que ainda não têm aplicações garantidas pelo Estado em uma sociedade. Essa parece ser a situação ainda vigente em nosso país, em que a população é cotidianamente violentada em relação aos direitos básicos de cidadania. Embora a relação entre o trabalho e os agravos à saúde tenha sido descrita em 1700, ao longo da obra clássica de Ramazzini (1999), foi somente em 1884, na Alemanha, que se editou a primeira lei de acidentes do trabalho da qual se tem notícia. No Brasil, desde 1904 foram feitas algumas tentativas de criação de legislação especial para os infortúnios do trabalho, mas apenas em 1919 foi editada a primeira lei de acidente do trabalho. O Brasil possui um dos mais detalhados e avançados conjuntos de leis e decretos. Os mais importantes programas são conhecidos pelas siglas PPRA (Programa de Prevenção de Acidentes) e PCMSO (Programa de Controle Médico e Saúde Ocupacional). Esses dois programas foram introduzidos como normas em nossa legislação há poucos anos. Isso indica que as empresas ainda se encontram na fase de sua aprendizagem e consolidação. Embora eles já estejam apresentando alguns resultados positivos, continuam sendo os itens mais cobrados pela fiscalização do Ministério do Trabalho. Isso é explicado não pela complexidade em adotá-los e implementá-los, mas pelas dificuldades geradas pela dimensão do território brasileiro e pelas diferenças regionais econômicas e empresariais existentes.

Os especialistas em prevenção de acidentes e doenças do trabalho são unânimes em afirmar que, embora o PPRA e o PCMSO sejam programas distintos, existe interdependência inegável entre eles, permitindo concluir que ambos devem ser implantados em conjunto, concomitantemente. O PPRA tem como objetivo a preservação da integridade do trabalhador (em um conceito genérico, global), por meio de ações que eliminem, neutralizem ou reduzam as agressões dos locais de trabalho que possuam agentes ambientais acima dos limites de tolerância estabelecidos, nacional e internacionalmente, como adequados, que possam, portanto, gerar doenças nos trabalhadores. Já o objetivo do PCMSO é priorizar a preservação da higidez dos trabalhadores, por meio de ações de saúde que privilegiem o diagnóstico precoce dos agravos à saúde, originados nas agressões das atividades laborais fora do controle da higiene industrial. A higiene industrial é uma área que afeta tanto a medicina do trabalho como a engenharia de segurança do trabalho. Compete à engenharia de segurança do trabalho a avaliação ou a qualificação desses agentes no ambiente de trabalho, com o objetivo de subsidiar medidas corretivas, proteção e controles que serão desenvolvidos por meio de estudo criterioso dos riscos a que os trabalhadores estejam expostos do ponto de vista da saúde.

Todo esse trabalho termina por concentrar as ações da medicina e da engenharia na diminuição da exposição das pessoas aos agentes ambientais, muitas vezes alterando sistemas e processos e tendo como resultado menor desempenho produtivo. Os riscos presentes nos ambientes de trabalho têm como origem os agentes ambientais que, por sua vez, são estudados pela higiene industrial. Esses agentes dividem-se nos seguintes grupos de risco: físicos, químicos, biológicos, ergonômicos e mecânicos (Piza, 2000, p. 87-89). O entendimento dos Riscos Ocupacionais é mais um fator que compõe a compreensão da Condição Humana no Trabalho.

2.1.7 Ciclos de trabalho e QVT

Os trabalhos em turnos e as relações com a saúde-doença são relatados por Fischer, Lieber e Brown (1995). Segundo os autores, a produção de bens na sociedade envolve a participação do ser humano como elemento fundamental do processo de trabalho, a despeito da crescente utilização de equipamentos automatizados. Parte de complexos ecossistemas produtivos, os trabalhadores enfrentam constantes desafios no decorrer de suas vidas de trabalho. Esses desafios são devidos não só a situações de risco ocupacional, classicamente estudadas como as doenças relacionadas com o ambiente de trabalho, mas também a numerosos fatores perturbadores da saúde que, embora não apresentem a especificidade dos agentes ocupacionais citados em lei, trazem desconforto, restringem a participação dos trabalhadores nas atividades sociofamiliares, são potencializadores de doenças, diminuem a qualidade de vida. Ritmos de produção mecânica ou eletronicamente controlados, repetição de ciclos de trabalho, de forma constante, baixa utilização dos conhecimentos dos trabalhadores; responsabilidades e iniciativas, predeterminação detalhada de métodos e técnicas, equipamentos auxiliares e locais de trabalho não compatíveis com as necessidades de concentração e dificuldades em realizar as tarefas, longos períodos de atenção sustentada, pausas insuficientes para descanso intra e interjornadas e horários irregulares e em turnos de trabalho são algumas das situações e organização do trabalho que comprometem a condição de vida do trabalhador.

2.1.8 A difusão do conceito de QVT

Vários líderes de expressiva posição na sociedade tratam o tema Qualidade de Vida como fator a ser expandido, difundido, conquistado. Entre os vários relatos, destacam-se o de empresário da Câmara de Comércio Americana e os de dois consultores organizacionais. Em entrevista à *Gazeta Mercantil* (21 dez. 1998), Korn, Presidente da Câmara de Comércio Americana, declara:

> "Precisamos todos trabalhar com firme compromisso histórico de contribuir para que o enorme potencial do País se torne concretamente uma realidade, proporcionando ao povo brasileiro (...) melhores condições sociais e qualidade de vida (...)."

Em seu relato, o Prof. Paulo Pegado, um dos consultores, ressalta que "a qualidade dos processos, produtos e serviços é uma variável dependente do desempenho do ser humano e determinada pela sua Qualidade Pessoal". Enádio Moraes, da Cia. da Saúde, também consultor organizacional, destaca que

> "... a estreita correlação existente entre uma melhor Qualidade de Vida das Pessoas e a obtenção de Qualidade Total e/ou Excelência Organizacional tem-se constituído uma constatação freqüente na moderna gestão de empresas e negócios".

Afirma-se, portanto, haver íntima correlação entre melhoria da Qualidade de Vida das Pessoas e Estilo de Vida dentro e fora da organização. Isso causará impacto na excelência e na produtividade dos indivíduos em seu trabalho.

Muitas vezes, a Gestão da Qualidade de Vida nas empresas tem sofrido perda de credibilidade por causa de aparente superficialidade e por ser usada por aqueles que nela vêem só mais uma forma de adiar soluções e mudanças efetivas nas condições de trabalho. Embora ainda haja enorme lacuna entre o discurso e a ação, as preocupações com a Gestão da Qualidade de Vida no Trabalho vêm ganhando grande expressão e forma em âmbito mundial e, também, no ambiente organizacional brasileiro.

No mesmo artigo da *Gazeta Mercantil*, anteriormente citado (21 dez. 1998), consta a seguinte declaração de Prestes Rosa, alto executivo de Recursos Humanos da Ticket Grupo de Serviços:

> "Qualidade de Vida é a busca contínua da melhoria dos processos de trabalho, os quais precisam ser construídos não só para incorporar as novas tecnologias como para aproveitar o potencial humano, individual e em equipe. No contexto empresarial ela se insere na qualidade organizacional, no repensar contínuo da Empresa."

Esse artigo traz também a definição de De Marchi, um dos fundadores e ex-presidente da Associação Brasileira de Qualidade de Vida:

> *"Nos anos 1998-1999, qualidade de vida é estar saudável, desde a saúde física, cultural, espiritual até a saúde profissional, intelectual e social. Cada vez mais as empresas que desejarem estar entre as melhores do mercado deverão investir nas pessoas. Portanto, qualidade de vida é um fator de excelência pessoal e organizacional."*

Novas metodologias e tecnologias exigem mais do profissional e provocam *stress*. Em conseqüência do ritmo atual mais intenso de trabalho, a preocupação com a qualidade de vida passou a ser uma necessidade para o profissional. A introdução de novas tecnologias de trabalho e programas de reengenharia e de qualidade total nas empresas passou a exigir cada vez mais dos profissionais. Isso reduziu a qualidade de vida e aumentou os casos de *stress* em todo o mundo. O *stress* é uma resposta do corpo à pressão. Ele ocorre quando o organismo responde com o corpo, com a mente e com o coração às condições inadequadas de vida de forma contínua ou muita intensa. As conseqüências nocivas disso são variadas. Uma delas é a síndrome de Burnout, que se caracteriza por exaustão emocional, avaliação negativa de si mesmo, depressão e insensibilidade diante dos outros. Vivemos mudanças radicais na condição humana; por exemplo, os atletas das Olimpíadas estão "encostando no limite", com ganhos cada vez menores nas marcas olímpicas: "o atual campeão dos 100 metros rasos, Maurice Greene, deixaria Thomas Burke, vencedor dos 100 metros na primeira Olimpíada moderna, em Atenas – 1896, comendo poeira mais de 20 metros atrás", segundo o jornalista Azevedo (2000). No entanto, entender as dimensões do bem-estar, especialmente nas questões de natureza psicossocial, e suas implicações e desempenho no trabalho parece ser ainda uma distante marca a alcançar.

De Lucca Neto (1999, p. 32) afirma que

> *"os programas de qualidade de vida no trabalho são exigência dos tempos. Expressam um compromisso com os avanços da ciência, da civilização, da cidadania. E ainda, por isso, um desafio para muitos".*

Para o jornalista, QVT é uma questão humana. Os investimentos em qualidade de vida no trabalho são inevitáveis. Contudo, é preciso que as empresas se preocupem mais com a participação dos trabalhadores no processo, adequando os métodos produtivos a eles.

A próxima seção apresenta questões específicas relativas à compreensão do desempenho humano no trabalho desde o século XX, como a produtividade.

Fonte: Linha de Produção da Ford, 1913. Arquivos do Estado de Michigan.

2.2 PRODUTIVIDADE

Dos tempos e movimentos à qualidade total e aos critérios de excelência, esse é o caminho de discussão nesta seção. Os elementos aqui selecionados, para o desenvolvimento do fator crítico produtividade nas interfaces da qualidade de vida no trabalho, têm seus principais eixos conceituais articulados por pesquisadores, cientistas, empresários e consultores com focos predominantes em engenharia de produção, economia, administração estratégica e psicologia do trabalho.

A produtividade tem sido definida como o grau de aproveitamento dos meios utilizados para produzir bens e serviços. Em geral, a perspectiva é aproveitar ao máximo os recursos disponíveis para chegar a resultados cada vez mais competitivos. As questões conceituais relativas ao tema têm camadas diferenciadas. Sob a óptica da administração, as camadas mais relevantes são: controle de processos, considerando toda a cadeia produtiva, interações pessoa-trabalho e sobrevivência da empresa por meio da competitividade. Em outras disciplinas, outras camadas são tratadas de forma prioritária. Na economia, por exemplo, os chamados coeficientes técnicos ou parâmetros da função de produção permitem estimar ganhos de produtividade agregada à economia. Já os engenheiros de produção tendem a focar a análise sobre os processos de inovação tecnológica e seu impacto na produtividade. A seguir, serão analisados os tópicos relevantes da produtividade como fator crítico da gestão empresarial.

2.2.1 O grande desafio: produtividade e dimensão humana

Do ponto de vista das pessoas, deve-se prioritariamente dar condição básica de segurança e saúde no trabalho ao fator produtivo, denominado "capital humano" pelos economistas e "recursos humanos" e, mais recentemente, "gestão de pessoas" pela administração. A rigor, essa prioridade está presente na própria constituição da área de atuação da QVT. Em cenários mais avançados, pode-se afirmar que a condição básica para o ambiente produtivo da empresa é criar modelos gerenciais efetivos de Qualidade de Vida no Trabalho aderentes a ambientes altamente competitivos, nos quais a busca da produtividade representa uma política decisiva.

O desafio é reconstruir, com bem-estar, o ambiente competitivo, altamente tecnológico, de alta produtividade do trabalho, e garantir ritmos e situações ecologicamente corretas. O bem-estar considera, no referente à Qualidade de Vida no Trabalho, as dimensões biológica, psicológica, social e organizacional de cada pessoa e não, simplesmente, o atendimento a doenças e outros sintomas de *stress* que emergem ou potencializam-se no trabalho. Trata-se do bem-estar no sentido de manter-se íntegro como pessoa, cidadão e profissional. A meta é catalisar experiências e visões avançadas dessa poderosa relação entre Produtividade e Qualidade de Vida no Trabalho.

Segundo D'Ambrosio (1986, p. 49), a relação entre determinada quantidade de produção e a quantidade de meios para produzi-la gera o "índice de produtividade". A principal questão do administrador é determinar quais as condições que devem existir para o atingimento de melhores índices de produtividade no âmbito da unidade produtiva ou de serviços. A compreensão das inúmeras facetas dos processos produtivos é indispensável para uma visão dinâmica das atividades que devem gerar produtividade. Lima (1999) analisa que todo trabalho realizado nas empresas faz parte de algum processo. Para a autora, não existe um produto ou um serviço oferecido por uma empresa sem um processo de gestão empresarial. Muitos ganhos de produtividade estão associados ao aperfeiçoamento dessa gestão, esteja ela focada na produção, no suprimento, na logística de distribuição, na motivação dos funcionários ou na introdução de novas tecnologias. A produtividade não está somente associada a processos de produção, mas a todo um conjunto de atividades de gestão, como suprimentos, processos de trabalho, logística de distribuição, entre outras. Mais ainda; a produtividade é intrínseca às condições físicas, mentais e ambientais do mundo do trabalho.

Bennett (1983) afirma que a melhoria da produtividade não pode ser discutida sem o reconhecimento de que o conceito de produtividade vai além da idéia de uma boa produção ou de ser eficiente. É também um conceito que encontra suas raízes no dinamismo humano, porque tem indispensável conexão com a melhoria da qualidade de vida de cada indivíduo no trabalho e suas conseqüências fora dessa esfera. A melhoria do trabalho significa motivação, dignidade e grande participação no desenho e no desempenho do processo de trabalho na organização. Significa desenvolver indivíduos, cujas vidas podem ser produtivas em sentido amplo.

Para Laszlo (1987), a expressão *Qualidade de Vida no Trabalho* tem sido usada para descrever valores relacionados com a qualidade de experiências humanas no ambiente de trabalho. Em essência, é um estado da mente, um estado de consciência influenciado por um conjunto de fatores referentes ao trabalho, ao ambiente de trabalho e à "personalidade" do empregado. Afirma que as estratégias para a melhoria da Qualidade de Vida no Trabalho contribuem para o indispensável subproduto melhoria da produtividade. Esse conjunto de idéias e cursos de ação está centrado em estratégias para a melhoria da QVT.

2.2.2 Origens do conceito de produtividade

Adam Smith (1782), fundador da ciência econômica, defendeu a tese de que o aprimoramento das forças produtivas do trabalho está intimamente relacionado ao crescimento dos mercados e, portanto, da "riqueza das nações". É desse autor o exemplo da fábrica de alfinetes que alcançaria maior produtividade com a separação ou a divisão de tarefas e a especialização dos trabalhadores. A habilidade, a destreza e o bom-senso com os quais o trabalho é, em toda parte, dirigido ou executado provocam queda de custos e preços, tornando mercadorias e serviços mais acessíveis no mercado. Mais divisão no trabalho significa maior produtividade e maior poder de compra do consumidor. Essa lógica da divisão do trabalho é, provavelmente, precursora do clássico taylorismo da era da produção em massa. Resgatando os conceitos dos autores clássicos da Economia, Campanário (1981, p. 136) afirma que o conceito de divisão do trabalho e produtividade está construído sob a clássica visão de larga escala da produção.

Trata-se de reconhecer que as escolas de pensamento econômico, do século XX até os dias atuais, entendem a divisão do trabalho como uma variável associada a competitividade, tecnologia e destreza no trabalho, fatores críticos da produtividade. Contudo, vale ressaltar que, na teoria do valor, clássica ou contemporânea, a produtividade é o aumento de produto derivado e a melhor alocação de recursos que são postos em produção pelo trabalhador. A análise de como esse trabalho é organizado, tendo em vista o aumento da produtividade, é objeto da ciência administrativa.

Quadro 2.1 *Comparação entre a divisão social e técnica do trabalho.*

Divisão do trabalho	Pré-requisito histórico	Unidade da divisão	Produto final	Resultado final da produção	Relação entre unidades	Distribuição especial	Determinação do nº de unidades	Instrumento de controle
Técnica (unidade de produção)	Emprego simultâneo de trabalhadores (empresa)	Trabalhador especializado (singular)	Valores de uso	Produtos e serviços "parciais"	Cooperação entre membros da divisão técnica	Concentrada	Produtividade • tecnologia • destreza • gestão	Gestão empresarial "despótica"
Social (entre unidades de produção)	Densidade populacional relativa (centros urbanos)	Empresa, setor, regiões e países (geral e particular)	Valores de troca	Mercadoria como soma de produtos e serviços "parciais"	Mercado, por meio de compra e venda de mercadorias	Concentração relativa	Competitividade. "Leis" de mercado. Regulação	Concorrência capitalista "anárquica"

Fonte: Adaptação e tradução de CAMPANARIO, Milton de Abreu. *Land rent and the reproduction of labor force:* some evidence from São Paulo. Graduate Field of City and Regional Planning. Ithaca, New York: Cornell University, May 1981. p. 135-137.

Como que influenciado por esse corpo inicial de idéias clássicas da Economia, o conceito de produtividade ganha desenvolvimento com a Escola Taylorista de Administração. A proposta de Taylor (1986), em suas pesquisas na Ford, em pleno nascimento da produção em massa, teve como principal objetivo os sistemas de administração: em que tempos e movimentos, subsidiados pelas idéias da administração científica, eles eram desenhados para tarefas simples, fragmentadas e essencialmente manufatureiras. O grande objetivo seria aumentar a produção por meio de métodos racionais de organização da produção. O conceito de linha de produção é sinônimo de taylorismo. A produção em larga escala que marcou o século XX está baseada, em grande parte, nos conceitos tayloristas. A dimensão humana, no entanto, está submersa nessa importante escola. O trabalho é muito simplificado, repetitivo, alienado. Em tempos mais recentes, essa concepção evoluiu gradativamente e passou a incorporar novos elementos críticos, como saúde e vitalidade do trabalhador, tal qual descrito no trecho a seguir:

> "Um dos fatores mais essenciais para assegurar a produtividade dos Recursos Humanos, sem dúvida alguma, é a garantia da plena saúde e vitalidade. Os programas de qualidade de vida mudam o comportamento, atuam preventivamente, reduzem custos e contribuem para atrair ou reter colaboradores. Ao elegermos SAÚDE E VITALIDADE como fatores essenciais para a produtividade, tínhamos em mente que a chave do desenvolvimento e o crescimento das organizações, e indiretamente da produtividade, está na capacidade cerebral dos Recursos Humanos. Em outras palavras, a capacidade de iniciativa, a competência profissional, a inventividade, a autodisciplina e o pensamento estratégico – o hábito de agir no presente, tendo em vista o futuro – estão diretamente ligados às condições de saúde e educação de cada um" (Marques, 1996, p. 197).

Essa afirmação do diretor de produção de uma grande fábrica exemplifica o esforço de reintegrar questões de qualidade de vida às metas de produtividade.

2.2.3 Produtividade com Qualidade

Da visão taylorista para a realidade das práticas da administração de empresas contemporâneas, longo percurso foi realizado. Crainer (1999), ao analisar o surgimento dos modelos de gestão com ênfase na qualidade, afirma que o conceito (ou critério) de excelência para a avaliação do desempenho empresarial, com responsabilidades social e ambiental e foco no cliente, conduziu ao movimento de qualidade da década de 1980. Segundo o autor, o conceito de excelência não veio das escolas de Administração. Ele afirma ser mais provável que Deming, Juran e Crosby fossem ridicularizados por essas escolas do que aceitos como parte de seus corpos docentes. Embora muitas faculdades de Administração ofereçam hoje programas e cursos sobre qualidade, TQM, *just in time* e outras técnicas, estas teriam nascido exatamente da necessidade prática de aumentar a competitividade por meio da produtividade com qualidade. No plano das escolas de pensamento administrativo, o conceito de qualidade expande-se, como nos estudos de Kehl (1999), por intermédio do modelo conceitual de **metaqualidade**: o aperfeiçoamento da qualidade considera não só o aumento da produção (dada uma dotação de fatores), mas também as formas como os recursos são utilizados, estabelecendo procedimentos de caráter ecológico. Kehl (1999, p. 5) destaca:

> "Os ideais de qualidade da empresa devem estender-se a aspectos mais sutis, forjando uma nova cultura, na qual a reversão dos hábitos de consumo se faça de forma mais rápida que a degradação social e ambiental."

Para o autor, a metaqualidade transcende as necessidades de satisfação de clientes e fornecedores, devendo considerar o parâmetro cultural do consumo responsável, do equilíbrio social e do respeito ao consumidor enquanto ser humano e cidadão.

No início dos anos 90, começa a difusão das normas ISO 9000. No Brasil, o fato ocorreu quer pelo Programa Brasileiro de Qualidade (PNQ), instituído pelo Governo Federal, quer pelas oportunidades de comercialização internacional por meio da padronização de processos e produtos e exigências de requisitos de qualidade e excelência. A norma brasileira ISO 9000 estabelece as responsabilidades da administração relativas à Política da Qualidade:

> "A responsabilidade pela Política da Qualidade e o comprometimento com a mesma cabem ao mais alto nível da administração. A Gestão da

Qualidade é o aspecto da função gerencial global que determina e implementa a Política da Qualidade" (Item 4. Responsabilidades da Administração, 4.1 – Generalidades, ISO 9000).

A Fundação para o Prêmio Nacional de Qualidade (FPNQ, 2000, p. 4) destaca, por sua vez, que os "Critérios de Excelência do Prêmio Nacional da Qualidade constituem um modelo sistêmico de gestão adotado por inúmeras organizações de 'classe mundial'." Época de globalização! São critérios construídos sobre fundamentos essenciais para a obtenção da excelência do desempenho. Quanto aos critérios do Prêmio, é importante esclarecer que uma organização pode modelar seus sistemas de gestão, realizar uma auto-avaliação ou candidatar-se ao Prêmio Nacional da Qualidade (PNQ). Os objetivos das avaliações para a obtenção do PNQ são: identificar e entender, de forma sistemática, os pontos fortes e as oportunidades para melhoria; promover a cooperação interna entre os setores, os processos e as pessoas da força de trabalho. Essas atitudes, expressas por iniciativas do governo e de empresas, revelam a busca de aumento de produtividade com a qualidade requerida pela competição globalizada, dentro de padrões de desempenho fixados pela nova economia.

2.2.4 Competitividade e produtividade

Esses dois conceitos são muitas vezes confundidos. É interessante que o fator crítico para o desenvolvimento da produtividade decorra de um conjunto de fatores de competitividade. Assim, existe a denominada competitividade sistêmica, relacionada a fatores como estabilidade monetária, perenidade das instituições, cultura e educação da população, legislação trabalhista, entre outros. Já a competitividade setorial e a competitividade empresarial estão fortemente relacionadas às estruturas de concorrência a que estão expostas as empresas. Quanto maior a pressão vinda da concorrência, maior será a competitividade que a empresa terá de desenvolver, utilizando a produtividade como um instrumento vital de sobrevivência ou expansão (Albuquerque, 1992a, 1992b).

No caso brasileiro, uma profunda nova realidade vem sendo construída no chão de fábrica. O trabalho essencial está sendo desenvolvido pelas empresas, em um ambiente altamente competitivo. O que atualmente se vivencia no Brasil é um processo de criação e experimentação de novos valores e sistemas organizacionais. Leitão (1999, p. 15) afirma:

"Apesar de ser uma viagem pela economia, pelo 'chão de fábrica', não é uma coleção de impressões individuais dos analistas. Os consultores seguiram uma metodologia desenvolvida pelo McKinsey Global Institute, para não se perderem nesta viagem. E acabaram fazendo uma espécie de

flagrante nas empresas. Com base nele, traçaram uma receita para superar os obstáculos que pararam o Brasil."

O crescimento econômico virá pelo aumento da produtividade. Existem obstáculos a seu crescimento, mas eles não são insuperáveis, cabendo a maior parte do trabalho às empresas no que se refere às competitividades empresarial e setorial. Ao governo caberá manter condições favoráveis para a atuação empresarial: a estabilidade da moeda, o aumento da competição, a queda dos juros e a redução do peso dos impostos sobre as empresas formais; caberá ao governo, também, fixar políticas seletivas e de incentivo, tais quais as da área de qualidade e produtividade (competitividade sistêmica).

Nos anos 90, a discussão sobre a produtividade modifica-se, inclusive no Brasil. Qualidade e competitividade passam a ser referência na modernização da indústria brasileira. Para Fleury (1994), o parque industrial brasileiro foi sendo construído, ao longo do século XIX, por três tipos de empreendimentos: brasileiros privados, estatais e multinacionais. Essa composição resultou de demandas específicas do processo de desenvolvimento econômico e teve na tecnologia de produção um dos fatores-chaves para justificá-la. O autor avalia:

"Há certa acomodação ao contexto de pouca competitividade, às dificuldades de calcular custos em conjuntura altamente inflacionária e ao fato de os ganhos obtidos através de aplicações no mercado financeiro serem muito mais significativos do que os possíveis ganhos resultantes de reduções de custos de produção. A função finanças tem status destacado na dinâmica das empresas industriais" (Fleury, 1994, p. 24).

Com a expansão da produtividade, Fleury (1994) afirma que no

"cenário competitivo atual, o sucesso exige a consideração da manufatura como função de caráter estratégico. Afinal, qualidade e produtividade conseguem-se no processo produtivo. Esta é uma das lições ensinadas pelos países orientais, especialmente o Japão e a Coréia".

Seguindo a mesma linha de raciocínio, Dupas (1999, p. 77-80) destaca as questões de globalização na cadeia de produção, apontando os fatores que interferem nas novas cadeias de produção: forma de entrada do investimento direto estrangeiro (*greenfield*, fusão, aquisição ou participação minoritária), tipo de cadeia (uso intensivo de capital ou mão-de-obra), substituição ou não de produção local e complementação de investimentos domésticos. Segundo esse autor, podem existir diversas estratégias produtivas, como, entre outras, a estratégia autônoma, a estratégia de integração simples e a estratégia de integração complexa. Observa, no entanto, que são as pressões da competitividade em uma economia aberta que tornam o aumento de produtividade um imperativo de sobrevivência.

2.2.5 Produtividade e tecnologia

O fator crítico produtividade também está associado ao processo de inovação tecnológica, tal qual expressa Mindlin (1994, p. 6), quando se refere ao setor metal-mecânico brasileiro:

> "A modernização foi um imperativo às exigências crescentes do mercado em matéria de evolução tecnológica, com modificações introduzidas nos motores, pressão dos consumidores para redução de custo, exigência de aumento de produtividade, exigência de resposta mais rápida às solicitações de solução de problemas técnicos, de modo que não dava para continuar o trabalho de rotina; tínhamos de acompanhar a evolução do mercado e, para isso, foi básico o papel da pesquisa e desenvolvimento. Confesso que certa vaidade também temos, pela mentalidade tecnológica sempre presente na empresa. Começamos preocupados com qualidade e, depois, com racionalização e inovação na busca de novos processos e materiais."

Atualmente, a tecnologia de informação e comunicação está aumentando o número de empregos em todo o mundo, além de elevar as taxas de crescimento e produtividade e de reduzir os custos das empresas. Segundo Taylor (2001), a principal conclusão do relatório anual de 2000 da Organização Internacional do Trabalho (OIT) sobre o emprego é que há motivo para "otimismo cauteloso" em relação aos impactos das novas tecnologias no mundo do trabalho. O relatório enfatiza que a educação básica "é o fator mais importante" para garantir o sucesso na emergente era digital, mas afirma que as novas tecnologias poderão contribuir para o ensino a distância nos países em desenvolvimento, reduzindo seus custos. A cautela advém do perigo representado pelo distanciamento entre o mundo desenvolvido e os países mais atrasados economicamente, provocado pelas tecnologias digitais. A economia ligada por redes de comunicação

> "oferece um potencial genuíno para obter um melhor equilíbrio na geração de empregos. A OIT estima que 160 milhões de pessoas estejam desempregadas, 20 milhões a mais do que quando estourou a crise econômica na Ásia, em 1997; o efeito da TI sobre o emprego é positivo, mas tende a favorecer países desenvolvidos" (Taylor, 2001a, p. 8).

2.2.6 Produtividade e conhecimento

A era do trabalhador manual está sendo ultrapassada pela era do trabalhador do conhecimento. Os conceitos associados à produtividade desse trabalhador do conhecimento mal começaram a ser desenvolvidos. Contudo, já se sabe infinitamente mais a respeito da produtividade do trabalhador do conhecimento do que se sabia da produtividade do trabalhador manual quando do início do processo de industrialização. Sabem-se até muitas das respostas, mas também se conhecem os desafios que devem ser enfrentados. Segundo Drucker (2000, p. 116-117), seriam seis os fatores importantes que determinam a produtividade do trabalhador do conhecimento:

- A produtividade do trabalhador do conhecimento requer que se faça a seguinte pergunta: Qual é a tarefa?
- Ela exige que se coloque a responsabilidade pela produtividade nos próprios trabalhadores do conhecimento. Eles precisam gerenciar a si mesmos e ter autonomia.
- A inovação continuada tem de fazer parte do trabalho, da tarefa e da responsabilidade dos trabalhadores do conhecimento.
- O trabalhador do conhecimento requer aprendizado contínuo e também ensino contínuo.
- A produtividade do trabalhador do conhecimento não é – ao menos principalmente – uma questão de quantidade produzida. A qualidade é, no mínimo, igualmente importante.
- Finalmente, a produtividade do trabalhador do conhecimento requer que ele seja visto e tratado como ativo, e não como custo, e que queira trabalhar para a organização.

A análise da produtividade nessa área do conhecimento tem constatado enormes impactos na civilização contemporânea. É atribuído à tecnologia de informação um novo ciclo de desenvolvimento mundial sem inflação e com altos ganhos nas esferas industriais, de serviços e de governo. Descortinar o futuro da produtividade e da QVT nesse cenário é um dos desafios de pesquisa e de novos negócios, como já se conhece na Internet, especialmente nas atividades de *e-commerce*.

Sem dúvida, a era do conhecimento altera em muito a percepção ou o senso comum sobre produtividade. Também seus alicerces conceituais tendem a ser revistos. Como medir a contribuição de um processo de geração de conhecimento e não de produtos ou serviços? Será que o conhecimento irá tornar-se ele próprio um produto ou um serviço diferenciado? Como classificar as novas formas de conhecimento e seu impacto na produtividade da empresa? Essas são perguntas pertinentes e de difícil resposta. No entanto, a associação entre produtividade e conhecimento é um dos assuntos que mais influenciam a vida de uma organização moderna. A produtividade é sempre resultado do trabalho físico ou mental dos trabalhadores e não das máquinas e instrumentos. Estas só potencializam o que as pessoas podem desenvolver, agora com crescente uso do conhecimento como ferramenta. Esse desenvolvimento ocorre em unidades produtivas organizadas por pessoas e seus valores cultuados pela dinâmica biopsicossocial.

{1}

2.3 LEGITIMIDADE

Legitimidade pode ser definida como qualidade ou caráter do que é legítimo. Pode ser compreendida, também, como: condição do que se legitimou, qualidade do que tem razão de ser na justiça, ou que está em harmonia com os princípios justos, racionais ou legais, boa lógica, coerência ou racionalidade de alguma coisa. Em estudo sobre o termo, Gasparini (1999) descreve que, na linguagem comum, legitimidade possui dois significados: um genérico e um específico. No significado genérico, tem o sentido de justiça ou de racionalidade. É na linguagem política que aparece o significado específico. Nesse contexto, o Estado é a instituição capaz de assegurar a obediência e a necessidade de recorrer ao uso da força de forma legítima, desde que dentro dos princípios legais.

A legalidade e a legitimidade devem estar relacionadas à garantia do livre desenvolvimento da personalidade humana, dentro e fora das organizações. No âmbito organizacional, Milkovich e Boudreau (2000) definem legitimidade como a imparcialidade percebida pelos atores envolvidos nas decisões adotadas. Nesse sentido, significa a aceitação de decisões pela maioria, respeitando os direitos das minorias. Assim, legitimidade envolve a noção de que, além de os direitos e deveres serem respeitados, as decisões, os comportamentos e as atitudes individuais ou específicos são aceitos e respeitados.

2.3.1 Questões jurídicas

O professor e jurista Rubens Limongi-França (1993, p. 152-184), em sua obra *Instituições do direito civil*, discutida no II Encontro Internacional de Gestão de Competências em Qualidade de Vida no Trabalho, afirma:

> *"Em ciência jurídica, Pessoa é o sujeito dos direitos. Personalidade é o conjunto dos atributos da Pessoa. Os Direitos da Personalidade são de três espécies: 1. Os que se referem à integridade material da pessoa; 2. Os concernentes à integridade moral; 3. E os que dizem respeito à integridade intelectual."*

O jurista esclarece que, nessas três espécies, há direitos que se entendem com implicações empresariais. Entre os da primeira espécie, pode ser ressaltado o Direito à Própria Vida, cuja proteção é o cerne do problema da Qualidade de Vida no Trabalho, assim como o Direito ao Corpo, fundamento, entre outros muitos aspectos, da proteção de Acidentes do Trabalho. São inumeráveis as respectivas facetas, em meio às quais não se pode esquecer a do Direito à Velhice Digna, e em relação a ele entende-se a Aposentadoria. Quanto à integridade moral, ele cita o Direito ao Recato e os problemas de assédio sexual, além das perspectivas psicológicas, como o Direito à Identidade, entendido de forma melhor pela faceta do Direito ao Nome. Por fim, no que tange à integridade intelectual, lembra o Direito do Autor e o Direito do Inventor. Esclarece que esses direitos devem ser legitimados ou assumidos pela sociedade para que possam ter efeito prático na vida empresarial.

Na mesma linha de argumentação, Saldanha (1977, p. 414) define legitimidade como

> *"dar um fundamento a uma pretensão, uma opinião, uma relação. Seu sentido se acha freqüentemente preso a um dado formal. Pode, por exemplo, estar ligada ao da legalidade ou algo equivalente. Mas em princípio a exigência de legitimidade vai além, e aponta para um nível mais profundo. Assim, o 'legítimo' pode ser o 'verdadeiro', o 'genuíno', o 'originário', aludindo a uma qualificação específica que abrange um plano normativo, mas o ultrapassa".*

2.3.2 Desenvolvimento humano: indicador de legitimidade

O desenvolvimento humano pode ser definido como um processo abrangente de expansão do exercício do direito de escolhas individuais em diversas áreas: econômica, política, social ou cultural. Algumas dessas escolhas são básicas para a vida humana. As condições para uma vida longa e saudável, seja por adquirir conhecimento, seja por um padrão de vida decente, são fundamentais para os seres humanos. Isso não significa que outras escolhas, como as referentes à participação política, à diversidade cultural, aos direitos humanos e às liberdades individual e coletiva, não sejam igualmente importantes. No entanto, algumas escolhas humanas são consideradas básicas, porque, à medida que alcançadas, abrem caminhos para as demais, garantindo sua legitimidade. Não há legitimidade se o desenvolvimento humano está baseado somente em um único indicador de desenvolvimento. A produção material pode ser alta, mas não se justifica se não for bem distribuída entre os membros da sociedade. Essas idéias estão na origem do conceito de desenvolvimento humano.

Nota-se a tendência de identificar a concepção de desenvolvimento humano com o desenvolvimento das pessoas no trabalho, com as necessidades básicas ou com o bem-estar do ser humano. Essa percepção é limitada, pois o conceito de desenvolvimento humano é mais abrangente. O conceito subjacente à perspectiva de desenvolvimento dos recursos humanos vê os seres humanos como insumos do processo produtivo e não como beneficiários do próprio processo de desenvolvimento. Na visão dos pesquisadores e especialistas do Programa das Nações Unidas para o Desenvolvimento (PNUD), por exemplo, o desenvolvimento humano deve ter como referência uma concepção holística. É exatamente essa concepção que está presente na construção do Índice de Desenvolvimento Humano (IDH) que essa organização desenvolve em nível internacional. Uma ação social deve ser considerada legítima se vier acompanhada de um conjunto de outras ações capazes de realmente indicar que seu objetivo não é isolado ou parcial, mas abrangente.

A construção do desenvolvimento humano encontra, na era da globalização, fatores críticos como aquele pertinente ao direito à saúde. Existem muitos dados referentes às condições de vida no planeta. Sobre eles, Jatene (1999, p. 58-59) apresenta comparações internacionais. Na Holanda, na Bélgica e no Japão, o índice de qualidade de vida equivale ao número 1. Os 10% mais ricos da população desses três países ficam com aproximadamente 22% da renda nacional, cabendo aos 40% mais pobres uma porcentagem praticamente idêntica. Na Alemanha, o índice é de 1,2; nos Estados Unidos e no Canadá, de 1,4; na França, de 1,6; na Argentina, de 2,5; na Colômbia, de 3,9; no México, de 4,1; no Peru, de 6,1; e no Brasil, de 7,2. Os dados são de 1995. No Brasil, os 10% mais ricos apropriam-se de pouco mais de 50% da renda nacional, enquanto os 40% mais pobres da população ficam com apenas 7%. Essa situação dramática de desigualdades tem gerado vários estudos e posicionamentos, visando a sua superação, particularmente na área da saúde.

Nas últimas décadas, surgiram muitos novos paradigmas de discussão das questões sociais relativas à saúde. Santos e Westphal (1999, p. 75) afirmam que a nova saúde pública surge do reconhecimento de que tudo o que existe é produto da ação humana, salvo o que se poderia chamar de natureza intocada, em contraposição à hegemonia da terapêutica como solução para todos os males que poderiam atingir o corpo do homem. A saúde de um indivíduo, de um grupo de indivíduos ou de uma comunidade depende, também, das coisas que o homem criou e faz, das interações dos grupos sociais, das políticas adotadas pelo governo, inclusive dos próprios mecanismos de atenção à doença, de ensino da medicina, da enfermagem, da educação, das intervenções sobre o meio ambiente. A saúde pública tem de ter a abrangência necessária para garantir a legitimidade, sem a qual sua efetividade não é alcançada.

A vulnerabilidade da saúde e a enfermidade mental dependem diretamente da qualidade de vida social. Essa é uma das conclusões de Acioli (1997, p. 212). Para o autor, pobreza, subemprego, desemprego, problemas familiares, desastres causados pelo homem ou por eventos naturais, brutalidade racial e violência contra mulheres, crianças e velhos são alguns dos fatores que influenciam, negativamente, a saúde mental. Dados contundentes são descritos: a população de nosso planeta, que era de 5 bilhões e 700 milhões em 1990, tem aumentado desde então à razão de 90 milhões por ano. Fatores demográficos, particularmente o envelhecimento da população e a urbanização das cidades, acentuam o impacto na saúde pública e as repercussões sociais das enfermidades mentais. Estima-se que em 2020 estarão vivendo mais de 1 bilhão de pessoas com 60 anos ou mais. Setenta por cento desse total, ou seja, 700 milhões morarão em países em desenvolvimento, dos quais 30 milhões, no Brasil. Projeta-se que, no ano 2020, dois terços da população da América Latina residirão em zonas urbanas; e que, daqui a 18 anos, 59 das 71 cidades do mundo com mais de 5 milhões de habitantes estarão na América Latina, na Ásia e na África, onde hoje 100 milhões de adultos e 80 milhões de crianças já não têm onde morar. Calcula-se ainda que existem, em todo o mundo, 18 milhões de refugiados. E que o número de pessoas desabrigadas em seus países, em conseqüência de guerras e outros desastres causados pelo próprio homem, duplica essa cifra (Acioli, 1997, p. 212).

Já na *dimensão psicológica*, Mazzilli (1994, p. 14) destaca que o processo de crescimento não é individual e egoísta. Para vir a ser uma pessoa, o indivíduo tem a necessidade de interagir com o outro. É essa interação que dará a ele a oportunidade de viver experiências enriquecedoras e crescer sob o ponto de vista individual e de legitimar-se como pessoa. Segundo o autor, *"as dificuldades em estabelecer (esses fatores de crescimento) residem tanto no prazer como no sofrimento; (...) em analogia à dor, não se pode definir (dimensão psicológica) de maneira satisfatória, salvo quando cada indivíduo os enuncia de modo introspectivo para si".*

Essa introspecção não só torna difícil o diagnóstico clínico, como também dificulta a legitimidade das terapias recomendadas.

Gomes e Rozemberg (2000) relatam experiências de atendimento à saúde mental, as quais também são de cidadania. As autoras descrevem os diferentes significados envolvidos nas queixas do "nervoso" em uma comunidade. Ao interpretarem o nervoso como herança genética, expressam uma situação fatalista, ficando com menores opções de tratamento. Em outros relatos, percebeu-se que os entrevistados articulavam relações entre as transformações atuais no ambiente sociocultural e a emergência do nervoso. Tal relação permite que se pense o nervoso como um sofrimento não fatalista, que facilita o resgate da autoria da palavra, recuperada com um saber que permite articular a história pessoal com o adoecer. Nessa perspectiva, tornou-se legítimo para as autoras organizar um grupo de ajuda mútua com os moradores investigados.

2.3.3 O poder feminino no ambiente organizacional

Hirata (1999) afirma que há evidente crescimento forte e quase generalizado da população ativa feminina em todo o mundo nos últimos 30 anos. Esse aumento das taxas de atividade produtiva do sexo feminino é acompanhado de mudança nos padrões de fecundidade e de outros tipos de comportamento social. A pesquisadora afirma que essa é uma das mais significativas mudanças sociais do final do século 20. De fato, o impacto dessa participação feminina no trabalho e na sociedade ainda está por ser investigado de forma melhor em todas as suas dimensões. A dimensão organizacional sofreu fortes alterações, embora a mulher ainda sofra com problemas de legitimidade em relação a jornada dupla, cuidados com a família e maternidade.

2.3.4 Legitimidade e confiança organizacional

Costa (2000) afirma, em estudos sobre confiança organizacional, nos quais cita Zucker e Renn & Levine, que a relação estabelecida entre o sistema formal, baseado em leis e regulamentos institucionais, e as práticas de sustentação de toda a organização caracteriza a confiança organizacional. Para a autora, esses mecanismos criam uma plataforma de entendimento e padrões de comportamento que se tornam comuns a todos os indivíduos ou transações dentro da organização. É nessa plataforma comum que se gera o clima em que a confiança se desenvolve. Os baixos níveis de confiança estão normalmente associados a elevados níveis de supervisão e de controle que, geralmente, são considerados atividades não diretamente produtivas. A cooperação é necessária para atingir-se a legitimidade de uma estrutura organizacional.

2.3.5 Desenvolvimento sustentável

A consciência de que os recursos disponíveis no planeta são finitos e devem ser preservados para as próximas gerações faz parte fundamental da discussão sobre a legitimidade da gestão empresarial para a qualidade de vida. Até a expressão *empresa verde* tem significado de diferenciação positiva, segundo Cajazeira (2000). Os pecados ambientais e o sofrimento deles derivados não constituem novidade alguma. Apesar das visões pessimistas, verifica-se que a eficiência com que a empresa moderna utiliza a energia, a terra, a água e os recursos naturais, em conjunto com a criação de poderosos sistemas de gestão, tem levado a sociedade a dar uma resposta positiva, em muitos casos. Hoje, existe melhor expectativa mundial em relação ao meio ambiente. Para o autor, essas visões não chegam a ser novidades e podem ser evidenciadas de forma melhor na identificação de três linhas básicas referentes à questão ecológica: Conservacionista, Desenvolvimentista e Ecodesenvolvimentista. Embora guardando especificidades, essas três linhas caminham no sentido de garantir a aceitação social de atividades e ações de proteção ao meio ambiente como condição para legitimar o desenvolvimento econômico, garantindo às gerações futuras as reservas de recursos naturais necessárias à sustentabilidade da vida na Terra.

Rattner (1998) apresenta o escopo do conceito de desenvolvimento sustentável no âmbito macroeconômico. A doutrina econômica convencional afirma que o crescimento do Produto Interno Bruto (PIB) é sinônimo de progresso e bem-estar. A realidade contradiz esse discurso otimista. O PIB reflete somente uma parcela da realidade: as transações monetárias. Funções econômicas desenvolvidas informalmente, de forma muitas vezes destrutiva, acabam sendo ignoradas e excluídas da contabilidade social. Em conseqüência, a taxa do PIB oculta a crise de legitimidade da estrutura de poder da sociedade, além da destruição de recursos naturais – base da economia e da própria vida humana. Quanto às políticas econômicas e fiscais liberais, Rattner (1988) afirma que, ao reduzirem o déficit orçamentário, cortando despesas sociais e desregulamentando o funcionamento de mercados, o governo e as elites econômicas inviabilizam qualquer esforço de planejamento e execução de estratégias de desenvolvimento alternativas. Paradoxalmente, são essas tendências que criam condições objetivas para a transformação do sistema competitivo atual em uma sociedade mundial cooperativa, solidária e pacífica. Apesar dos efeitos negativos da globalização – polarização, exclusão e marginalidade social –, qualquer retrocesso certamente impulsionará as tendências centrífugas presentes nos regimes autoritários ou de fundamentalismo religioso.

Destaca-se também, na análise da realidade brasileira feita pelo professor Rattner (1998, p. 15, 87, 263), o alastramento do desemprego estrutural e tecnológico, agravado na presente conjuntura pela falência de inúmeras pequenas empresas, atingidas duplamente pela queda de demanda e pela concorrência de produtos importados. Ao drama dos trabalhadores "sucateados" devem-se acrescentar o das famílias privadas de seu sustento, o das comunidades e cidades empobrecidas e o do clima generalizado de insegurança pessoal e pública e das ondas de violência, nas cidades e no campo.

Santos (1992) afirma que se pode chamar de Sistema da Natureza o complexo ambiente físico e espiritual do homem, incluindo os objetos, as ações, as crenças, os desejos e as perspectivas. Com a presença do homem sobre a Terra, a natureza está sempre sendo redescoberta, desde o fim de sua história natural até a criação da natureza social, ao "desencantamento" do mundo, com a passagem de uma ordem vital para uma ordem racional. Quando o natural cede lugar ao artefato e a racionalidade triunfante revela-se pela natureza instrumentalizada, portanto domesticada, coloca-se em risco a própria seqüência do progresso social. A questão posta pelo autor é a do surgimento de conflitos entre as concepções de uma "natureza mágica" e de uma "natureza racional" (Santos, 1992, p. 95-96). A natureza mágica é legítima em si mesma. Já a natureza racional é contestada por se impor à primeira, destruindo-a.

O dinamismo inato da economia moderna e da cultura que dela nasce aniquila tudo o que cria: ambientes físicos, instituições sociais, idéias metafísicas, visões artísticas, valores morais. O objetivo é criar mais, continuar infinitamente criando o mundo de outra forma. Esse impulso atrai para sua órbita todos os homens e mulheres modernos e força-os a enfrentar a questão do que é essencial, significativo, real e legítimo no torvelinho dentro do qual se vive e se movimenta (Berman, 1986, p. 273).

2.3.6 Yunus, o banqueiro dos pobres – um exemplo de empresa cidadã

Yunus (2000) propõe uma associação entre o mercado livre e a consciência social. Para esse criativo economista, o minicrédito voltado para os indivíduos de baixo poder aquisitivo é um caminho eficiente rumo ao desenvolvimento econômico sustentável.

> *"Há um outro modo de chegar ao mesmo resultado: deixar as empresas terem lucros que em seguida são taxados pelo governo e vão permitir construir escolas, hospitais etc. Mas na prática as coisas não funcionam assim."*

Os impostos cobrados beneficiariam primeiro a burocracia que os recolhe, sobrando pouco ou quase nada para os pobres. Além disso, como não é motivada pelo lucro, a burocracia não tem razão alguma para aumentar sua eficiência. Afirma o autor:

> *"Se alterarmos sua estrutura, como fizemos em Bangladesh, as condições de vida dos pobres se modificam. Todos os financiados que ajudamos no Grameen nos levaram a concluir, sem medo de errar, que com uma ajuda financeira, mesmo pequena, os pobres são capazes de mudar totalmente de vida."*

Essa posição não totalmente convencional ensina que é possível tratar os pobres com o mesmo rigor financeiro que os grandes tomadores de crédito, o que facilitaria a formação de milhares de micro e pequenas empresas, essas sim efetivamente "empresas cidadãs". Os milhões de empreendedores beneficiados constituiriam importante alavanca para o desenvolvimento, sem o envolvimento do Estado burocrático. Uma organização social fortemente baseada no fundamento de crédito voltado aos pobres ganharia legitimidade.

2.3.7 As proposições de liberdade econômica com responsabilidade social

Tsukamoto (1999) relata que a história mundial do período após a Segunda Guerra Mundial aponta que se está indo de um mundo de "baixa liberdade econômica" para um mundo de "alta liberdade econômica". As diferentes características de cada nova geração têm sido um dos fatores dessa evolução. Para o experiente consultor empresarial, cinco gerações convivem no mundo de hoje: a Geração de Soldados, a Geração Silenciosa, a Geração *Baby Boomer*, a Geração X e a Geração Y (digital).

Cada geração tem visão e conceitos próprios de competitividade gerencial. Isso resulta considerar a filosofia de vida no trabalho também de forma bem distinta para cada época. Por exemplo, a Geração de Soldados e a Geração Silenciosa tratam a qualidade de vida no trabalho como um assunto do setor de benefícios do Departamento de Pessoal. Para a Geração Digital, o mesmo tema será visto do ângulo da Diretoria de "Recursos Humanos que visa a resultados", em sintonia com a estratégia da empresa.

Na década que se inicia, as estratégias corporativas incorporarão novos ingredientes, como o capital intelectual e a competência de gerir diversidades. Deverá surgir, pois, a nova filosofia de qualidade de vida no trabalho. Isso significa que as pessoas vão trabalhar COM e não mais PARA alguém.

Tsukamoto (1999) conclui: as parcerias de responsabilidade social referentes à qualidade de vida no trabalho deverão acompanhar a evolução do mundo de baixa liberdade econômica para o mundo de alta liberdade econômica.

2.3.8 Programas e atividades de cidadania

Spink, Clemente e Keppke (1999, p. 63-64) relatam que na Fundação Getulio Vargas, em São Paulo, foi desenvolvido o programa de Gestão Pública e Cidadania. Essa iniciativa não somente identifica as melhores práticas, mas também procura demonstrar a variedade de idéias e soluções possíveis que se encontram à disposição na coletividade para a solução de seus problemas. A ênfase está na criação de uma *invisible college* ou *advocacy coalition*. Referindo-se a Sabatier, os autores enfatizam a importância da inovação, dentro da qual administradores, técnicos, líderes comunitários, políticos e acadêmicos possam procurar idéias, debate e companheirismo. Os comitês, cujos membros são escolhidos entre técnicos, pesquisadores e ativistas de Organizações Não Governamentais (ONGs), selecionam entre os inscritos 100 programas considerados semifinalistas, dos quais, após obtidas maiores informações a seu respeito, são escolhidos 20 como finalistas anuais. A informação colhida é compilada em um banco de dados facilmente acessível em várias publicações produzidas para descrever as experiências e discutir as tendências gerais. As soluções nascem com legitimidade, não necessitando de validação posterior.

O Prof. Pilom estabelece relações entre cidadania e qualidade de vida. Em 1993, no *Jornal da USP* (nº 256), afirmou que a participação do cidadão na dimensão social não deriva apenas de políticas democráticas, que encontram grande dificuldade em sua prática, mas também dos nichos socioculturais, geradores de acolhimento e solidariedade. A consideração pelo próximo e por seu bem-estar não é questão de mera prescrição social – embora possa e deva ser facilitada em termos de organização da sociedade –, mas um aspecto cultural associado a suas necessidades no conjunto das necessidades coletivas. Pilom completa essa abordagem, orientando que

> *"em termos de planejamento de políticas públicas não é cabível ignorar o papel das quatro dimensões de mundo, prevendo sua diferenciação em termos das necessidades de indivíduos e grupos primários, que serão os agentes reais dessas políticas, propiciando sua participação organizada, não em termos de mera adesão, mas de formulação e desenvolvimento em condições infra-humanas, quando deixado ao sabor dos interesses estreitos daqueles que prosperam, quais germens oportunistas, nos organismos desvalidos das sociedades humanas em declínio".*

2.3.9 Ética, o resultado da legitimidade

Srour (1998, p. 270 e 293) afirma que a razão de ser da reflexão ética para as empresas reside em um fato cristalino: como os atores empresariais dispõem de certa soma de poder, eles podem mobilizar-se e retaliar a empresa que desrespeitar normas básicas do trato com o público. O autor associa poder, cultura e ética para a análise das questões organizacionais, afirmando que moral é um discurso de justificação e encontra-se no coração da ideologia. É um dos mais poderosos mecanismos de reprodução social, porque define o que é permitido e proibido, justo e injusto, lícito e ilícito, certo e errado. Ao arrolar obrigações, fins e responsabilidades, suas normas são prescrições que pautam as decisões e moldam as ações dos agentes. Quem valida tais deveres ou finalidades? As coletividades às quais pertencem esses agentes: tanto a sociedade inclusiva (uma civilização determinada, um país particular) como uma classe social, diversas categorias sociais, várias organizações, cada qual com sua moral específica.

Pastore (1998, p. 105) sinaliza para a necessidade de modernizar as instituições do trabalho. A lei não garante legitimidade. O professor afirma que no mundo inteiro a fonte do direito do trabalho se está transferindo (ou já se transferiu) da lei para o contrato. Este se baseia na negociação e permite grande flexibilidade para ajustar-se às necessidades da revolução tecnológica, à globalização da economia e às mudanças organizacionais. No Brasil, a contratação do trabalho continua presa à Lei e com enormes dificuldades para se adaptar às mudanças, perdendo com isso sua legitimidade ou aceitação pela sociedade. Os dados em que se baseia são, por exemplo, os dos Estados Unidos, que têm apenas 14% da sua força de trabalho sindicalizada e em condições de negociar coletivamente. Cerca de 86% dos norte-americanos são contratados de forma flexível na base individual ou trabalham por conta própria. Esse sistema seria mais eficiente nos ambientes organizacionais modernos.

Freitas, M. (2000), em estudos sobre cultura organizacional e mais especificamente em estudos sobre imaginário organizacional moderno, trata de questões de cidadania, comunidade e *lobby* nas organizações. Para a autora, o conceito de cidadania implica, necessariamente, a superação de interesses particulares, a consciência do bem comum, as noções de igualdade e liberdade, de respeito pelos direitos do outro, bem como o reconhecimento da necessidade da presença de diferentes atores no debate político sobre os negócios da comunidade e da nação por inteiro. O político e o social fundem-se e sustentam-se numa representação, num desejo, num projeto ou numa vivência de coletividade capaz de indentificar-se como pertencente àquela e não a outra sociedade. Cidadania é um estatuto entre uma pessoa natural e uma sociedade política; portanto, privativo do indivíduo e de seus direitos e deveres civis.

A professora adverte: *um sistema artificial, como uma empresa, uma associação, pode ter nacionalidade, mas certamente não cidadania. As organizações modernas utilizam-se, também, do discurso de ser uma comunidade ou uma grande família. A identificação que é solicitada aos indivíduos a elas ligados já não diz respeito só às competências profissionais, mas também se amplia para as esferas comportamentais e relacionais. Mecanismos diversos têm sido criados para expandir as áreas de influência das empresas sobre os indivíduos. Exemplo disso é a cria-*

ção de espaços de lazer, recreação e integração social, como clubes, colônias de férias, academias de ginástica etc. O lugar de trabalho também é o local do lúdico, do poético, da convivência harmoniosa entre escalões hierárquicos democraticamente embaralhados, cuja pretensa proximidade dilui as diferenças e os conflitos. Freitas, (2000) ratifica sua crítica a essas práticas organizacionais "artificiais", afirmando que, no limite, o que as empresas pedem é que o indivíduo seja diferente, sendo igual aos outros, que ele as ame independentemente de ser amado, que confie nelas mesmo que elas dêem mostras de não ter merecimento, que ele almeje sempre o troféu que não existe. Muitas vezes, essas práticas não carregam a necessária legitimidade. Além disso, as organizações são, e tendem a continuar sendo, objetos fascinantes e provocativos.

Os elementos da organização do trabalho japonesa têm origem histórica. Os trabalhadores recebem incentivos financeiros, tanto de curto como de longo prazo. Segundo Watanabe (1996), o sucesso dos Círculos de Controle da Qualidade (CCQs) e de outras formas de trabalho em equipe parece ter muita relação com as tradições de compartilhamento de responsabilidade que deram sustentação ao regime feudal do Xogunato de Tokugawa (1603-1867). Nesse regime, grupos de cinco famílias, tanto nas áreas rurais quanto nas urbanas, eram organizados para fins administrativos e fiscais. O imposto referente à propriedade e outras obrigações devia ser dividido entre os membros das famílias. Em uma forma muito mais branda, essa tradição sobreviveu nos *Tonarigumi* (grupos vizinhos) e, mais recentemente, nos *Lichi-kai* (grupos auto-administrados) para assistência mútua e comunicação cotidiana. Como a implementação dos CCQs e de outras formas de trabalho em equipe pode exigir incentivos mais fortes para os trabalhadores sem tradição de compartilhamento de responsabilidades em grupos, as práticas de gestão do trabalho japonesas podem não fornecer os incentivos adequados aos trabalhadores com diferentes formações. Assim, pode-se associar o sucesso da gestão ao enraizamento cultural das práticas de gestão. A história também traz a ética nas relações de trabalho e a legitimidade das práticas de gestão compartilhadas. Estas exigem o trânsito de informação. A informação penetra, atualmente, de forma intensa em nossas vidas. O mundo transforma-se em uma economia global e interdependente. No entanto, seja no âmbito das ciências econômicas, seja no das ciências da administração, fala-se pouco da informação enquanto recurso produtivo (Lesca e Almeida, 1994).

2.3.10 A construção de significados legítimos nas práticas de qualidade de vida

Os dados da pesquisa realizada por Gasparini (1989) na MWM Motores revelam resultados consistentes sobre as questões de saúde-doença no trabalho. O discurso foi assim apresentado: realizar uma dissertação de mestrado dentro do cotidiano de uma indústria. Além do contato com o real, a experiência trouxe quantidade imensa de dados e transformações nos sujeitos e no agente de pesquisa. Foi possível, então, mapear categorias psicossociais que indicam a origem de algumas percepções das respostas psicossomáticas da empresa. A individualização ocorre interagindo com vários tipos de crenças e modelos culturais. Tudo o que é "só psicológico" parece ser "só pessoal". Por isso, compreender as queixas de um indivíduo limita-se a reduzi-las ao plano individual.

As relações médicas e interpessoais que se estabelecem com o queixoso acabam desvinculadas do eixo indivíduo-trabalho. A equipe médica e os companheiros de trabalho não associam, pelo menos com o fator principal, as respostas psicossomáticas de um indivíduo às práticas ou relações dele com o trabalho. Os padrões culturais relativos a essas manifestações são derivados de uma articulação central entre saúde e produtividade. Derivam dessa articulação as percepções de que produtividade é saúde, doença é fraqueza, psicológico é pessoal, sobrecarga de trabalho é dor, empresa é proteção, doença na empresa é tratamento ou é rejeição, freqüência de queixas no ambulatório é oportunismo, trabalho é sobrevivência, somatização é psiquismo e hábitos de vida podem ser fatores determinantes nas reações do organismo.

No espaço empresa, a expressão de queixas provoca situações de culpa ou autopiedade no indivíduo que manifesta ou suporta a dor. Provoca rejeição ou apoio do grupo de trabalho do ambulatório. Em virtude da permanência dos sintomas e queixas do uso freqüente do ambulatório e dos serviços médicos conveniados, esses comportamentos são mais acentuados, emergindo o diagnóstico do "só picológico". Esse diagnóstico é também panacéia para fenômenos desconhecidos ou mal diagnosticados – por subestimação dos sintomas tanto pelo queixoso, que suporta a dor, ou simplifica as características patológicas, como pelo profissional de saúde.

Fischer, (1999, p. 128, 134) coloca a cidadania como a via do caminho para o desenvolvimento, no qual a cultura e os valores organizacionais pressupõem o desenvolvimento das pessoas, em integração com "as transformações que se operam no contexto externo". Ressalta que, ao planejar e implementar essas ações sobre seu entorno social, a empresa deve avaliar a consistência de seus padrões internos de cidadania organizacional.

Guerreiro-Ramos (1989, p. 67) afirma:

> *"Por impressionantes que se afigurem os traços básicos da síndrome do comportamento, deve-se compreender que os mesmos não estão afetando remotamente a vida das pessoas. Na realidade, constituem o credo não enunciado de instituições que funcionam na sociedade centrada no mercado. Para ter condições de enfrentar os desafios de uma sociedade, a maioria de seus membros interioriza a síndrome comportamentalista e seus padrões cognitivos. Essa interiorização ocorre, geralmente, sem ser notada*

pelo indivíduo, e assim a síndrome comportamentalista transforma-se numa segunda natureza. A disciplina administrativa padrão, ela própria admitindo que os seres humanos são individualidades fluidas, e capturada pelos pressupostos do perspectivismo, do formalismo e do operacionalismo, não pode ajudar o indivíduo a superar essa situação."

Os fatores críticos tratados até aqui procuram demonstrar os conceitos, as implicações e os resultados relacionados e correlacionados às questões da gestão empresarial da qualidade de vida no trabalho (GQVT), os quais nortearam os estudos empíricos.

Fonte: Exame, set. 2000.

2.4 PERFIL DO GESTOR

O ambiente de gestão empresarial vem-se modificando profundamente, como foi analisado nas seções anteriores. A competitividade acompanha o fenômeno da globalização. Essa visão é analisada por Coltro (1999), para quem a competitividade, como um fenômeno que vem ocorrendo em escala jamais vista, força as organizações a tomar contato com um mundo cada vez mais competitivo, tanto domesticamente quanto internacionalmente. A competitividade é o coração do sucesso ou do fracasso das organizações empresariais. A competição determina a adequação das atividades de uma empresa a seu ambiente de atuação. O ambiente competitivo contribui decisivamente para seu desempenho, acentuando características como inovação, cultura coesa e velocidade de implementação de projetos e empreendimentos. Nos ambientes pouco competitivos, as empresas tendem a acomodar-se, impondo preços altos ao mercado e oferecendo mercadorias e serviços de baixa qualidade. Nas economias inseridas na competição cada vez mais internacionalizada, as empresas que sobrevivem são inovadoras e voltadas para o bom atendimento do mercado em que atuam.

2.4.1 A formação no campo da administração

E agora, José? Esse é o título do livro de Oliveira (1999) indicado como guia para quem quer buscar emprego, mudar de trabalho, montar um negócio ou repensar sua carreira. Na verdade, mais do que um apelo genérico, o título provoca indagações sobre gerência, gestão estratégica, processos de grupo, cultura corporativa e outras questões diretamente ligadas às atividades do administrador. Essas atividades envolvem, direta ou indiretamente, elementos gerenciais de qualidade de vida no trabalho. As demandas relativas à QVT estão presentes desde a formação do administrador, conforme dados ratificados no relatório-síntese do *Exame Nacional de Cursos* do Instituto Nacional de Estudos e Pesquisas Educacionais do Ministério da Educação (MEC, 2000), os quais são transcritos a seguir, com destaque nosso para os temas de qualidade de vida:

- OBJETIVOS
    - contribuir para o aprimoramento da formação do administrador, como cidadão e profissional, para que colabore na elevação das condições de vida em sociedade;
    - integrar um processo de avaliação mais amplo e continuado do curso de Administração, incentivando ações voltadas à melhoria da qualidade do ensino;
    - subsidiar o estabelecimento de novos parâmetros e o redirecionamento contínuo do processo de ensino-aprendizagem.
- PERFIL DELINEADO PARA O GRADUANDO
    - internalização de valores de responsabilidade social, justiça e ética profissional;

- formação humanística e visão global que o habilite a compreender os meios social, político, econômico e cultural em que está inserido e a tomar decisões em um mundo diversificado e interdependente;
- competências técnica e científica para atuar na administração das organizações, além de desenvolver atividades específicas da prática profissional;
- competência para empreender, analisando criticamente as organizações, antecipando e promovendo suas transformações;
- competência para atuar em equipes interdisciplinares;
- competência para compreender a necessidade do contínuo aperfeiçoamento profissional e do desenvolvimento da autoconfiança.

- HABILIDADES A SEREM AVALIADAS
    - comunicação interpessoal, expressão correta nos documentos técnicos específicos e interpretação da realidade das organizações;
    - raciocínio lógico, crítico e analítico, operando com valores e formulações matemáticas e estabelecendo relações formais e causais entre fenômenos;
    - criatividade em face dos diferentes contextos organizacionais e sociais;
    - compreensão do todo administrativo, de modo integrado, sistêmico e estratégico, bem como sua relação com o ambiente externo;
    - capacidade de lidar com modelos de gestão inovadores;
    - resolução de problemas e desafios organizacionais com flexibilidade e adaptabilidade;
    - ordenamento de atividades e programas; identificar e dimensionar riscos para tomada de decisões;
    - seleção de estratégias adequadas de ação, visando atender interesses interpessoais e institucionais;
    - seleção de procedimentos que privilegiem formas de atuação em prol de objetivos comuns.

- CONTEÚDOS BÁSICOS DOS CURSOS DE ADMINISTRAÇÃO
    - matérias de formação básica e instrumental: Contabilidade, Direito, Economia, Estatística, Filosofia, Informática, Matemática, Psicologia, Sociologia;
    - matérias de formação profissional: Teorias da Administração, Administração Mercadológica, Administração de Recursos Humanos, Administração Financeira e Orçamentária, Administração de Sistemas

de Informação, Administração de Produção, Administração de Recursos Materiais, Organização, Sistemas e Métodos;

– tópicos emergentes: Ética, Globalização, Ecologia e Meio Ambiente, Tecnologia da Informação.

2.4.2 Perfis na administração: dados do Conselho Federal de Administração

Nesse mesmo campo de análise, o Conselho Federal de Administração publicou em 1999 a obra *Perfil, Formação e Oportunidade de Trabalho do Administrador Profissional* (Andrade e Lima, 1999), em convênio com a Escola Superior de Propaganda e Marketing, cujos dados, transcritos a seguir, demonstram uma realidade jovem, ativa, que valoriza vínculos familiares e empresariais e tem grande responsabilidade na implementação de novos modelos de gestão empresarial, inclusive no que se refere à qualidade de vida. Para ilustrar, foram selecionados pontos relativos a administradores e professores constantes nessa ampla pesquisa.

Aspectos relacionados ao gênero: a população amostral composta por Administradores teve por base 783 respondentes. Observa-se predominância do gênero masculino na composição da amostra, ou seja, 588 (75,1%) são do gênero masculino e 195 (24,9%), do gênero feminino. O fato de o gênero feminino representar apenas um quarto da amostra pode refletir o espaço profissional que ainda falta às Administradoras conquistar.

Aspectos relacionados às áreas funcionais: se for considerada a área funcional dos Administradores que exercem atividades profissionais (705), observa-se que a maioria, 299 (42,4%), está alocada em Administração Geral. Desses, 244 (82%) são do gênero masculino e 58 (18%), do gênero feminino. Quanto à área, 117 (16,5%) trabalham na área financeira, 115 (16,3%), na mercadológica, 111 (15,7%), na de recursos humanos e 52 (7,4%), na de informática. Contabilidade, auditoria e organização e métodos aglutinam 47 (6,6%) dos respondentes; 38 pesquisados (5,4%) trabalham na área de materiais/estoques/almoxarifado e 35 (5%), na área de compras. Dos 140 restantes, 107 (15%) registraram outras respostas e 3 (4,7%) não responderam.

Os dados revelam, mais uma vez, que os cargos que se pressupõem de elevada capacidade de comando e decisão ainda se encontram concentrados na população composta pelo gênero masculino. Observa-se que apenas um quinto dos respondentes do gênero feminino ocupa cargo de empresária, autônoma ou consultora e que só um oitavo ocupa cargo de diretoria. Entretanto, para cargos mais operacionais, como é o caso de técnico/auxiliar, essa desproporção não atinge, sequer, dois dígitos, ficando em 1,7. A renda individual declarada pelos administradores que responderam à pesquisa (n⁰ 280 – 35,8%) está entre R$ 3.001,00 e R$ 7.000,00.

Aspectos relacionados à credibilidade das instituições: a instituição familiar é vista como a mais confiável, atingindo média equivalente a 4,6, em escala que varia de 1 a 5; a pesquisa revela que, depois da família, a empresa na qual o respondente trabalha é reconhecida como instituição que tem credibilidade.

2.4.3 Perfil do professor de administração

Na pesquisa nacional realizada pelo Conselho Federal de Administração foram levantados diversos aspectos referentes a 246 professores, alguns dos quais apresentados a seguir. Considerando as faixas etárias, 219 professores (89%) encontram-se na faixa de 30 a 60 anos. A idade de 84 deles (34,1%) varia de 41 a 50 anos, e é essa a faixa etária que justamente ocupa o maior número de cargos de coordenação/direção (34, ou 40%) e representa o maior número de profissionais que trabalham em uma única instituição de ensino superior (74%). Dos respondentes, 75 (30,5%) têm idade que varia de 31 a 40 anos.

A formação dos professores em nível de graduação é bastante diversificada. A tabulação revela 22 cursos diferentes, sendo o de maior freqüência o de Administração de Empresas (54,9%). Apenas sete cursos apresentam freqüência de respondentes superior a dois dígitos, incluindo a própria Administração: 135 (54,9%), Administração; 40 (16,3%), Economia; 32 (13%), Direito; 30 (12,2%), Ciências Contábeis; 16 (6,5%), Matemática; 12 (4,9%), Filosofia; e 11 (4,5%), Pedagogia.

Embora cresça entre o Ministério da Educação (MEC) e as Instituições de Ensino Superior (IES) a consciência de que o melhor professor é aquele que se aperfeiçoa e tem atitude de aprendizagem contínua, ainda é significativa a parcela de profissionais de ensino universitário desprovidos de titulação de mestre e de doutor. Consultados os dados tabulados, nota-se a existência de 21 professores (8,5%) que restringem sua formação ao curso de graduação. Do total de respondentes, verifica-se que mais da metade (156 = 63,4%) concluiu apenas um curso de especialização após a graduação, que o número de mestres não atinge um quarto (51 = 24,7%) do total e que o contingente de doutores não atinge 7% (17 = 6,9%) da amostra. Esses dados demonstram a lacuna existente nas intenções e a possibilidade de atualização e desenvolvimento acadêmico de quem ensina Administração de Empresas. Stal (1995) aprofunda a discussão do papel dos professores de Administração analisando o conflito de comprometimento no que se refere à distribuição individual de esforço ou ao tempo entre as obrigações acadêmicas e a participação em outras atividades externas. Exemplifica situações em que ocorrem fatos de ordem pessoal ou financeira que podem comprometer a objetividade de um docente em relação a suas responsabilidades acadêmicas, incluindo atividades de pesquisa. No mesmo artigo, Stal aponta a importância da contribuição das universidades para o desenvolvimento econômico dos países, por meio da realização de pesquisas de interesse industrial. São relatadas experiências de instituições acadêmicas norte-americanas, com ênfase em propriedade intelectual, exploração econômica dos resultados, direitos e obrigações das partes, política de publicações, conflitos de interesse, dedicação à atividade docente e à realização de pesquisa contratada e remuneração adicional.

Na aproximação das empresas com os centros de pesquisa e ensino, segundo relatório da Confederação Nacional da Indústria (CNI), coordenado por Mascarenhas (1998), a difusão também é determinada pela capacidade da nova idéia em resolver um problema real. Assim, faz-se necessário reduzir o fosso entre o criador de uma nova idéia e o implementador/usuário dessa idéia. É imperativo o direcionamento da maioria dos recursos destinados a ciência e tecnologia para aqueles projetos com maior afinidade com o setor produtivo. As políticas industrial, de comércio exterior e tecnológica compõem a agenda de competitividade e crescimento das indústrias, aqui representadas pela CNI, cujas posições são (Mascarenhas, 1998):

- estimular a integração universidade-empresa, vinculando o financiamento público ao privado;
- estabelecer critério de competição para a distribuição das verbas entre os centros de ensino e pesquisas e institutos tecnológicos;
- buscar a aproximação dos centros educacionais às necessidades do mercado;
- implementar a fiscalização a *posteriori* das pesquisas universitárias.

2.4.4 Aprender a mudar

Aprender a mudar – aprender a "desaprender" – é, provavelmente, o principal requisito para o administrador. Essa é a idéia expressa por Fleury et al. (1995). A professora analisa que, embora o conhecimento operacional seja essencial para o funcionamento de qualquer organização, cada vez mais ele tem de estar associado ao conhecimento conceitual. O requisito fundamental para a dinâmica desse tipo de organização é que o processo de aprendizagem operacional e conceitual ocorra em todos os seus níveis. As definições mais comuns de uma organização que aprende enfatizam sua capacidade de adaptação às taxas aceleradas de mudanças que ocorrem, atualmente, no mundo.

Com base conceitual nas propostas da Quinta Disciplina de Senge (1994), Fleury (1995) destaca o domínio pessoal, os modelos mentais, as visões compartilhadas, a aprendizagem em grupo e o pensamento sistêmico. No mesmo artigo, coloca que os principais desafios às empresas brasileiras, no momento atual, são passar por um processo de mudança revolucionário, superar os traumas e propor-se a viver em processo permanente de mudança. A professora (Fleury, 1995, p. 6, 9) destaca como críticos os processos de inovação e de busca contínua de capacitação e qualificação das pessoas e das organizações. Esses seriam processos permanentes, jamais esgotados, com as características descritas a seguir:

- o processo de aprendizagem é um processo coletivo, partilhado por todos, e não o privilégio de uma minoria pensante;
- os objetivos organizacionais são explicitados e partilhados; o comprometimento com esses objetivos ocorre em virtude da congruência entre os objetivos individuais de autodesenvolvimento e os objetivos de desenvolvimento organizacional;
- a comunicação flui entre as pessoas, as áreas, os níveis, visando à criação de competências interdisciplinares;
- desenvolve-se visão sistêmica e dinâmica do fenômeno organizacional.

Coltro (1999) analisa a formação do administrador do futuro para os aspectos relacionados a aquisição e transferência de conhecimentos, que são ratificados por diretrizes e normas do Ministério de Educação, Conselho Federal de Administração e associações ligadas ao ensino e atuação do administrador. O autor apresenta no mesmo artigo os focos de indagações de administradores preocupados com o aumento da produtividade das organizações, relacionando os seguintes objetivos:

- desenvolver processos capazes de aumentar a efetividade do aprendizado individual;
- identificar as influências do ambiente e das condições de trabalho sobre a capacidade das pessoas de adquirir conhecimento: por exemplo, a utilização do mesmo espaço físico por áreas funcionais distintas da empresa conduz a maior interação e à absorção mais efetiva do conhecimento pelas pessoas envolvidas;
- compreender, mais e mais, como os seres humanos aprendem, aprendizado esse que não se dá apenas pela experiência individual, mas sobretudo pela observação e pela absorção de conhecimentos acumulados por outras pessoas.

2.4.5 Valores e perfis ocupacionais

Shinyashiki (1997), médico psiquiatra e expressivo conferencista das questões humanas e empresariais, entre várias publicações e temas, afirma que "o sucesso é ser feliz" e que felicidade é um valor que tem sido deixado de lado pelo ser humano. Na verdade, do ponto de vista da vocação na administração, a "felicidade" coloca-se nas contradições de sucesso e submissão, capacidade de administrar conflitos, desafios de equilíbrio entre vida pessoal, familiar e dedicação ao trabalho e à empresa.

Rui de Andrade, atual presidente do Conselho Federal de Administração, destaca que o trabalho já não pode mais ser pensado da perspectiva de determinado posto, mas de famílias de ocupações que podem e devem ser consolidadas com base em um conjunto de competências e habilidades (Andrade e Lima, 1999). A nova composição de responsabilidades vem-se refletindo nas propostas de ensino superior, com significativo alinhamento. Esse alinhamento pressupõe aspectos anteriormente apontados por Albuquerque (1992a; 1992b) sobre "a convivência com as novas tecnologias" e que passam por uma revolução no ensino fundamental. Segundo o professor, os novos perfis ocupacionais apontam para a necessidade de integrar os objetivos da inovação tecnológica e da modernização industrial.

Romão (2000) sinaliza, por sua vez, que muitas indagações caracterizam os desafios da educação no século XX, comparando as visões entre Freire e Morin. O autor refere-se ao trabalho de Morin, encomendado pela Unesco, intitulado *Os Sete Saberes Necessários à Educação do Futuro*. Segundo o autor, Paulo Freire, pouco antes de falecer, deu a lume uma obra importantíssima, denominada *Pedagogia da Autonomia*, que traz como subtítulo *Saberes necessários às práticas educativas*. Parece que ambos se debruçam sobre o tema da educação do amanhã, construindo uma reflexão sobre os saberes necessários para a superação das contingências educacionais do presente. Romão (2000) diferencia: Freire busca a transformação social com os oprimidos e não simplesmente para os oprimidos e Morin reitera mais a necessidade de considerarem-se todos os saberes. No entanto, o que mais os aproxima é a contextualização, a ecologização e a historização dos saberes.

Dando maior consistência política e ideológica às expectativas do administrador pode-se apontar o valor destacado por Marcovitch, ex-reitor da Universidade de São Paulo, em artigo publicado no jornal *Folha de S. Paulo* em 17 de dezembro de 1997: o caminho para a inserção diferenciada na sociedade é a "educação para a cidadania". E acrescenta: devemos reconhecer, porém, que se torna cada vez mais difícil a afirmação do homem moral numa sociedade visivelmente mergulhada no materialismo selvagem. Em artigo mais recente, o reitor da USP, Prof. Marcovitch (2000), consolida essa visão quando afirma que o exercício da cidadania faz parte da educação. Educar significa formar agentes de mudanças, "homens e mulheres dispostos a assumir riscos para formar um mundo melhor".

2.4.6 Focos do perfil do administrador

Concluindo a discussão sobre o fator crítico Perfil do Administrador, podem-se sintetizar os seguintes focos:

Educação Formal – neste foco, o Ministério da Educação (MEC), em suas instâncias de ensino de graduação e pós-graduação, exerce fundamental poder orientador e regulador. Esse poder pode ser medido pelo conjunto de disciplinas ofertadas, pelas características das Instituições de Ensino Superior (IES), pelo perfil e pela qualificação acadêmica dos professores e dos egressos do ensino superior.

Exercício da Profissão – a prática profissional dos administradores é regida pelas ações do Conselho Federal e dos Conselhos Regionais de Administração, incluindo os movimentos organizados da Anpad, Angrad e Fenead, entre outros. Essas associações, além de porta-vozes da profissão, têm sido agentes estimuladores e catalisadores das novas competências do administrador.

Demandas das Empresas – cresce a cada dia a necessidade da presença do administrador profissional em todo núcleo ou iniciativa de negócios, desde as tarefas mais simples até os empreendimentos transnacionais. Essa demanda crescente se reflete na oferta de cursos de Administração que, no Brasil, totalizam 1.500, a maioria no Estado de São Paulo. Administração é, atualmente, a profissão com o maior número de oferta de vagas entre todos os cursos de graduação.

Portanto, o Perfil do Administrador é o grande propulsor das competências e dos valores das organizações da era pós-industrial. Com certeza, sua atuação viabiliza a gestão de QVT mais efetiva e consistente com as necessidades das pessoas e das empresas.

Fonte: Adaptado de Marcos Gasnaka (1988), disciplina CO. FEA/USP.

2.5 PRÁTICAS E VALORES NAS EMPRESAS

Como já tratado nas escolas de pensamento de QVT, as demandas de qualidade de vida nas empresas podem apresentar dimensões socioeconômicas, organizacionais e de condições humanas no trabalho. Embora nem sempre com definição de critérios, procedimentos metodológicos e metas de gerenciamento, podem-se observar nas empresas vários tipos de esforços denominados de Qualidade de Vida no Trabalho. Nessas ações e programas podem ser realizados vários níveis de análise, entre eles os modelos de gestão, expressos na evolução das teorias de administração, as práticas organizacionais com resultados positivos dos pontos de vista empresarial e pessoal e os elementos que caracterizam a missão QVT nas empresas.

2.5.1 Modelos de gestão e idéias inovadoras da administração

Sob o título de *Os Revolucionários da Administração,* Crainer (1999) preparou detalhado estudo, do qual foram selecionados e agrupados os capítulos referentes às "idéias inovadoras" que estão consolidados no Quadro 2.2.

No conjunto das idéias inovadoras há contínuo esforço em rediscutir a administração e propor novas formas de lidar com resultados organizacionais. Max Weber, o mais influente pensador do século passado, baseou sua contribuição intelectual em duas grandes vertentes: ética e cultura e estrutura corporativa hierárquica. Observa-se que as idéias revolucionárias sempre apresentam em comum esses dois vetores weberianos: redefinição de valores culturais – processos de controle, liderança, aprendizado, planejamento, sistemas de qualidade, inovação tecnológica; e contextualização do melhor desenho de composição administrativa: estruturas hierárquicas, *liberation management,* células flexíveis, entre outros.

O desafio da evolução nos modelos de gestão foi também analisado por Fischer (1998) em sua tese de doutorado *A constituição do modelo competitivo de gestão de pessoas no Brasil: um estudo sobre as empresas consideradas exemplares.* Nela o pesquisador sintetiza a mudança e a evolução dos modelos de gestão, concluindo que nas últimas décadas predominava uma relação direta entre empresa e pessoa, da qual o empregado retirava muito de sua identidade profissional. Acrescenta que "os dois pólos da relação, trabalhador e empresa, almejavam a estabilidade". O relacionamento de médio e longo prazos era colocado como meta, havendo, portanto, um interesse mútuo em preservar a relação. Nas ações de desenvolvimento, a iniciativa predominante era da empresa, a qual se responsabilizava por prover o empregado do conhecimento sobre o trabalho. As responsabilidades da empresa extrapolavam as relações de trabalho. A empresa procurava dar assistência às pessoas em suas necessidades pessoais e familiares, o que, segundo o Fischer (1999), levou muitos autores a chamar essa relação de paternalista e assistencial.

Uma revolução de modos e paradigmas de gestão empresarial e, mais especificamente, de gestão de pessoas pode ser facilmente identificada na rotina das empresas, nas atividades de consultoria, nas pesquisas e nos debates em torno do tema (Ulrich, 1998; Moller, 1992; Golemann, 1998). Entre os estudiosos mais atentos, podem-se citar os estudos de Malvezzi (1999), Caldas (2000), Wood Jr. (1999; 2000), Albuquerque e Limongi-França (1999), Eboli et al. (1999) e De Masi (1999).

Quadro 2.2 *Idéias dos revolucionários da administração.*

Autor	Idéias inovadoras	Obras mais importantes
Igor Ansoff	Administração estratégica Análise de defasagem Sinergia	*Corporate strategy*
Chris Argyris	Aprendizagem organizacional Aprendizagem de enlace simples e de enlace duplo	*Personality and organization* *Organizational learning*
Chester Barnard	A natureza e a esfera de ação dos papéis executivos Relacionamento empresa/executivo	*The functions of the executive*
Warren Bennis	A liderança como uma aptidão acessível O gerenciamento *ad hoc* como antídoto à burocracia	*Leaders* *Organizing genius*
Marvin Bower	Cultura e valores corporativos Trabalho em equipe e gerenciamento de projetos Profissionalização da consultoria gerencial	*The will to manage* *The will to lead*
Dale Carnegie	Arte de vender, comunicação e motivação	*How to win friends and influence people*
James Champy	Reengenharia	*Reegineering the corporation*
Alfred Chandler	Relacionamento entre estratégia e estrutura A empresa multidivisional	*Strategy and structure*

Quadro 2.2 *(Continuação)*

Autor	Idéias inovadoras	Obras mais importantes
W. Edwards Deming	"Administrar em termos de qualidade" Os 14 pontos	*Out of the crisis*
Peter Drucker	Administração aplicada a todos, desde a Administração por Objetivos até o gerenciamento dos que possuem conhecimentos	*The practice of management* *The age of discontinuity* *Management: tasks, responsibilities, practices* *Adventures of a bystander* *Management challenges for the 21st century*
Henri Fayol	O princípio fundamental Princípios de Administração	*General and industrial management*
Mary Parker Follet	Integração Divisão de responsabilidades	*Dynamic administration*
Henry Ford	Produção em grande escala	*My life and my work*
Harold Geneen	Administração baseada em fatos e em análise	*Managing* *The synergy myth*
Sumantra Ghoshal	Globalização e estrutura corporativa	*Managing across borders* *The individual corporation*
Gary Hamel	Plano estratégico Capacidades centrais Arquitetura estratégica Previsão do setor	*Competing for the future*
Charles Handy	Trevo e organizações federadas Futuro do trabalho	*Understanding organizations* *The age of unreason* *The empty raincoat*
Bruce Henderson	Matriz de crescimento/participação – BCG Curva de aprendizagem	Financial Times Guide of Strategy (Richard Koch)
Frederick Herzberg	Fatores de higiene e motivação Teoria motivacional Kita	*The motivation to work*
Geert Hofstede	Administração cultural	*Culture's consequences*
Elliot Jacques	Intervalo de tempo da descontinuidade Democracia industrial	*A general theory of bureaucracy*

Quadro 2.2 *(Continuação)*

Autor	Idéias inovadoras	Obras mais importantes
Joseph M. Juran	Gerenciando para a qualidade	*Quality control handbook*
Rosabeth Moss Kanter	*Empowerment* A empresa pós-empreendedora	*Change masters* *World class*
Philip Kotler	Reconhecimento do marketing como uma função central da empresa	*Marketing management*
Ted Levitt	Marketing Globalização	*Innovation in marketing* *The marketing imagination*
Kurt Lewin	Grupos T Teoria do campo	*A dynamic theory of personality*
Douglas McGregor	Teorias motivacionais X e Y	*The human side of enterprise*
Nicolau Maquiavel	Poder e liderança	*The prince*
Abraham Maslow	Hierarquia das necessidades	*Motivation and personality* *Eupsychian management*
Konosuke Matsushita	Atendimento ao cliente A corporação empreendedora gigante	*Not for bread alone*
Elton Mayo	Motivação e trabalho em equipe	*The human problems of an industrial civilization*
Henry Mintzberg	A estratégia como habilidade Os papéis dos gerentes Formação dos dirigentes	*The nature of managerial work* *The rise and fall of strategic planning*
Akio Morita	Administração japonesa	*Made in Japan*
John Naisbitt	Reestruturações	*Megatrends*
Kenichi Ohmae	Estratégia e fatores determinantes do sucesso Modo japonês de encarar os negócios Impacto da globalização sobre as nações	*The mind of the strategist* *The borderless world*

Quadro 2.2 *(Continuação)*

Autor	Idéias inovadoras	Obras mais importantes
David Packard	Administrar percorrendo todos os setores Envolvimento dos empregados	*The HP way*
Richard Pascale	Estrutura dos sete Ss Administração japonesa Transformação corporativa	*The art of japanese management* *Managing on the edge*
Laurence J. Peter	Má administração da carreira	*The Peter principle*
Tom Peters	Excelência Atendimento ao cliente	*In search of excelence* *Liberation management*
Michael Porter	Estratégia Competitividade A estrutura das cinco forças	*Competitive advantage* *Competitive strategy* *The competitive advantage of nations*
Edgar H. Schein	Cultura da corporação Âncoras da carreira	*Organizational culture and leadership* *Organizational psychology*
Peter Senge	Organização voltada ao aprendizado	*The fifth discipline*
Alfred P. Sloan	A organização em divisões	*My years with General Motors*
Frederick W. Taylor	Administração científica	*The principles of scientific management*
Alvin Toffler	Gerenciamento ad hoc Pós-industrialização	*Future shock* *The third wave* *Powershift*
Robert Townsend	A falsidade da vida corporativa	*Up the organization*
Trompenaars Fons	Gerenciamento da globalização Temas culturais	*Riding the waves of culture*
Sun Tzu	Estratégia e tática competitiva	*The art of war*
Thomas Walson Jr.	Cultura e valores da corporação	*A business and its beliefs*
Max Weber	Modelo burocrático de organização	*The theory of social and economic organization*

Fonte: Síntese dos autores citados por Crainer (1999).

De Masi, um dos mais atuantes pensadores da década de 1990, afirma que está ocorrendo uma revolução para a qual não se dá a devida atenção: indústrias difundem-se, codificam-se as transformações econômicas e sociais delas derivadas, identificam-se seus perigos, mas não se fala explicitamente de "sociedade industrial"; tampouco a imensa maioria da população se dá conta de que a multimilenar época rural está chegando ao fim. A própria expressão *sociedade industrial* está ausente das obras e da linguagem dos grandes pensadores da época, embora suas mentes estivessem constantemente tomadas por dois grandes acontecimentos: a Revolução Francesa e a expansão manufatureira. As inovações econômicas, tecnológicas, culturais e organizacionais são tão rápidas que é difícil apreendê-las.

Existem muitas novas perspectivas na óptica administrativa. Wood Jr. (2000) mostra a direção quando afirma: "surpreso, percebi que a apropriação da retórica gerencialista fazia parte de um fenômeno mais amplo (...) baseado em um conjunto completo de rituais, práticas de gerenciamento e manipulação da imagem implementada". Para o autor, as novas condições de trabalho mudam profundamente o estilo gerencial da empresa: a liderança autoritária e centralizadora dá lugar a uma gestão mais aberta; controles e normas são transformados em missões e visões compartilhadas; e símbolos, artefatos e retórica passam a ser amplamente utilizados. Há um novo estilo de gestão identificada como Organizações de Simbolismo Intenso (OSI). Esse tipo de análise das organizações por meio de imagens e símbolos intensos teve forte influência dos estudos de Morgan (1996), o qual descreve as empresas como "representação de uma realidade compartilhada". Essa visão da cultura em bases de representação acredita que a melhor compreensão das organizações ocorre por meio de processos que produzem sistemas de significados comuns. Trata-se de reconhecer que existe forte componente psicossocial nas organizações. Essa óptica, somada à importante e sempre presente dimensão da saúde e segurança, forma a visão holística biopsicossocial, essencial nos estudos de produtividade do trabalho nas empresas.

Os significados comuns compartilhados têm dois grandes parâmetros: o empreendimento e a pessoa. No parâmetro empreendimento, Ziemer (1996), do ponto de vista de resultados empresariais, afirma que é necessário levar em conta o "ambiente externo da empresa, desde seu projeto e estruturação e, também, reconhecer que sua sobrevivência e bom funcionamento dependem, primordialmente, da capacidade de identificar e antecipar-se a mudanças externas". No parâmetro pessoa existem estudos consolidados, desde a Segunda Guerra Mundial, como o nascimento da psicometria. Casado (1998) desenvolveu, nessa linha de pesquisa, um inventário de análise organizacional dos perfis psicológicos como importante alternativa para os processos de Recrutamento e Seleção. Destaca a identificação de traços de personalidade, de potencialidades e limitações e de dinâmica da personalidade dos sujeitos. Segundo a pesquisadora, uma vantagem adicional do uso do instrumento proposto está no modo prático com que os resultados podem ser informados ao sujeito (*feedback*); ele pode ser efetuado visando ao desenvolvimento do potencial humano no trabalho. A organização beneficia-se, por seu turno, com a maior produtividade advinda do esforço do processo seletivo, registrando dados que podem servir para orientar a carreira do indivíduo enquanto permanecer na organização.

Lima (1996) assinala que os diferentes significados atribuídos à empresa por seus participantes devem ser analisados. A autora relata que a estrutura estratégica favorece visão da empresa como todo-poderosa, dominadora, freqüentemente superprotetora e investida em uma função quase maternal. Uma das conseqüências disso é o forte envolvimento com a empresa, que leva a maioria dos sujeitos a permitir a invasão de sua vida privada por preocupações e interesses inerentes ao trabalho. Essa visão da cultura em bases de representação tem enormes implicações em relação ao modo pelo qual são compreendidas as organizações enquanto fenômenos culturais. Demonstra que se podem compreender as organizações pelos processos que produzem sistemas de significados comuns entre as pessoas que nelas vivem.

Martinelli (2000) destaca, em sua tese de livre-docência sobre negociação, que entre as diversas demandas da Administração a literatura especializada oferece pouco apoio para a teoria e a prática da negociação. Segundo o professor, a prática da negociação tem sido documentada mais freqüentemente em estudos de caso, em especial nos jogos de empresas. Ao desempenharem seu papel de negociadores, os administradores tenderão a seguir seus perfis globais pessoais e profissionais que poderão ser caracterizados por um dos sete tipos apresentados por Kinston e Algie – racionalista, empírico, pragmático, dialético, sistêmico, estruturalista e intuitivo – ou pela combinação de alguns deles. Martinelli (2000) apresenta importantes informações sobre a necessidade de avaliação realística das próprias características e das características das outras partes em relação a esse quadro de referência, o que pode ser muito útil para orientar cada um dos negociadores quanto aos caminhos de negociação e evidenciar possibilidades de uso ou de se buscar evitar diferentes estilos de negociação. O professor Martinelli considera que o processo de negociação deve envolver a análise do contexto administrativo no qual a negociação se dará e propõe a classificação dos contextos administrativos em unitário, pluralista e radical ou coercitivo. No dia-a-dia da vida das organizações, o contexto coercitivo pode surgir como uma disputa pessoal aparentemente isolada entre proprietários e empregados e, conscientemente ou não, pode ser disfarçado como ambiente unitário ou até mesmo pluralista. No Quadro 2.3 são apresentados, na íntegra, os contextos administrativos de negociação.

Há mudanças significativas nas práticas empresariais que decorrem das alterações de atitudes e comportamentos individuais, estes decorrentes, muitas vezes, de uma nova consciência social. O cuidado com o consumo, como relata

Martins (2001), é um exemplo significativo: alguém que, durante suas atividades, esforça-se para controlar o consumo de água, por exemplo, sabe que, ao ajudar para que esse índice atinja um bom nível, estará elevando os índices de produtividade de seu departamento e, logicamente, da empresa.

Quadro 2.3 *Contextos administrativos de negociação.*

Contexto	Unitário	Pluralista	Radical/coercitivo
Interesses individuais ou grupais	Coincidentes com os objetivos da organização, a serem atingidos mediante trabalho de equipe bem integrado	Coincidentes só em parte com os objetivos (formais) da organização, perseguidos pois mediante coalisões *ad hoc*	Amplamente incompatíveis, criando "campo de batalha" interno
Conflito	Enfermidade, relativamente rara, a ser suprimida ou curada pela alta administração	Natural, potencialmente positivo e funcional	Parte inevitável de conflito social mais amplo, devendo ser reprimido (e ficando latente)
Poder	Substituído ou dissimulado por conceitos de autoridade, controle e (se possível) de liderança com vista nos objetivos comuns	Distribuído entre os indivíduos e grupos da organização	Considerado reflexo das relações sociais de poder, dependendo pois de luta mais ampla, para o controle social

Fonte: Martinelli (2000).

Em conjunto, gerentes e funcionários aprenderam a tomar a iniciativa não apenas na identificação dos problemas, mas também no desenvolvimento de melhores processos para a solução de problemas e a melhoria de produtos. Sua abordagem não dependeu de altos executivos-chaves tomarem as rédeas e dizerem às pessoas o que fazer. Em vez disso, toda a organização aprendeu a aprender. Isso não é novidade. Muitos executivos compreendem que a competição acirrada requer aprendizado mais eficaz, amplo *empowerment* e maior comprometimento de todos na empresa. Além disso, eles compreendem que a chave para o melhor desempenho é um alto nível de comunicação.

Na era pós-industrial, o sucesso de uma empresa reside mais em suas capacitações intelectuais e sistemas do que em seus ativos físicos. A capacidade de gerenciar o intelecto humano – e de convertê-lo em produto e serviço útil – está-se tornando a habilidade executiva fundamental do momento.

Para Ulrich (2000), o gerenciamento transparente não é um programa e nem um sistema coerente; é um sistema que faz bastante sentido tanto para as pessoas no chão de fábrica como para os executivos. Ele constrói o porquê de se ter desempenho superior desde o início, fazendo com que os funcionários e os gerentes ajam de maneira parecida ao tentar descobrir o como.

Casali, Teixeira e Cortella (1999), em coletânea sobre empregabilidade e educação, afirmam que as empresas industriais que lideram o discurso do emprego moderno terão de reconhecer que são participantes responsáveis de uma ordem moral em que terão de aceitar limites, exercer cautela e reconhecer valores múltiplos, melhorar – nas palavras de Selznick – sua competência moral.

Hamel e Prahalad (1995) apontam que a expressão *competência essencial* é usada repetidamente para descrever as capacidades subjacentes à liderança em uma gama de produtos ou serviços. Levering (1995), em sua proposta de critérios para um excelente lugar para se trabalhar, relata: "The human toll of these changes has been enormous. But it would be an error to think that this was simply another chapter in a long history of workers as victims."

O que são os processos nas empresas, mais formalmente? Processo é um conjunto de atividades realizadas em uma seqüência lógica com o objetivo de produzir um bem ou um serviço que tem valor para um grupo específico de clientes (Hammer e Campy, 1994). Essa idéia de processo como um fluxo de trabalho – com *input* e *output* claramente definidos e tarefas discretas que seguem uma seqüência e dependem umas das outras numa sucessão clara – vem da tradição da engenharia. A utilização do conceito de processo fornece um conveniente nível de análise, menos detalhado que o estudo das relações de trabalho, mas muito mais descritivo do que o modelo da "caixa preta". Além disso, permite ter melhor visão do comportamento gerencial, mais integrada e abrangente.

Goleman (1995) afirma, por sua vez, nos estudos sobre inteligência emocional, que medo condicionado é o nome utilizado pelos psicólogos para o processo em que uma coisa nem um pouco ameaçadora se torna temida por estar associada, na mente de alguém, a outra assustadora. Segundo o autor, quando tais pavores são induzidos em animais de laboratório, os medos podem durar anos. Dentro das organizações essa situação parece acontecer de forma relativamente freqüente, o que hoje caracteriza a síndrome do desamparo, isto é, da ansiedade pela perda do emprego ou pela humilhação de não atingir metas ou receber bônus de desempenho.

Caldas (2000) afirma que os efeitos dos "enxugamentos" e da perda de emprego não são homogêneos para toda situação, organização ou indivíduo: a literatura em geral sugere que algumas variáveis moderadoras parecem mediar todas essas relações e conseqüências de "enxugamentos". Elas precisam ser entendidas porque determinam a gravidade desses efeitos. O autor coloca como moderadores dos efeitos de "enxugamentos" aqueles fatores ou circunstâncias que podem agravar ou atenuar os efeitos que os cortes provocam na organização, em seus membros e nos indivíduos demitidos.

Boog et al. (1999) relatam o papel dos que têm posições de liderança nas organizações. Antes de mudar os outros, é fundamental primeiro mudar a si mesmo. Nenhuma mudança tem legitimidade se o condutor fala uma coisa e pratica outra. Nesse sentido, a função Treinamento e Desenvolvimento pode influenciar decisivamente novas formas de pensar a organização, a gerência de pessoas; pode, também, apoiar e criar situações de aprendizado mais em nível do sentir, por exemplo, por meio de metodologias participativas. Esse sentir apóia a mudança em seu nível de concretização do querer e realizar a mudança. E concluem: "o poder dessa nova visão orientada do paradigma holístico é muito grande, sendo o 'norte' e a 'bússola' de orientação para os passos gerenciais nas organizações nos próximos tempos".

Fleury (1999) adverte que as competências são referenciadas sempre a um contexto profissional. As organizações têm sido concebidas, tal qual pregam Hamel e Prahalad (1995), como um portfólio de competências. Uma competência essencial de uma organização não precisa necessariamente ser baseada em "tecnologia *stricto sensu*". Pode estar associada ao domínio de qualquer estágio do ciclo de negócios. Não obstante, para ser considerado uma competência essencial, esse conhecimento deve estar associado a um sistemático processo de aprendizagem que envolve descobrimento, inovação e capacitação de recursos humanos. Essa concepção de competência essencial está ligada ao conceito de modernidade organizacional.

Eboli (1999) pesquisou a modernidade como fenômeno dinâmico, complexo e que deve ser analisado em vários níveis. Sintetiza os fatores que a caracterizam com um processo dialético, complexo e multidimensional, incorporando as dimensões cultural, política, sociopsicológica, administrativa, econômica e tecnológica. A empresa moderna é aquela que apresenta qualidade de relações sociais e políticas que permite ao indivíduo reivindicar seu direito de ser ator social. O sujeito constitui um elemento essencial no processo de desenvolvimento organizacional. Uma organização só pode ser considerada moderna se a maioria de seus gestores também for moderna. A modernidade individual é um estado de espírito, mas cabe às organizações criar condições favoráveis para que ele se manifeste. Eboli conclui que "a empresa moderna deve apresentar estrutura, estratégia, políticas e práticas que permitam atrair, manter e desenvolver um perfil moderno de gestores".

Esse perfil, segundo Dutra (1999), está enraizado nas pessoas que atuam como agentes de transformação de conhecimentos, habilidades e atitudes em "competência entregue" para a organização. A competência entregue pode ser caracterizada como agregação de valor ao patrimônio de conhecimentos da organização.

As organizações dependem do grau de comprometimento de seus funcionários para absorver novas competências. Essa é a posição expressa por Cunha, Oliveira e Andrade (2000):

"o nível de comprometimento dos indivíduos com a organização tem sido objeto de estudo de vários pesquisadores nas últimas décadas, visando auxiliar as organizações a encontrar estratégias de gerenciamento de seus recursos humanos e assegurar sua sobrevivência no mercado cada vez mais competitivo e em constantes mudanças tecnológicas e econômicas".

2.5.2 Práticas e valores de QVT

As práticas e os valores emergentes nas empresas relacionados às questões de QVT são bastante numerosos e diversificados. Para demonstrar essa percepção, realizou-se breve levantamento de casos e nomes, com endereço eletrônico, sobre o que está representando hoje esse tema em nosso ambiente empresarial.

Outras questões também compõem o cenário de práticas e valores de QVT. Ações voluntárias, atividades de saúde e segurança e autogestão da saúde são alguns focos temáticos pesquisados para ilustrar esse fator crítico.

Ações Voluntárias – Rocha (1998), em matéria sobre alunos da Universidade de São Paulo (USP), do curso de MBA, relata que a Xerox do Brasil, empresa que nesse ano contribuiu com 20 mil latas de leite para as cestas de natal da Legião da Boa Vontade (LBV), é outro bom exemplo de "empresa cidadã". É claro que uma organização tem seus objetivos de negócio, responsabilidades perante seus acionistas. Na mesma matéria, ela transcreve o pensamento de um aluno do curso de MBA da USP, também executivo da empresa, sobre a ação da Xerox do Brasil: "ao mesmo tempo, ela também tem um compromisso social com seus funcionários e com a própria comunidade na qual está inserida".

Programa de Controle Médico de Saúde Ocupacional (PCMSO) – O Instituto de Pesquisas Tecnológicas (IPT) (1999), em cumprimento à primeira etapa do desenvolvimento de um Programa de Saúde Ocupacional, conforme estabelece a Norma Regulamentadora nº 7, aprovada pela Portaria nº 3.214, de 8 de junho de 1978, descreve em seu relatório de atividades anuais:

> *"Realizamos a fase de 'Reconhecimento dos riscos' citada na Norma Regulamentadora nº 9 através de visitas a todos os setores e laboratórios do IPT. As visitas têm a finalidade de reconhecer os ambientes de trabalho, identificar os riscos ocupacionais e propor melhorias em relação a Segurança e Higiene no Trabalho (...) Atualizamos os exames médicos de todos os funcionários que atenderam a convocação feita e monitoramos as queixas ocupacionais que ficam relatadas na ficha clínica ocupacional e que nos guiam na solução dos problemas. Mapeamos também os setores e funções que necessitam de exames laboratoriais complementares."*

Dort e Prestação de Serviços de Saúde e Segurança no Trabalho – O Serviço Social da Indústria (Sesi, 1999), tradicional instituição subsidiada pelas indústrias, dedica um documento específico às questões dos Distúrbios Osteomusculares Relacionados ao Trabalho (Dort), descrevendo que as delegacias regionais têm-se dedicado a cuidar de trabalhadores afetados por essa doença ocupacional. Esclarece que essa atividade vem-se expandindo na mesma medida em que esse problema ganha importância como fator de sofrimento para os pacientes e de quebra da produtividade para as indústrias. Hoje, o Sesi coloca como missão "contribuir para o fortalecimento da indústria e o exercício de sua responsabilidade social, prestando serviços integrados de educação, saúde e lazer, com vistas à melhoria da qualidade de vida para o trabalho e ao desenvolvimento sustentável".

Associações de Classe e a Autogestão da Saúde – A Abraspe (2000) acaba de concluir a quinta edição da Pesquisa Perfil das Empresas de Autogestão. A pesquisa contou com a participação de 84 empresas, com um universo de aproximadamente dois milhões de usuários que representa 5% de todo o mercado privado de saúde. Das empresas pesquisadas, 57% oferecem planos de saúde para os aposentados e 31% para os agregados.

Karch (2000) afirma que programas de promoção de saúde e qualidade de vida vêm sendo cada vez mais adotados pelas organizações, mobilizando os profissionais de recursos humanos, para tornar o ambiente de trabalho mais produtivo e saudável. No ambiente atual de alta competição, os dirigentes das empresas preocupam-se cada vez mais com os maus hábitos de alguns profissionais, como fumo, álcool, dietas inadequadas, entre outros. Esses hábitos resultam, para a empresa, em elevação do absenteísmo e redução da produtividade e chegam a provocar *stress* e até mesmo doenças mais graves. Na mesma entrevista, Karch declara que o tema vem-se tornando cada vez mais importante, tanto na vida privada como na vida profissional do indivíduo. Número cada vez maior de companhias demonstra sua preocupação quanto ao comportamento e aos hábitos de saúde do profissional a ser contratado.

Quadro 2.4 Resultado do rastreamento de empresas relacionadas a QVT.

Praticam	Publicam	Vendem	Discutem	Pesquisam
• Alcatel www.alcatel.com.br • Alcoa www.alcoa.com.br/aalcoa • Banco do Brasil – "Programa Cidadania" www.bb.com.br/cidadania • BankBoston – Fundação Bank Boston www.boston.com.br • Cia. Paulista de Trens Metropolitanos – "Programa Qualidade de Vida" www.cptm.com.br/agenda/agenda.htm • Companhia Nitro Química Brasileira – Grupo Votorantim www.nitroquimica.com.br • Dupont www.dupont.com.br • Editora Abril – site divulga o Balanço Social da empresa www.abril.com.br/website/port/bsocial/bsocial.htm • Gessy Lever www.gessylever.com.br • Grupo Accor – "Copa do Mundo Promovendo a Qualidade de Vida – 2000" www.accor.com.br • HP www.hp.com.br • Itaú www.itau.com.br • Natura www.natura.com.br • Nestlé www.nestle.com.br/nestle.htm • Novartis www.novartis.com.br/html/menusub_brasil.html • Pão de Açúcar www.paodeacucar.com.br • Siemens www.siemens.com.br/siemens/po/empresa/citizenship/index.htm • Unimed Paulistana www.unimedpaulistana.com.br	• Atlas www.edatlas.com.br • BookSharp – www.booksharp.com.br • CDL – Revista especializada em Qualidade de Vida www.cdl.com.br • C&G12 cg12@uol.com.br • Cipa Publicações assinatura@cipanet.com.br • CMS Editora www.cms.com.br • CPH Tecnologia em Saúde www.cph.com.br • Editora Agora www.editoraagora.com.br • Editora Banas www.banas.com.br • Editora Manuais Técnicos diretoria@emts.com.br • Editora Senac eds@sp.senac.com.br • Editora Sipalanon www.alanon.org.br • Editora Transvias www.transvias.com.br • Grupo Lund www.nei.com.br • LTr ltr@ltr.com.br • RAE – Revista de Administração de Empresas da Fundação Getulio Vargas rae@fgvsp.br • RAUSP – Revista de Administração da FEA/USP rausp@edu.usp.br • Revista O Canal – especializada em qualidade de vida www.ocanal.tsx.org • Revista Proteção. Novo Hamburgo – RS www.protecao.com.br • Salutia www.salutia.com.br • Valete Editora valetnet@uol.com.br • Revista Melhor www.segmento.com.br • Revistas Você S.S> e Edame www.abril.com.br	• ABPA – Associação Brasileira para a Prevenção de Acidentes www.abpa.org.br • ABPA – Treinamentos abpasp@unisys.com.br • ABS – Agência Brasil de Segurança absabs@zip.net • Coastal (vídeos) coastal.do.brasil@avalon.sul.com.br • Consultores de Qualidade de Vida cdq.consultoria@ig.com.br • CPH Tecnologia em Saúde – Consultoria em promoção de saúde e qualidade de vida www.cph.com.br • DCM Medicina Preventiva e Treinamento gbs.alp@zaz.com.br • Erghos – Equipamentos Ergonômicos www.erghos.com.br • Grupo Cipa www.cipanet.com.br • Hilária Troupe – Realização de Sipats htroupe@mandic.com.br • IDPH – Instituto para o Desenvolvimento do Potencial Humano www.idph.com.br • IEH – Instituto de Engenharia Humana www.engenhariahumana.com.br • Logos Pro Saúde www.logosprosaude.com.br • Projeto Saúde Brasil psb@uol.com.br • Qualivida Check Up Biológico Computadorizado qualivid@uol.com.br • Sesi Desenvolvimento Humano sesirs@sesirs.org.br • Uner Brokers www.unerbrokers.com.br • Renemendes www.renemendes.com.br	• Abergo – Associação Brasileira de Ergonomia www.gente.ufrj.br • ABMP – Associação Brasileira de Medicina Psicossomática www.psicossomatica.com/abmp • ABQV – Associação Brasileira de Qualidade de Vida www.abqv.org.br • ABRAPSO – Associação Brasileira de Psicologia Social www.ufc.br/~abrapso • ABRASPE – Associação Brasileira das Autogestões em Saúde patrocinadas pelas Empresas www.abraspe.org.br • ANAMT – Associação Nacional de Medicina no Trabalho www.anamt.org.br • Associação Médica Brasileira www.amb.org.br • Associação Paulista de Medicina www.apm.org.br • CECEPSI – Centro de Estudos do Controle do Estresse para a Saúde Integral www.antares.com.br • FIDES – Fundação Instituto de Desenvolvimento Empresarial e Social fides@fides.org.br • First, Life – ONG dedicada ao estudo da qualidade de vida www.firstlife.com.br • IBPA – Instituto Brasileiro de Pesquisa Alternativa – ONG dedicada ao estudo da qualidade de vida www.ibpa.com.br • ICV – Instituto Centro da Vida www.icv.org.br • Instituto de Estudos Monteiro Lobato iemltau@infocad.com.br • Rede Unitrabalho www.unitrabalho.org.br • Worklife www.contactonet.com/worklife • Enampad www.enampad.org.br	• Fundação Carlos Alberto Vanzolini – Departamento de Engenharia de Produção – POLI USP www.vanzolini.org.br • Fundação Instituto de Administração – FIA – Progep www.fia.fea.usp.br • Fundacentro www.fundacentro.gov.br • ICOH – International Commission on Occupational Health www.icob.org.sg • ISMABR – International Stress Management Association www.ismabrasil.com.br • NIOSH – USA www.cdc.gov/niosh • OIT – Organização Internacional do Trabalho www.ilo.org • OMS – Organização Mundial da Saúde www.oms.org • Oxford University: Press: Age and Ageing www.ocup.co.uk • Projeto G-QVT www.g-qvt.com.br • Saúde Pública Grupo Interdisciplinar de Estudos de Álcool e Drogas – Ipq-HC-FMUSP www.usp.br/medicina/grea • Unitrabalho – Fundação Interuniversitária de Estudos e Pesquisas sobre o Trabalho www.unitrabalho.com.br • Universidade de São Paulo – USP – FEA, FEF, FAU, IP, FSP www.usp.br/especialistas

Sintetizando os pontos referentes às práticas e aos valores das empresas quanto ao tema QVT, pode-se afirmar que ele é formado de conhecimentos ligados às escolas de pensamento em QVT, propostas no início deste capítulo. Esses elementos, somados às contribuições de idéias e modelos administrativos, consolidam um negócio amplo e multifacetado, como o apresentado no Quadro 2.4. Há empresas que têm programas institucionais de QVT (empresas que fazem); empresas que criam produtos e serviços, formados em sua maioria por profissionais liberais ou escritórios especializados em um aspecto de QVT (empresas que vendem); grupos e especialistas que buscam a ampliação da difusão de novos conhecimentos em QVT (empresas que pesquisam e publicam). Todas essas empresas lidam com desafios de revisão de valores quanto à natureza de resultados de capital e de benefícios sociais, além de resultados de desenvolvimento humano e cidadania. O conjunto dessas atividades demonstra a emergência de uma Nova Competência, fator crítico que será tratado na seção 2.6.

Fonte: Adaptada da Revista *Fapesp* 2001.

2.6 NOVA COMPETÊNCIA

Na idealização de um modelo conceitual de Nova Competência foram considerados os elementos sustentados por disciplinas, valores e práticas que tratam de aspectos socioeconômicos, organizacionais e da condição da pessoa no trabalho. Na era pós-industrial, das questões socioeconômicas destacam-se os novos movimentos da tecnologia de informação, especialmente os modelos de redes de conhecimento; os novos paradigmas e modelos produtivos, com destaque para a qualificação para competências estratégicas; e os modelos transnacionais de domínio do capital e da atividade produtiva. Na atividade produtiva tem-se como escopo de análise o surgimento de novos serviços ligados a lazer, turismo, educação e responsabilidade social nos negócios.

Quanto às questões organizacionais, são consideradas relevantes as mudanças nas políticas administrativas. Analisando idéias, estudos e publicações diversas, observa-se a popularização dos conceitos de gestão estratégica em todos os níveis organizacionais. Essa difusão da atitude estratégica dentro das empresas é objetivada pela redução dos níveis hierárquicos, da implementação dos programas de qualidade, dos critérios de excelência, da avaliação ampla de desempenho e do deslocamento da responsabilidade de ascensão profissional para o autogerenciamento da carreira. Ainda sob o aspecto organizacional, simultaneamente à separação dos recursos humanos das atividades consideradas fim, são criadas organizações paralelas que sustentam o novo modelo organizacional. Surgem as terceirizações, as quarteirizações, as parcerias, os contratos temporários de consultoria, o trabalho a distância, entre outras novas formas de vínculos. Esses novos modelos de gestão são mecanismos de adaptação aos processos e conceitos de modernização do sistema produtivo, construídos sob valores de sobrevivência das organizações e do sacrifício tanto moral como econômico das pessoas. Nesse ambiente, as manifestações de necessidade de cuidados com a vida ganham um novo espaço. A melhor utilização desse espaço tem sido demonstrada por meio das melhorias ergonômicas, da nova consciência de promoção da saúde, das políticas de inclusão social, da validação da diversidade, da intensificação do treinamento para novas tecnologias. Novos tempos de aprender a apreender, de compartilhar, de buscar modelos gerenciais participativos, transparência nos modelos financeiros, acesso direto ao capital, por meio da disponibilização e aquisição de ações da própria companhia.

Nessa concepção, a representação de uma Nova Competência caracteriza-se por um tripé conceitual composto por três elementos críticos: conhecimento, técnica e estratégia/atitude, conforme detalhado na Figura 2.3.

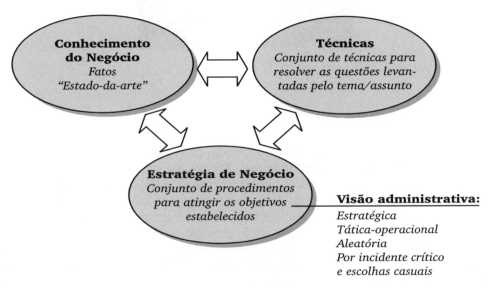

Figura 2.3 *Tripé conceitual do modelo.*

Em oposição à empresa capitalista, eleva-se o valor social da empresa cidadã. As empresas do terceiro setor, as associações de profissionais e outras organizações visam a benefícios sociais e sustentabilidade, não mais a filantropia opcional, mas missões de responsabilidade social. Com essa nova consciência do ambiente empresarial influenciando o perfil do administrador, Coltro (1999) afirma que a sociedade de informação se organiza em resposta à maneira como se organiza o conhecimento, concluindo que isso acontece também nas empresas. No passado, o conhecimento era especializado e hierarquizado, com poucas pessoas tendo acesso à informação. Nos anos 60, o Prof. Peter Drucker e outros estudiosos já previam que os Estados Unidos e os países desenvolvidos chegariam a um estágio em que haveria mais pessoas engajadas em "trabalhos baseados em conhecimento" (*knowledge workers*) do que em "processos industriais". O conhecimento dos negócios envolve, hoje, um conhecimento menos especializado, sendo necessária uma atitude aberta a novas oportunidades e novos desafios tecnológicos e de mercado. Incubadoras, gerenciamento de riscos, Internet, reengenharia, redes de negócios e muitos novos modelos organizacionais e administrativos mostram o esforço da sociedade e das pessoas em encontrar saídas para as turbulências da globalização, da escassez de postos de trabalho tradicionais, das descobertas de fibras ópticas, transgênicos, Genoma, DNA, transmissões eletromagnéticas, entre outras tantas novidades da última década do século XX.

A sociedade do conhecimento depende, cada vez mais, da geração de novas tecnologias e de forte aparato científico. Pessoas com conhecimento constituem o fator mais crítico daquilo que se convencionou chamar de *nova economia*. Entre a geração de conhecimentos científicos e tecnológicos e sua aplicação industrial existe um filtro que seleciona o que de fato será utilizado produtivamente pelas empresas, principalmente as que dependem de tecnologia de ponta. Esse filtro se chama incubadora de empreendimentos de base tecnológica. *Stricto sensu*, incubadora é o aparelho destinado a manter a temperatura constante e apropriada para o desenvolvimento de ovos e a cultura de microorganismos. No ambiente empresarial, esse termo, segundo Bermudez (1999), é usado para os grupos de negócios de alta tecnologia que fornecem facilidades físicas, rede de conhecimentos pessoais, animação, consultorias e inúmeras necessidades e apoios que podem tornar possível o sonho de um empreendedor nas áreas tecnológicas. As incubadoras, tradicionalmente destinadas a práticas e resultados do ambiente tecnológico, começam a apresentar propostas de bases sociais populares e comunitárias. O melhor exemplo é o das cooperativas rurais, de serviços de jardinagem e limpeza incubadas. Nos modelos de cooperativas também têm surgido, embora com mortalidade precoce, as cooperativas com atividades científicas multidisciplinares. São esforços da sociedade para direcionar competências, novos vínculos pessoa-trabalho e autonomia econômico-financeira.

No mundo dos negócios regidos pela inovação tecnológica, existem chances de grandes sucessos e grandes fracassos. A estabilidade de comportamentos empresariais da era industrial já não existe. O conhecimento provoca um mundo de grandes oportunidades, mas em um ambiente de incerteza crescente. O gerenciamento de risco trata da aplicação do pensamento sistemático, para fazer com que atividades complexas tornem-se mais seguras e eficientes. Souza (2000) informa, em estudos sobre processos inovativos, que o conceito foi aplicado inicialmente para melhorar a segurança e otimizar projetos desenvolvidos nas indústrias de armas, aeronaves, espacial e nuclear. Seus princípios são especialmente efetivos quando é necessário lidar com atividades complexas que envolvam alto risco, mas também têm aplicação em qualquer atividade ou tarefa que possa ser explicada na forma de objetivo, prazo e custo.

Vive-se o "dilúvio da informação"! Sábio pensador, Umberto Eco afirma, em entrevista à revista *Veja Digital* (2000), que pela primeira vez a humanidade dispõe de enorme quantidade de informação a baixo custo. No passado, essa informação era custosa, implicava comprar livros, explorar bibliotecas. Hoje, do centro da África, se uma pessoa estiver conectada à Internet, poderá ter acesso a textos filosóficos em latim. É uma mudança e tanto. A Internet é como uma enchente: não há como parar a invasão de informação. Há, também, muita invasão da privacidade. Eco dá o exemplo: "quero comprar um presente de aniversário para minha filha e manter sigilo até lá. É um pequeno segredo, mas se eu comprar pela Internet o segredo se torna público".

Não só as paisagens tecnológica e econômica mudaram nesses últimos anos; a paisagem cultural também mudou. As pessoas tiveram de aprender a viver em condições completamente diversas daquelas a que estavam acostumadas. *Homo globalizatus*, personalidade organizacional e expatriados são denominações para os indivíduos que mudam de domicílio e país, mas têm acesso permanente à informação em escala planetária e dispõem de um poder de compra que seus antepassados nunca sonharam.

A informação e a tecnologia da informação são ferramentas necessárias para a habilitação e a implementação da reengenharia de processos. Davenport (1994) considera que a tecnologia de informação tanto pode criar oportunidades de restrições à reengenharia de processos como impor essas restrições. As oportunidades podem tomar várias formas, inclusive a automação (eliminação da mão-de-obra humana em um processo), a seqüência (modificação na seqüência de um processo ou realização de tarefas em paralelo), a geografia (a habilitação de um processo para que opere efetivamente a grandes distâncias) e a desintermediação (eliminação de intermediários no processo).

Um dos organismos mais antigos é o *business network*, isto é, as redes de negócios. Muitas oportunidades e negócios têm revelado as crescentes mobilização e distribuição do conhecimento por meio de redes. Essa harmonia coletiva, obtida da comunicação com base tecnológica, alterou o perfil das competências nas empresas em toda a sociedade. O século XX, denominado o "século da pressa", consagrou uma nova verdade que ressalta a importância da comunicação nos contextos empresarial e social, mudando o antigo conceito "pode mais quem sabe mais" para "pode mais quem sabe antes". Weil (1995) relata que as redes de negócios comportam-se como "um fórum à disposição do número crescente de pessoas que questionam os velhos valores de negócios à luz de um clima social e econômico em plena mudança". Em geral as redes têm como objetivo, segundo o autor, um enfoque mais ético na prática de negócios, pois informam e encorajam os que procuram humanizar e harmonizar suas vidas de negócios.

Mintzberg (1994) destaca, apontando as facetas positivas e negativas do Planejamento Estratégico:

> *"The history of communications is not a history of machines but a history of the way the new media help to reconfigure systems of power and networks of social relations. Communications technologies are certainly produced within particular centres of power and deployed with particular purposes in mind but, once in a play, they often have unintended and contradictory consequences."*

Para o autor, o turbulento crescimento é uma imaginação do planejador convencional. Caracterizadas como caos calculado e desordem controlada, as questões da administração no trabalho parecem ser mais simultâneas, holísticas e relacionais do que lineares, seqüenciais e ordenadas. Mintzberg (1994) afirma, também, que comumente os administradores preferem formas orais de comunicação, não apenas por sua tendência a trazer informação mais fácil e rapidamente, mas também porque provêem (ajuda) compreensão da expressão facial, do gesto e do tom de voz (todas as ações [*inputs*] que estão associadas ao lado direito do cérebro).

Essas análises, aparentemente exclusivas do âmbito organizacional, são interfaces de qualidade de vida nos processos de condição humana no trabalho, mais bem observadas sob a óptica de saúde e doença no trabalho, com a marcante contribuição da visão dejouriana do trabalho. *Dejours* (1996) coloca o trabalho como um fator de equilíbrio e de desenvolvimento quando possibilita ao trabalhador aliar o desejo de executar a tarefa a suas necessidades físicas, independentemente da natureza do trabalho e das condições em que o realiza. Nessa mesma escola de pensamento, Lunardi Filho e Mazzilli (1996) afirmam, em pesquisa sobre interpretações do processo de trabalho, que o sofrimento no trabalho emerge principalmente do medo de não haver tempo ou condições para concluir as tarefas a seu encargo, na medida em que as atividades devem ser compartilhadas e redistribuídas entre os empregados que permanecem. Aqui colocam-se os estudos da psicopatologia do trabalho.

Seligmann-Silva (1995), professora e pesquisadora considerada como uma das pioneiras das contribuições referentes ao desgaste e sofrimento no trabalho, afirma que "dinâmicas psicossociais" nos contextos de trabalho têm sido estudadas de forma vigorosa pela psicopatologia do trabalho, corrente que assume hoje caráter de ciência interdisciplinar e se fortalece a partir das contribuições de diversas áreas do conhecimento humano, em especial da psicologia e das teorias psicanalíticas. Seligmann-Silva (1995) considera que inicialmente a abordagem da psicopatologia do trabalho focalizou sobretudo algumas síndromes e perturbações psíquicas desencadeadas pelas exigências de determinadas realidades ocupacionais. Enfatizam-se as manifestações psicossomáticas e os distúrbios mentais provocados por exigências de trabalho específicas.

Hoje, as manifestações de doença e os hábitos de vida, que levam às doenças relacionadas ao trabalho ou aos hábitos no estilo de vida, fazem parte das obrigações dos órgãos e políticas públicas de saúde e das atividades obrigatórias nas empresas para o cuidado com seus empregados, algumas vezes incluindo familiares, fornecedores e clientes. A Figura 2.4 ilustra o conjunto de ações e fatores críticos, apresentando uma *visão interativa da gestão QVT*.

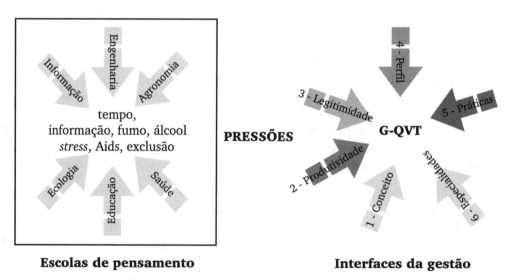

Figura 2.4   *Visão Interativa da Gestão QVT.*

Lesca e Almeida (1994) referem-se a redes neurais como "instrumento que permite às empresas explorarem seu ambiente". Redes neurais transformam dados em informações úteis para a tomada de decisão, aumentando o valor agregado de seus produtos e serviços. Com a tecnologia de informação em redes neurais a empresa tem a informação como vetor estratégico, ela pode multiplicar a sinergia dos esforços ou anular o resultado do conjunto dos esforços.

Laudon e Laudon (2000), na obra *Management information systems: organization and technology in the networked enterprise*, apresentam as relações entre Informação, Tecnologia e Sistemas e questões étnicas, sociais e políticas, destacando cinco dimensões morais. O modelo inclui um campo específico de Qualidade de Vida como cenário, sinalizando para seu efeito imediato nos níveis individual, social e político.

Todo esse conjunto de elementos faz da proposta conceitual de Nova Competência uma evidência de novos problemas organizacionais a serem gerenciados, com a rediscussão de práticas, políticas e expectativas das pessoas nos níveis estratégico, gerencial e operacional, além da reconstrução das "Imagens da Organização", como denomina Morgan (1996).

A Nova Competência tem focos em âmbitos da organização, do conhecimento, dos sistemas de informação e da expansão do conceito de administração, por meio da visão de interfaces. Cada foco tem características específicas, alinhadas a seguir:

- no ambiente organizacional: clima e política da empresa, espaços gerenciais, produtos e serviços, consciência dos fatores críticos de produtividade, legitimidade e conceito sólido de QVT;
- no âmbito do conhecimento: cuidados com o perfil do administrador no que se refere a sua formação, obtida na instituição de ensino pela consistência do projeto pedagógico, por meio dos mestres, do ambiente acadêmico extra-classe e do envolvimento com atividades da comunidade;
- nos sistemas de informação e tecnologia: dados, ambiente de rede, novas linguagens e acesso às idéias de pessoas, comunidades profissionais, produtivas, culturais e alternativas. O desafio é transformar informação em comunicação efetiva e legítima;
- no âmbito das interfaces da administração: fatores críticos do conceito QVT, produtividade, legitimidade, conforme consta na Figura 2.5, competência BEO (bem-estar nas organizações). Esse modelo com forte conteúdo psicossocial tem como pressuposto que toda organização deve respeitar a pessoa acima das pressões de lucratividade. Nessa visão, o resultado empresarial prioriza sempre a busca harmônica de resultados produtivos com resultados sociais.

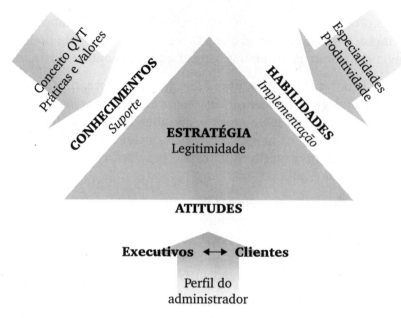

Figura 2.5 *Modelo conceitual da competência BEO, bem-estar nas organizações.*

A proposta de Nova Competência procura incorporar as revoluções conceituais, idéias inovadoras e novas formas de administrar. Para isso, deve haver esforço conceitual e prático para passar do taylorismo e das teorias classificatórias de administração para um modelo avançado que dialoga com ambientes globalizados, de uso intensivo de tecnologia e com atuação nos grupos e comunidades com desequilíbrio e carência de condições socioeconômicas. A competência da gestão de QVT deve pressupor sempre integração comunitária, organizacional e da pessoa no trabalho, resultando em evidências de bem-estar.

Concordando com as reflexões de Bruno (2000), poderosas revoluções tecnológicas em diferentes campos do conhecimento já foram anunciadas e deverão repercutir de maneira dramática ao longo dos próximos anos. Quão à frente está nossa visão a ponto de tomarmos decisões, hoje, antecipando tendências e padrões? Para esse pesquisador e empresário o passaporte para o futuro não está nos livros ou nos conhecimentos descritos, mas na possibilidade de produzir a própria visão, aprender, reaprender, e inserir-se dinamicamente nesse "mundo em construção". Enxergar, aprender, desaprender, reaprender.

3
Campos de Atuação da Gestão da Qualidade de Vida: Experiências Práticas

Fonte: Adaptação de *Aquário natural*. Bonito, 1998.

3.1 A REDE DE ESTUDOS EM GESTÃO DA QUALIDADE DE VIDA NO TRABALHO (REG-QVT)

A Rede de Estudos em Gestão da Qualidade de Vida no Trabalho (REG-QVT) surgiu em conseqüência da expansão dos debates, pesquisas e orientações conceituais, estratégicas e operacionais das questões de bem-estar no trabalho. Teve início logo após o primeiro encontro internacional, em 1998, sistematizando-se em reuniões periódicas, desde aquela data.

Hoje, a REG-QVT conecta em torno de 500 pessoas. Entre os 89 especialistas cadastrados, a maioria, 26, é de assistentes sociais, seguida de 21 psicólogos. Os demais cadastrados estão distribuídos por diversas ocupações profissionais. Esses perfis ratificam a proposta multidisciplinar que se busca nas discussões sobre o tema QVT.

Na seqüência, apresenta-se o detalhamento dos resultados dos debates nas reuniões temáticas. Esses dados foram divulgados para a Rede por meio do Boletim Caia na Rede <www.g-qvt.com.br. e do *site* <www.g-qvt.com.br>. Apresentamos aqui algumas das sínteses destas reuniões.

3.1.1 O conceito de qualidade de vida no trabalho e diversidade cultural

Nessa reunião, cujo tema foi "O Conceito de Qualidade de Vida no Trabalho e a Diversidade Cultural", os subgrupos discutiram, anotaram as conclusões em *flip-shart* e apresentaram suas conclusões para todos os presentes. O conjunto de conclusões sobre cada questão discutida foi sintetizado pelos relatores da Rede e publicado no Boletim. A seguir são apresentadas as respostas dos grupos às perguntas formuladas:

GRUPO VISÃO: *Como o especialista pode gerenciar programas de Qualidade de Vida relacionados à diversidade cultural?* O grupo concluiu que um trabalho embasado em uma pesquisa de clima organizacional, no sentido de aplicar um plano de ação sobre as diversidades presentes na organização, é a melhor resposta ao gerenciamento da diversidade com qualidade de vida.

GRUPO ATIVOS: *Como a diversidade e a Qualidade de Vida atingem as pessoas?* A diversidade traz à organização aspectos positivos e negativos. Segregação, indiferença e medo do desconhecido são os resultantes negativos da diversidade. A troca de conhecimentos e valores, a reflexão, a identificação e a intensificação das relações interpessoais na busca de novos valores pessoais são aspectos considerados como positivos. A existência de confronto originado nos choques das diversidades pode ser encarada como um aspecto positivo, quando há amadurecimento das relações de trabalho e aprendizado na assimilação das diferenças. No entanto, esse mesmo confronto pode gerar situações muitas vezes problemáticas e desgastantes no ambiente de trabalho.

GRUPO DESPERTAR: *Quais grupos são afetados pela diversidade cultural?* A diversidade cultural propicia o enriquecimento do clima organizacional pela interação e pela inclusão das pessoas. Essa interação e a própria diversidade cultural afetam e refletem os aprendizados sociais. Os grupos mais afetados positivamente pelas ações decorrentes da diversidade são os de maiores de 40 anos, portadores de deficiência, mulheres, jovens iniciantes, negros, doentes, além dos constituídos em virtude da formação acadêmica ou escolar, da opção religiosa e da orientação sexual.

3.1.2 Fusões empresariais

Na 14ª reunião da REG-QVT, realizada no mês de abril de 2000, cujo tema foi "Fusões Empresariais e Qualidade de Vida no Trabalho", procurou-se, por meio de discussões em grupo, identificar os elementos das fusões empresariais que afetam a qualidade de vida no trabalho dos vários indivíduos ligados às empresas. Para a Rede, "fusão com gestão é fusão sem confusão". Durante a reunião, os participantes foram divididos em grupos, cada um responsável pela identificação das conseqüências das fusões do ponto de vista de determinado segmento: cliente externo, profissional de RH, profissional da saúde e empregador.

Do ponto de vista do cliente externo, a fusão empresarial desperta um sentimento ambíguo. Por um lado, os clientes ficam otimistas com as expectativas de melhoria da qualidade, redução de preço e maior infra-estrutura de atendimento. Por outro lado, há uma visão negativa baseada nas expectativas de baixa qualidade decorrente da mudança no processo gerencial, desconfiança e aumento de preços. Para o grupo que discutiu o ponto de vista do cliente externo, "a transparência na fusão gera a satisfação do cliente".

O grupo responsável por identificar os elementos das fusões do ponto de vista do profissional da saúde levantou indicadores da possível piora na qualidade de vida em um ambiente em transformação, como é o caso das fusões: aumento da procura por ambulatórios, serviço social e departamento de RH; aumento do índice de acidentes no trabalho e doenças ocupacionais e do número de atestados e afastamentos. Os sintomas mais comuns relacionados à insegurança e à pressão decorrentes do processo de fusão são: úlceras e problemas gástricos, dores de cabeça e enxaqueca, problemas cardíacos, de coluna, respiratórios, entre outros.

Para o quarto grupo, responsável pela análise da fusão do ponto de vista do empregador, o sucesso corresponde ao conjunto de rentabilidade com qualidade de vida. O objetivo da fusão é o aumento da competitividade, mas deve-se levar em conta a possível perda de identidade dos empregados. A conclusão do grupo foi que há a necessidade de trabalhar-se a fusão com clientes internos e externos.

3.1.3 Inovação tecnológica

A 15ª reunião da REG-QVT, cujo tema foi "Inovação Tecnológica e Qualidade de Vida no Trabalho", foi marcada pela discussão sobre as transformações em nossas vidas, decorrentes do uso da tecnologia. Tecnologias como a Internet são, em muitos momentos, utilizadas a nosso favor e assim deveriam ser sempre. Não se deve esquecer das tecnologias negativas. Dos participantes da Rede, 61% costumam usar a Internet para informar-se sobre as novidades na área de QVT. Os *sites* mais visitados por eles são: ABQV, SAWTIA, EPM, CORPORE, FITRESSBRASIL.

No mundo globalizado em que se vive, a tecnologia é fundamental. Contudo, só tecnologia não basta; deve haver também Qualidade de Vida. Prova disso é que 100% dos participantes da 15ª REG-QVT convivem com inovações tecnológicas. No entanto, 6% dos presentes acham que a inovação tecnológica não está ligada à Qualidade de Vida no Trabalho, ao contrário dos demais 94%, que acham que a inovação tecnológica e a QVT caminham juntas.

As principais idéias relacionadas à inovação citadas pelos participantes foram: transformação, velocidade, conhecimento, comunicação e Internet.

3.1.4 Questões jurídicas

Na sociedade brasileira, o sistema jurídico assume um dos papéis mais essenciais de nosso cotidiano. Esse sistema é o responsável pela salvaguarda de nossos direitos e deveres, ordenando a vida em comunidade. Dessa maneira, os aspectos jurídicos possuem amplos prolongamentos em nossas vidas e, especificamente, na qualidade de vida no trabalho, principalmente no que se refere ao direito trabalhista.

Na 16ª reunião da REG-QVT, os participantes discutiram as influências dos aspectos jurídicos na qualidade de vida das pessoas. Identificaram como características positivas dessa relação a redução de acidentes de trabalho e de conflitos organizacionais, pelo caráter restritivo da lei, e a redução das demandas trabalhistas e do *turn over*, em virtude do caráter regulador da contratação dos trabalhadores e da CLT.

Os presentes a essa reunião citaram como aspectos negativos e prejuízos à qualidade de vida das pessoas no trabalho a morosidade na resolução de processos jurídicos, o desconhecimento, tanto de trabalhadores como dos próprios empresários, a respeito de seus deveres e direitos e a ausência de atuação do departamento de recursos humanos na resolução das desavenças jurídicas.

Os grupos formados durante a reunião concluíram ser necessária uma alteração na legislação que substitua a visão paternalista vigente por uma abordagem relacionada à qualidade de vida. Além disso, os grupos ressaltaram a necessidade de uma campanha publicitária informativa sobre os aspectos legais, direcionada à população em geral, assim como a formação de fóruns para a elaboração de projetos de lei (descentralização participativa do sistema jurídico). As questões discutidas nessa reunião e suas respectivas respostas constam na Figura 3.1.

O que os advogados deveriam saber sobre QVT?

- Conceitos de QVT – 27%
- Influência nas vidas profissional e social – 13%
- Contribuição da legislação – 34%
- Necessidade do trabalhador – 13%
- Doenças ocupacionais – 13%

As principais questões jurídicas ligadas à QVT

- CIPA, PCMSO, NR – 20%
- Legislação – 33%
- Causas trabalhistas – 13%
- Doenças ocupacionais – 13%
- Relação entre empresa e sociedade – 7%
- Conscientização dos profissionais – 7%
- Leis massacrantes – 7%

As empresas relacionam as questões jurídicas à QVT?

Sim – 50%   Não – 44%

Figura 3.1 *Questões jurídicas.*

3.1.5 Gestão e estrutura organizacional

Os participantes da 17ª reunião da REG-QVT, cujo tema foi "Estrutura Organizacional e Qualidade de Vida no Trabalho", identificaram diversas inovações na gestão empresarial que trazem melhorias para a qualidade de vida das pessoas. Entre elas podem-se citar: reengenharia, terceirização, inclusão social nas relações de trabalho, certificações e ruptura de paradigmas. No entanto, as transformações atuais na estrutura e na gestão organizacionais acarretam tanto oportunidades quanto desafios a serem superados. Os dados obtidos em pesquisa tipo *enquête*, realizada com 22 pessoas, sinalizaram que 70% acreditam que a estrutura organizacional não favorece a qualidade de vida dos empregados. A indagação sobre a existência de um tipo de gestão que determina a melhor qualidade de vida dos empregados obteve 40% de respostas negativas. Os participantes acreditam que a estrutura prejudica sua qualidade de vida e que uma gestão específica de qualidade de vida é importante.

Entre os desafios de uma organização moderna está o de conciliar uma produção enxuta e flexível com programas de qualidade de vida, de maneira a reduzir o medo do trabalhador de perder seu emprego, adequando o ambiente de trabalho à nova realidade, cada dia mais dinâmica, e vencendo as contradições de um ambiente incerto, porém rico em oportunidades com a gestão de competências e os programas de qualidade de vida.

A busca de respostas a esses desafios passa, com certeza, pelo estímulo à maior integração entre as pessoas que, somado aos programas de qualidade de vida, proporcionam uma estrutura de trabalho cooperativo, versátil e com ampla possibilidade de agregar talentos. Além disso, com o objetivo de minimizar a incerteza dentro das organizações, deve-se recorrer ao gerenciamento de informações que permita seu maior fluxo, auxiliando também na capacitação e na atualização dos empregados, a fim de superar novos desafios, o que possibilita uma organização menos rígida e menos formal. Deve-se ressaltar, também, a importância para as pessoas do trabalho em "empresas cidadãs", ou seja, empresas que possuam programas de responsabilidade social. Para esses empregados, a atuação de suas empresas na área social traz satisfação e orgulho, o que, por sua vez, melhora tanto o ambiente de trabalho quanto a produtividade.

No século XXI, antigas e novas formas organizacionais emergem e continuarão emergindo em resposta aos desafios cotidianos das organizações e estruturas, como empresas autônomas, cooperativas, microempresas, processo de terceirização, fusões, organizações não governamentais, entre outras. Para essas organizações, o desafio está em criar indicadores de redução de custos por meio de programas de Qualidade de Vida no Trabalho, além de assumirem efetivamente o papel de conscientizadoras e de promoverem a conciliação entre seus próprios interesses e as demandas dos trabalhadores. Essas foram as principais análises apresentadas e registradas durante a 17ª Reunião.

3.1.6 Educação e pedagogia

Na 18ª reunião da REG-QVT, os participantes foram separados em três grupos que responderam a questões referentes ao papel da educação em programas de QVT.

GRUPO 1: *Qual a contribuição da pedagogia na formação dos especialistas em QVT?* A pedagogia deve basear-se em um processo interativo e integrativo que gere mudanças no conhecimento e no comportamento das pessoas. O processo de transmitir conhecimento deve ser entendido tanto como "aprender e ensinar" quanto como "aprender a ensinar". Dessa forma, o processo interativo de aprendizagem e ensino amplia, aprofunda e torna sistêmica a visão sobre qualidade de vida.

Por esse ponto de vista, a Pedagogia capacita e especializa as pessoas nas aplicações de programas de QVT. Um bom exemplo disso é a própria Rede que serve como instrumento pedagógico na formação de especialistas em QVT.

GRUPO 2: *Qual o papel da universidade na disseminação de qualidade de vida em outros segmentos que não a empresa?* O papel primordial da universidade refere-se a sua função de vanguarda na sociedade. Seu papel é, principalmente, mudar a mentalidade da sociedade, inclusive no que se refere à qualidade de vida da população. Além disso, a universidade pode colocar à disposição, assim como focar, sua estrutura e seus investimentos para a formação de programas de qualidade de vida no ensino básico (andragogia) e na sociedade toda. Na Universidade de São Paulo, a Cecae poderia ser o órgão catalisador desses programas.

GRUPO 3: *Como trabalhar a diversidade em educação e pedagogia nas ações de QVT?* Trabalhar a diversidade é, em primeiro lugar, respeitar as diferenças e promover o crescimento integrado. Esse crescimento só pode ser alcançado pela superação das resistências pessoais a favor de um ponto convergente, promovendo a igualdade de oportunidades sem nivelar as experiências e a vivência individual. Muda-se, assim, a visão linear do conhecimento como um padrão único. Dessa forma, o processo educacional deve ser relacionado ao desenvolvimento multidirecional individualizado (conhecimento interligado em rede), necessitando ser modificadas suas formas de avaliação e respeitadas as diferenças das pessoas.

3.1.7 Sociedade do tempo livre

O ócio faz parte do trabalho? Essa foi a principal questão abordada na 20ª reunião, realizada em novembro de 2000. A maioria dos participantes (49%) acredita que o ócio é importante para o desenvolvimento da criatividade e a resolução de problemas. Esse grupo considera que o equilíbrio entre o ócio e o trabalho depende da boa administração pessoal do tempo. Em contrapartida, boa parte dos pesquisados (29%) afirma que o ócio ainda não faz parte de nossa realidade, mas ressalta que esse conceito está mudando, podendo ser incorporado pelas organizações no futuro. Os demais participantes acreditam que o ócio está relacionado com o tipo de trabalho e que é necessário, principalmente, se ele for intelectual. O tempo livre foi outro ponto discutido nessa reunião (ver Figura 3.2). Na opinião da grande maioria, é o tempo que pode ser desfrutado conforme a vontade de cada um. No entanto, ele nem sempre é utilizado de forma prazerosa; até as viagens de lazer podem ser estressantes. Os principais termos utilizados para descrever o tempo livre foram: fazer o que quiser (64%), prazer (20%), nada (7%), lazer (3%), criatividade (3%) e ócio (3%).

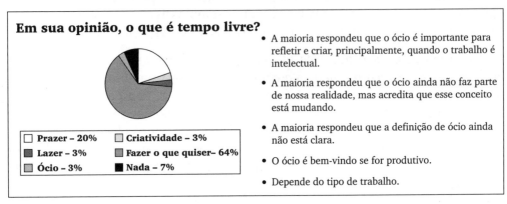

Figura 3.2 *Tempo livre.*

3.1.8 Experiências práticas em QVT

A 23ª Reunião da Rede aconteceu no mês de maio e teve como tema de discussão: "Experiências Práticas em QVT". Nessa reunião, os participantes apresentaram as ações realizadas em seu trabalho visando à melhoria e garantia da qualidade de vida na empresa. A partir dessa enumeração, foram discutidas as formas de melhorar as ações em busca de maior efetividade dos programas.

Experiências práticas relatadas

- Busca de parcerias.
- Unificação das ações para todos os funcionários da empresa.
- Criação de melhores formas de comunicação.
- Maior comprometimento da gerência.
- Dificuldade de comunicação das ações propostas.
- Apresentação de projetos de viabilidade econômica.
- Pensar a continuidade do programa e as necessidades de manutenção.
- Ler mais (refletir e transformar em atuação).
- Aprender a dividir as tarefas. Importante para o trabalho em grupo.

- Aprender a lidar com qualidade de vida pessoal (período sabático).
- Contratar pessoas para trabalhar com qualidade de vida.
- Aumentar a adesão dos funcionários.
- Reverter ações isoladas nas empresas em ações conjuntas.
- Contatar pessoas capacitadas para desenvolver e orientar os colaboradores.

3.1.9 Sistemas cooperativos

Nessa reunião, os grupos foram convidados a responder às questões relacionando prós e contras dos Sistemas Cooperativos e QVT e analisando as características principais do funcionamento das cooperativas. Os participantes foram divididos em três grupos para análise de alguns pontos específicos. A seguir, temos os grupos e suas conclusões:

Grupo: Cooprevida

1. O que é Cooperativa?

   É a união de pessoas e de esforços para alcançar um determinado fim, onde a base de relação é a cooperação entre as pessoas.

   Entidade Apolítica.

   Não Religiosa.

   Sem Fins Lucrativos.

   Regulamentação Própria.

2. Você participaria de uma cooperativa? Justifique.

   Sim. Pelas seguintes razões:
   - Maior capacidade/possibilidade de captação de trabalhos.
   - Autonomia/liberdade (trabalhos).
   - Participação democrática.
   - Ganho proporcional à participação de cada um.

Grupo: De Bem com a Vida

3. Enumere os trabalhos que podem ser desenvolvidos dentro de uma cooperativa de QVT:
   - Parcerias com empresas, sindicatos e associações para conscientização do PQV.
   - Diagnóstico (pesquisa).

- Trabalhos pontuais: palestras, cursos, seminários, vivências, dinâmicas.
- Consultoria para a implantação dos programas de QVT.
- Criação de Rede de Estudo.
- Divulgação (*site*, jornal, *folder*, eventos, *outdoor*).

Grupo: QVT da Rede – União

4. Levantamento de Pontos Fortes e Fracos.

Pontos Fortes:
- União de pessoas com interesse comum.
- Custo social mais barato.
- Desemprego.
- Impostos.
- Flexibilidade de horários.
- Saber gerenciar sua vida pessoal.
- Diversificação de profissionais com objetivos comuns.
- Prestação de serviços.
- Estatuto bem elaborado.

Pontos Fracos:
- Conflitos se a comunicação não for clara.
- Diversidades (idéias, opiniões).
- Grupos políticos.
- Falta de estabilidade.
- Má administração do estatuto.
- Falta de ética.

3.1.10 Empreendedorismo

A reunião se dedicou a destacar os aspectos positivos e negativos do Empreendedorismo e chegamos ao seguinte resultado:

Aspectos Positivos

- Possibilitar e conscientizar sobre a responsabilidade do indivíduo sobre o todo.
- Autonomia – Coragem, iniciativa, liberdade, cultura, o empreendedor tem que saber seus direitos de cidadão.

- O empreendedor é satisfeito por natureza, o papel da administração é essencial, mas tem que ter a satisfação do grupo.
- Ajuda mútua entre os grupos.
- O empreendedor tem que vencer desafios e isso, na nossa empresa, é o que estamos fazendo, estamos vencendo os nossos desafios como empresa e como seres humanos.
- É a capacidade de empreender idéias e ações por iniciativa própria.
- Do ponto de vista da Qualidade de Vida, as vantagens seriam: a liberdade de ação, realização pessoal, canal de expressão e satisfação pessoal.
- Ser inovador/criador no trabalho e na própria vida e saúde.
- Exercer a cidadania como autogestor.
- Criatividade/autonomia.
- Desafios × limites.
- Ativador; Otimismo; Realizador; Engajamento; Fundamental para equipes/auto-estima do grupo.
- Criatividade com objetividade para o exercício da autonomia.
- Ter coragem de assumir a responsabilidade. Criar oportunidades, ser independente. O verdadeiro empreendedor começa sua "Revolução" de dentro para fora.
- Autonomia/Cidadania/Desafios a serem enfrentados.
- Oportunizar a criação de Autonomia e formação de massa crítica em qualidade de vida e saúde.
- O empreendedor persegue, cria, com consciência, os diferentes desafios para a melhoria da qualidade de vida.
- Além das vantagens ligadas à própria saúde, o empreendedorismo, tanto da empresa quanto de funcionários como "indivíduos isolados", é vantajoso para a gestão de qualidade de vida por ser uma característica ligada à iniciativa e à criatividade e coragem de assumir riscos, o que é importante para essa área de QVT que ainda precisa, muitas vezes, de ousadia para entrar e se firmar no campo organizacional.

Aspectos Negativos

- Uma empresa de excelência sabe que o funcionário é o potencial básico: sua saúde física e psíquica é o investimento certo para o crescimento de ambos.
- Desvantagem – se o empreendedor não vir isso!
- Cuidado com a questão de ser empreendedor com a exploração e resolver problemas que não são seus.

- Falta de disciplina.
- Falta de segurança.
- O empreendedor chama muitas atividades para si, ou seja, acaba centralizando tudo e, em muitos casos, sobrecarregando-se. Isso se dá em qualquer pessoa que possua essa característica, seja trabalhando em seu próprio negócio ou como empregado.
- O empreendedor assume mais "riscos" e ônus para desenvolver suas tarefas.
- Empreendedorismo! Cuidado Presente e Futuro.
- Incerteza de resultado é fator gerador de pressão.
- Empreendedorismo: nova forma de abuso do capital Centralização gera estresse.
- O empreendedor, por suas características de arrojo e inovação, e busca rápida de oportunidade, pode gerar desconforto e descompasso na equipe, comprometendo a saúde e a Qualidade de Vida das pessoas.

3.1.11 LER/Dort

A 26ª Reunião da Rede aconteceu no mês de setembro de 1....... e teve como tema de discussão as Lesões por Esforço Repetitivo (LER) ou Distúrbios Osteomusculares Relacionados ao Trabalho (Dort) e outros aspectos relacionados a essa "moléstia". Esse "é o nome dado pelos especialistas para processos dolorosos que afetam os tendões, músculos, nervos, ligamentos e outras estruturas responsáveis pelos movimentos dos membros superiores, costas e região do pescoço, ombros e membros inferiores". Os participantes foram divididos em três grupos. O primeiro grupo discutiu os limites da produtividade da LER/Dort, o segundo grupo apontou perspectivas de recolocação para os lesionados e o terceiro observou como estão amparados o empregador e o empregado nas LER/Dort.

Grupo 1

- As empresas devem ser mais flexíveis para mudar o ambiente.
- As empresas devem adotar programas de prevenção.
- A velocidade dos movimentos não permite que as pessoas afetadas se recuperem.

Grupo 2

- Trabalhar a não-exclusão.
- Transformar as crenças limitadoras em crenças possibilitadoras.

- Responsabilizar-se pelo "ser" (co-participante do processo).
- Preparo/Capacitação da equipe multidisciplinar que vai atuar no retorno da pessoa ao trabalho.
- Qualidade de vida = Qualidade do ser.

Grupo 3

- Empregador enxerga (os programas de prevenção) como uma despesa e não como um investimento.
- Empregado enfrenta o problema de definição legal da "doença".
- Falta sensibilização do empregador.
- Limitação jurídica que não define a LER/Dort.

Prevenir é Conhecer

As LER/Dort – lesões por esforços repetitivos ou distúrbios osteomusculares relacionados ao trabalho – são as doenças de maior prevalência entre as relacionadas ao trabalho em nosso país. De acordo com o INSS, são a segunda causa de afastamento do trabalho no Brasil. Individualmente causam muito sofrimento, incapacidade e longos períodos de afastamento. Em termos estatístico-epidemiológicos a situação é epidêmica, com curva ascendente. Somente no Estado de São Paulo, a cada cem trabalhadores, um apresenta algum sintoma de LER/Dort, segundo dados da Organização Mundial de Saúde (OMS). As lesões atingem o trabalhador no auge de sua produtividade e experiência profissional, já que a maior incidência ocorre na faixa de 30 a 40 anos. Existem diversos fatores de risco:

1. na organização do trabalho: tarefas repetitivas e monótonas, obrigação de manter ritmo acelerado no trabalho, excesso de horas trabalhadas e ausência de pausas;
2. no ambiente de trabalho: mobiliário e equipamentos que obrigam a adoção de posturas incorretas durante a jornada;
3. em condições ambientais impróprias: má iluminação, temperatura inadequada, ruídos e vibrações;
4. fatores psicossociais: estresse no ambiente de trabalho. Esse problema é um fenômeno mundial – no Japão, atingiu o auge na década de 70; na Austrália, nos anos 80. Em 1998, nos Estados Unidos ocorreram 650 mil novos casos de LER/Dort, responsáveis por dois terços das ausências ao trabalho, a um custo estimado de U$ 15 bilhões a U$ 20 bilhões, segundo a OMS (Maria José da Silva O'Neill, *Folha de S. Paulo*, 29 fev. 2000).

3.1.12 Comunicação e Mídia

A 27ª Reunião REG-QVT realizou-se no mês de novembro e teve como tema: "Comunicação e Mídia". Procurou-se identificar a contribuição da comunicação e da mídia nas questões de QVT e os fatores críticos da comunicação nessas questões.

As principais contribuições da comunicação e da mídia nas questões de QVT identificadas pelos grupos foram: são formadores de opinião e promovem o assunto. No entanto, ao mesmo tempo, a comunicação e a mídia podem ser responsáveis pela banalização e distorção dessas questões. Além disso, nem sempre oferecem oportunidade de questionamento. Os fatores críticos da comunicação identificados foram: tendência para estabelecer paradigmas, falta de regras, e o fato de que o que é qualidade para um indivíduo pode não ser para outros.

Os outros aspectos mencionados foram:

- como trabalhar a Linguagem e Símbolo;
- o relacionamento entre a massa acomodada e a minoria dominadora;
- como sufocar a massa, mandando a mensagem que interessa.

3.1.13 Projetos avançados de QVT

Nessa reunião, nossos colegas foram convidados a pensar sobre projetos avançados em Qualidade de Vida no Trabalho.

O primeiro grupo respondeu ao "O que é um Projeto Avançado de Qualidade de Vida no Trabalho?", como sendo o projeto que está internalizado; que faz parte da cultura organizacional e que está refletido nas políticas organizacionais. Além disso, um projeto, para merecer o *status* de Avançado, deve estar presente no Planejamento Estratégico da Empresa (de forma direta ou indireta) ou pelo menos deve ter o "apoio da Cúpula".

Exemplos Empresariais de projetos avançados:

- Tribunal Federal: 10 anos de existência do projeto. Iniciou com cuidados com a saúde da mulher, passando para Planejamento Familiar e preparação para parto e deve incluir o caso da Violência no escopo do projeto.
- Telemarketing.
- Senac.
- Instituto de Ortopedia do HC.

No caso do Grupo 2, "Conscientizar e dar condições para a concretização do que eles estão buscando, precisando".

O caso apresentado trata do Hospital Incor/Nutrição. Essa área foi escolhida em virtude do elevado estresse de seu corpo funcional.

O projeto envolveu as etapas seguintes:

- Entender por que os funcionários se afastam do trabalho.
- Trabalhar na linha: Por que você está aqui? O que posso fazer para melhorar aqui?

Resumo dos comentários dos participantes:

- "Pedido: continuar, poder participar desse evento e outros."
- "A reunião é bastante produtiva, tendo em vista que as pessoas são participativas e também receptivas. Portanto, as experiências citadas complementam e enriquecem o trabalho de todos."
- Mudanças de horários e tempo de reunião: ampliação do tempo. Resumo da Avaliação da 28ª Reunião da Rede (25 respondentes).

3.1.14 *Cases* QVT

A reunião da Rede de Estudos em Gestão de Qualidade de Vida no Trabalho ocorrida em setembro de 2001 se dedicou a análise de *cases*. Na dinâmica da reunião os participantes foram reunidos em grupos para discutir os temas propostos.

Cases QVT – Contexto Hospitalar

Depoimentos de enfermeiros brasileiros e alemães

Case 1

CUNHA, Káthia de Carvalho. *Fatores geradores de satisfação e insatisfação na prática da enfermagem*: identificação e análise feita por enfermeiras de um Hospital de Ensino. Dissertação de Mestrado. EEUSP, São Paulo, 1987.

Pesquisa participante desenvolvida em um Hospital Público Infantil de Ensino da cidade de São Paulo, com enfermeiros, visando à identificação de situações geradoras de satisfação e insatisfação no ambiente de trabalho, a conscientização pelo processo de identificação e análise das situações e/ou desenvolvimento de mecanismos para a intervenção na prática vivenciada. Evidenciou-se insatisfação profissional gerada pela natureza do processo de trabalho e pela qualidade das relações de trabalho. Quanto à natureza do processo de trabalho, os aspectos mais relacionados à insatisfação foram o contato contínuo com graves problemas de saúde da população gerados por determinantes econômico-sociais complexos e distantes do poder de intervenção, a frustração, o sentimento de impotência, o desgaste físico e psicológico da equipe pela percepção da não-resolutividade dos problemas, uma vez que a clientela retomava inúmeras vezes em decorrência das condições de vida inadequadas que as adoecia novamente. A violência por parte da clientela, possível de ser desencadeada durante o atendimento tendo em vista seu desgaste no processo de procura por atendimento, o contato contínuo com o sofrimento das crianças e familiares, com a morte e com a situação de perda também foram destacados como fatores geradores de insatisfação profissional. As relações de trabalho rígidas institucionalizadas que não contemplavam o atendimento das necessidades verbalizadas também provocavam o desgaste e a percepção da desumanização do trabalho. A satisfação foi correlacionada ao sentido do trabalho, ao reconhecimento e à auto-realização.

Case 2 – Contexto Hospitalar

CUNHA, Káthia de Carvalho. *O contexto e o processo motivacional vivenciados por enfermeiras*. Tese de doutorado. EEUSP, São Paulo, 1994.

Estudo desenvolvido no Brasil e na Alemanha com o objetivo de resgatar as percepções de enfermeiras sobre a motivação no trabalho e compreender a referência ideológica implícita a essa vivência. Foram entrevistadas enfermeiras brasileiras de um Hospital Geral Público de São Paulo, com 793 leitos ativados, 29.009 internações e 16.078 cirurgias e enfermeiras alemãs de um Hospital Regional de Ensino com 684 leitos ativados, 17.040 internações e 10.200 cirurgias no ano. Evidenciaram-se conflitos advindos de contradições entre o valor da profissão, da ética da solidariedade e da ajuda ao ser humano que as levaram à opção pela profissão e a realidade contraditória em que esses valores eram relegados, obrigando-as a desenvolver mecanismos de defesa. A realidade profissional foi descrita associada a sentimentos de desmotivação e insatisfação pelas contradições entre as necessidades e os objetivos pessoais e a realidade profissional, ou entre o sentido da profissão e a sua imagem social por elas percebida. Os plantões à noite, nos finais de semana e feriados sem remuneração adequada, o número insuficiente de pessoal e a sobrecarga física e psíquica advinda do tipo de clientela e atividade, do tempo ínfimo para a prestação da assistência que deve ter sempre excelência de qualidade, da constante observação pela instabilidade do ambiente decorrente da possível alteração do estado dos pacientes, do convívio com a dor, a morte e a perda, dos conflitos interpessoais, da fragmentação da assistência, da ausência do reconhecimento e valorização profissional, da burocracia, das injustiças na avaliação de desempenho, do excesso de cobrança por parte das chefias e da falta de infra-estrutura física e material levam-nas à desmotivação.

Síntese de depoimento dado por um profissional da equipe de saúde que atende em um Pronto-Socorro de um Hospital Geral Público há mais de cinco anos, mas todo profissional de saúde opta por essa área pela imagem que faz de sua importância para a sociedade. A formação é longa e penosa, muito mais árdua que para a maioria dos demais profissionais. Nessa jornada, o profissional começa a conhecer o perfil epidemiológico da população que evidencia a gravidade da situação a que ela está submetida devido às condições de vida. Há um nítido desequilíbrio no processo saúde-doença. No Pronto-Socorro as portas ficam abertas e atende-se a todo tipo de demanda. Os recursos físicos materiais, os equipamentos e o pessoal nem sempre estão adequadamente dimensionados e as dificuldades começam aí, mas agravam-se quando se pensa que os clientes podem ser quaisquer cidadãos, e, muito provavelmente, até excluídos e dependentes químicos que já perderam a referência dos valores sociais pela crueldade em que vivem. Nesse contexto, a violência emerge com freqüência. Esse não é o único tipo de violência possível, a pior violência é aquela em que o profissional vê-se tendo que optar a quem prestar atendimento, mesmo que a não-assistência possa significar a perda de uma vida. Isso é muito pesado. O desgaste físico e psicológico é contínuo: tudo é importante, tudo é para já, tudo tem que dar certo, todos têm que ser atendidos e viverem. Muitas vezes estamos falidos, esgotados e mesmo assim continuamos.

3.1.15 Novas alternativas em QVT[1]

A 30ª Reunião ocorreu em março na Associação Paulista de Recursos Humanos (Aparh) e contou com a presença de 38 profissionais. O tema abordado foi: "Novas Alternativas em QVT". Os principais pontos discutidos foram:

- Existem novas alternativas em QVT?
- Quais seriam estas novas alternativas?
- Qual delas é a mais importante para as pessoas?
- As empresas têm investido em novas alternativas de QVT? Por quê?

97% dos participantes acreditam que existem novas alternativas em QVT e 3% acreditam que não existem novas alternativas, mas sim a reciclagem de ferramentas já utilizadas.

---

1   Os dados sobre as reuniões 30ª a 37ª foram extraídos do Boletim Caia na Rede <www.G-qvt.com.br>, escritos pela jornalista Yeda S. dos Santos.

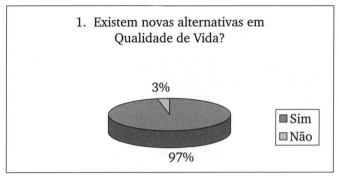

Fonte: Reunião do NEP – GQVT, FEA/USP, 2002.

As principais alternativas citadas foram: Ginástica Laboral/Yoga/Meditação/Terapias Alternativas.

Programas Educacionais – campanhas, palestras; equilíbrio físico e mental; relacionamento humano/comunicação; prática esportiva; programas de integração e lazer; ouvir os funcionários; correções ergonômicas; autoconhecimento/auto-estima.

Entre essas novas alternativas citadas, as que os participantes consideraram mais importantes para as pessoas são: aquelas atividades que minimizam o estresse; que buscam a conscientização – mudança de atitude; que promovem o bem-estar psicológico; que estimulam a liberdade, responsabilidade e saúde integral. Além dessas, foram citadas como importantes: a ginástica laboral e atividades de correção ergonômica, as alternativas que buscam o equilíbrio vida pessoal x profissional x saúde e as que promovem a integração social.

Conforme o gráfico a seguir, a maioria dos participantes acha que as empresas estão investindo em novas alternativas em QVT (73%), enquanto 23% acham que não.

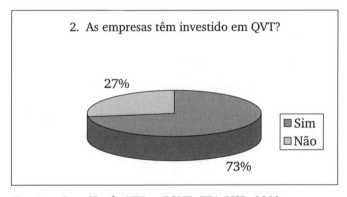

Fonte: Reunião do NEP – GQVT, FEA/USP, 2002.

As pessoas que disseram que as empresas estão investindo em novas alternativas apresentaram os seguintes argumentos: custa mais barato buscar alternativas preventivas para melhorar a vida do funcionário; as empresas estão conscientes da importância do bem-estar bio-psico-sócio-espiritual para a produtividade e retenção de talentos, estão buscando maior satisfação dos colaboradores.

Já aquelas que acham que as empresas não estão investindo em novas alternativas argumentam que: Todos os programas são muito parecidos – seguem um modelo; ainda existe o paradigma de que somente o físico é importante; existem as barreiras financeiras, as empresas ainda estão mais preocupadas com o lucro.

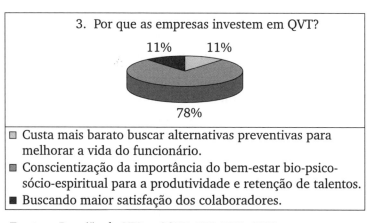

Fonte: Reunião do NEP – GQVT, FEA/USP, 2002.

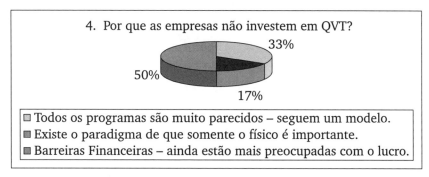

Fonte: Reunião do NEP – GQVT, FEA/USP, 2002.

3.1.16 Gestão dos Riscos à Saúde

O tema Gestão de Riscos à Saúde foi abordado e analisado na 32ª Reunião da Reg – QVT. Na percepção dos participantes, os riscos a saúde no trabalho estão relacionados em sua maioria a fatores referentes ao ambiente de trabalho (67%), já os demais acreditam que as atitudes do indivíduo são os fatores principais (33%).

Para 67% dos presentes à 32ª Reunião Reg-QVT e 3ª Reunião Gestão de QVT da Aparh, que discutiu "Gestão de Riscos à Saúde", tais riscos aos quais estão expostos os trabalhadores referem-se a fatores do ambiente. Para 33%, as atitudes do próprio indivíduo respondem pelos riscos. Porém, foram unânimes quanto a entender que a estrutura organizacional apresenta riscos à saúde, especialmente cardiovasculares.

Entre os 19 itens indicados, a doença estaria associada à sobrecarga de trabalho, ao estresse, à hipertensão, ao isolamento social, à pressão excessiva, à depressão, à falta de autoridade, ao autoritarismo, ao sedentarismo, à preocupação e à ansiedade. Gestão Empresarial Participativa e autogestão, práticas baseadas no respeito às expectativas do ser humano, reduziriam tais riscos.

Na faixa etária acima dos 20 anos, com nível superior na área de ciências humanas, a maioria dos profissionais concluiu que pode estar expostas a riscos associados à gestão empresarial inadequada.

Fonte: Reunião do NEP – GQVT, FEA/USP, 2002.

A unanimidade dos participantes da reunião acredita que a estrutura organizacional apresenta riscos à saúde, especialmente os relacionados a doenças cardiovasculares.

Riscos à saúde	
• Sobrecarga de trabalho • Estresse • Hipertensão • Isolamento social • Falta de ouvir • Pressão excessiva • Depressão • Tabagismo	• Alimentação errada • Sedentarismo • Lideranças incapazes • Enfarte • Labirintite • Falta de autoridade • Autoritarismo • Ansiedade • Preocupação • Abandono • Falta de compreensão

Todos acreditam que existe um estilo de Gestão que reduz o risco à saúde, e que esse estilo estaria baseado no respeito às expectativas do ser humano, nas práticas mais humanas, na Gestão Participativa, nos limites e nas expectativas definidos e na autogestão.

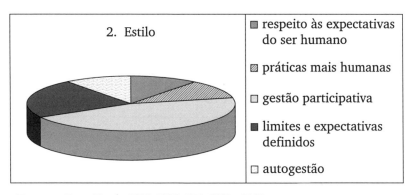

Fonte: Reunião da REG-QVT, FEA/USP, 2002.

As sugestões apontadas pelo grupo foram para que houvesse mais divulgação sobre o assunto, que a contribuição individual e organizacional é o que melhor define o risco e sobre a importância do exemplo dos comandantes das empresas como moldares do comportamento.

Perfil do Participantes

Os participantes em geral são maiores de 20 anos, possuem nível universitário e estão ligados à área de humanas, apenas alguns possuem experiência na área de QVT, quase todos consideram que estão expostos a riscos pessoais de saúde no trabalho e acham que a gestão da empresa em que trabalham é favorável ao surgimento de riscos.

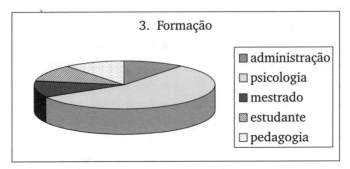

Fonte: Reunião da Reg-QVT, FEA/USP, 2003.

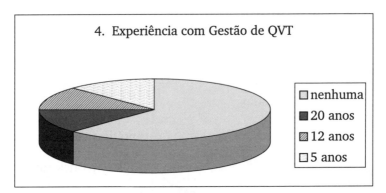

Fonte: Reunião da Reg-QVT, FEA/USP, 2003.

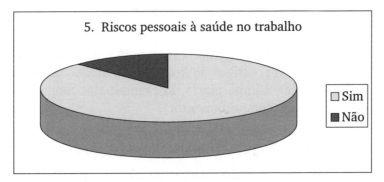

Fonte: Reunião da Reg-QVT, FEA/USP, 2003.

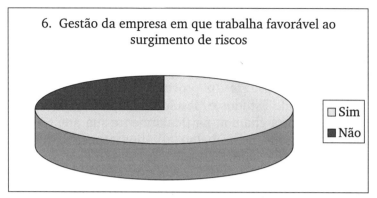

Fonte: Reunião da Reg-QVT, FEA/USP, 2003.

3.1.17 Procedimentos em QVT

Os freqüentadores da Rede – Reg-QVT cada dia mais se aproximam das metas que norteiam essa atividade. A missão de informar empresas, instituições, profissionais especializados e interessados em desenvolver procedimentos, que resultem em qualidade de vida no trabalho ou em conhecer meios que levem a tal resultado, tem-se consolidado. A boa aceitação do público é demonstrada através de gráficos. A avaliação da 33ª Reunião, no mês de junho, na sede da Associação Paulista de Administração de Recursos Humanos (Aparh), indica nível "excelente" para todos os indicadores: estrutura montada para o encontro, horário, coordenação, participação individual ou em grupo, entre outros. Abertas à comunidade, tais atividades são gratuitas e o *site* <www.g-qvt.com.br> informa sua agenda. Unânimes quanto à contribuição trazida pela dinâmica aplicada, os participantes são orientados em questões focadas em RH, gestão ambiental e QVT, prática que possibilita desenvolver conhecimentos, transformando-os em novas ações, valorizadas, por meio da troca de experiências, ampliando o nível de reflexão. Trata-se de constatações que os incentivam a continuar: 6% compareceram 25 vezes aos encontros e 82% estavam ali pela primeira vez, prometendo não mais abandoná-los. Dezessete indivíduos querem ampliar seus relacionamentos. Doze, aplicar novos conhecimentos nas empresas onde trabalham. Igual número vai rever conceitos e onze deles vão aprimorar suas pesquisas. A maioria tem de um a cinco anos de experiência ou interesse pelo tema.

3.1.18 Legislação e QVT[2]

A 34ª Reunião da Aparh, em 14 de agosto, manteve, como de costume, o tom desses encontros em que os participantes estão sempre envolvidos com a perspectiva de melhorar alguma coisa. Trata-se de experiência rara em que,

---

2 Texto extraído do Boletim Caia na Rede, escrito pela jornalista Yeda S. dos Santos.

muitas vezes, desconhecidos encontram-se movidos pelo mesmo interesse de ampliar horizontes. Quando ouvem os demais depoimentos, entendem que não são tão desconhecidos entre si. Mas, ao contrário, têm muito em comum. Foi o caso do preparador físico de futebol, Wagner, atualmente trabalhando na Sociedade Esportiva Palmeiras. Ele diz procurar iniciativas como essas e deverá, agora, integrar a Rede de Estudos e Gestão de Qualidade de Vida no Trabalho (REG-QVT), cuja proposta chamou particularmente sua atenção. O objetivo de integrar qualidade de vida no trabalho a vários aspectos, cumprindo com a multidisciplinaridade que a caracteriza.

A fonoaudióloga Márcia, prestadora de serviços na área de comunicação relacionada a voz, fala, linguagem e audição, também pela primeira vez presente à reunião, compareceu movida pelo desejo de conhecer o tema em profundidade. Habituada a utilizar regressão de memória e psicologia transpessoal na área de recursos humanos, a psicóloga Carmelina é freqüentadora assídua.

Convidados a opinar sobre o encontro, Rosângela, que trabalha na área comercial da Revista *Corpo&Mente*, voltada para a publicação de métodos de vida alternativos, deu nota "dez" à coordenação da Profa. Ana Cristina com quem, revela, "sempre aprende algo novo". Acrescentou, porém, que o horário, entre 11h30 e 13h30, deve ser revisto.

A fonoaudióloga Márcia deu nota cinco, por não ter havido discussão sobre o tema "Legislação e QVT", conforme previsto, devido ao baixo número de participantes, embora o material tenha sido disponibilizado. Novo encontro foi marcado para 14 de outubro, na FEA-USP. Ela referiu-se ao relacionamento "em rede" como muito produtivo para o crescimento do grupo focado na troca de experiências. Sugere, por fim, que seja dada explicação prévia sobre o que será abordado, incluindo perguntas propostas pela Rede, e que se mantenha a coordenação. O preparador Wagner absteve-se de dar nota. Prefere aguardar novo encontro em que Legislação e QVT sejam amplamente abordadas.

Saber que a área de qualidade de vida no trabalho abrange "muitas possibilidades" acrescentou algo no desempenho da psicóloga Carmelina. Porém, recomenda a indicação de bibliografia sobre legislação para melhor preparar-se para nova reunião. Maria de Lourdes pôde constatar o quanto o tema é multidisciplinar e ficou feliz em saber que "muita gente está preocupada com ele".

3.1.19 Conhecimentos Contábeis e Gestão da Qualidade de Vida no Trabalho

Os conhecimentos contábeis foram tema da 37ª Reunião da Rede G-QVT, em outubro, em que foram detectados como importante elemento de ajuste para a elaboração de planejamentos em Qualidade de Vida no Trabalho. As empresas já contam com planilhas contábeis destinadas a medir resultados de ações voltadas para o bem-estar dos funcionários. As organizações estão mensurando o retorno de investimentos aplicados em horas de treinamento, lazer, recreação, financiamento da casa própria para dimensionar, com precisão, suas ações em qualidade de vida.

Programas de promoção à saúde, alteração de peso, clima organizacional podem ser medidos e avaliados, dependendo, é claro, "da forma como são selecionados e monitorados". A professora garante que com esses dois aspectos bem atendidos é possível fazer mensuração confiável, para integrar o balanço social das empresas.

Segundo o chefe do Departamento de Contabilidade e Atuária da Faculdade de Economia, Administração e Contabilidade (FEA), da USP, professor Reinaldo Guerreiro, conhecimentos contábeis mostram-se fundamentais a qualquer indivíduo que queira informar-se sobre o perfil da organização onde trabalha: se a empresa é ou não lucrativa, sólida, como se comporta quanto à responsabilidade social etc. Para ele, o conhecimento contábil é fundamental sob o ponto de vista da qualidade de vida das pessoas, no que se refere à necessidade de serem informadas sobre o local onde trabalham, e a contabilidade demonstra isso.

A chance de o funcionário entender a qualidade de vida da empresa e sua própria está em acompanhar a análise anual dos resultados. Guerreiro confessa conhecer "muito pouco" os planejamentos em QVT. Informado de que, genericamente, qualidade de vida no trabalho implica escolhas de bem-estar, observa: "Não conheço bem o assunto, mas escolhas de bem-estar podem significar universo muito amplo e, para estabelecer um vínculo, teríamos de especificar mais essa qualidade." Tal especificação, segundo a professora Ana Cristina, já vem sendo feita.

A contabilidade mede coisas dentro da empresa, oferecendo informação numérica sobre elas. E, eventualmente, pode ajudar na elaboração de projetos desse tipo, com o fornecimento de dados disponíveis em seu balanço. Para o professor, isso vale para qualquer projeto e o interessado em elaborá-lo saberá, por meio do balanço, quais são suas reais possibilidades e como adequá-las ao planejamento pretendido.

3.1.20 Economia Solidária em debate

Cerca de 20 pessoas de várias profissões, interessadas em saber como atuar no âmbito da Economia Solidária envolvida em Qualidade de Vida no Trabalho, reuniram-se para debater o tema durante a 38ª Reunião da Rede de Gestão em Qualidade de Vida no Trabalho (REG-GQVT) sobre "Economia Solidária, Terceiro Setor e QVT", na FEA-USP, em março de 2004.

Mantendo a metodologia aplicada nesses encontros, os participantes receberam protocolos individuais, com questões abertas, para, depois de respondidas, debaterem em grupo. Tal metodologia agrega conhecimento e estimula novas discussões, a partir da troca de idéias. Divididos em quatro grupos, os presentes apontaram pontos críticos em QVT, dentro da Economia Solidária, respondendo à primeira das quatro perguntas. Alegaram ser comum cada pessoa querer incorporar seu próprio ideal à atuação voluntária, situação que se resolve com a profissionalização da força de trabalho, abrangendo todo o processo. Convidados a citar dois impactos positivos nas demandas da Economia Solidária na Gestão de QVT, ofereceram quatro possibilidades: cidadania, confiança em compartilhar, responsabilidade e geração de emprego.

Responderam negativamente à questão sobre se as atividades ligadas a Programas de Voluntariado, nas empresas, estão vinculadas a atribuições de cargo ou função. O trabalho voluntário, disseram, não está vinculado a cargo ou função, pois a ação social pode ser realizada sem envolvimento em programas de voluntariado. Não acontece o mesmo para a coordenação desses programas, que se vincula a atribuições de cargo ou função.

A condição para que Ações Voluntárias designadas pela empresa agreguem valor para a qualidade de vida de quem as desempenha depende da "identificação simbólica".

"A identificação simbólica liberta e a identificação imaginária aprisiona", esclarece a psicoterapeuta Helena, a respeito do vínculo firmado entre o funcionário e a atividade.

3.1.21 Dados descritivos registrados durante a reunião

Existem pontos críticos no terceiro setor com relação a GQVT?

Em sua empresa, as atividades ligadas a Programas Voluntários são vinculadas a atribuição de cargo/função?

8. Na sua empresa as atividades ligadas a Programas Voluntários são vinculadas a atribuição de cargo/função?

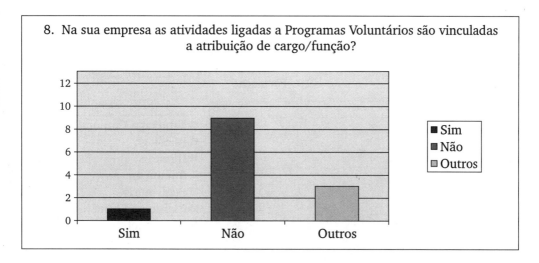

Em sua opinião as ações designadas pela empresa como "Ações Voluntárias" agregam valor para sua Qualidade de Vida?

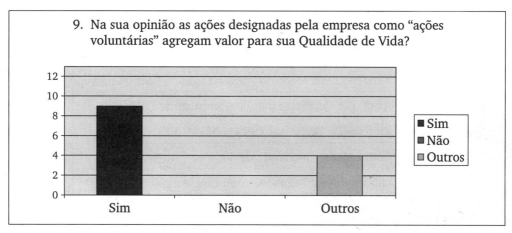

Formação

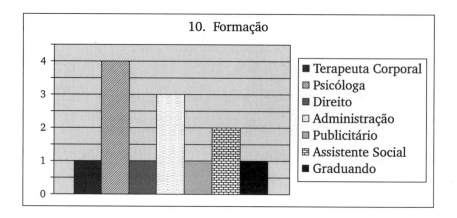

3.1.22 Síntese das Reuniões da Rede

Síntese das Reuniões Reg-QVT 1999-2004

Ano	Edição	Tema	Partici-pantes
Jan./99	1ª	Tendências de Mercado e Valorização do Fator Humano	6
Jan./99	2ª	Avaliação Qualitativa do 1º Encontro de QVT	15
Fev./99	3ª	Projetos de Empresas (SENAI/SIEMENS)	12
Mar./99	4ª	Como Medir Qualidade de Vida	20
Abr./99	5ª	Lançamento do Curso Gestão Empresarial em QVT	8
Maio/99	6ª	A Experiência Profissional nos Programas de QVT	12
Jun./99	7ª	Aplicação Prática nos Programas de QVT	8
Jul./99	8ª	Técnicas de Mergulho no Ambiente de Trabalho	18
Ago./99	9ª	Energizando a Vida pela Alimentação	20
Set./99	10ª	QVT e Saúde Bio-Psico-Social	43
Out./99	11ª	Saúde Integral e QVT	45
Out./99	12ª	Violência, Trabalho e Qualidade de Vida	45
Mar./00	13ª	Conceito de QVT e Diversidade Cultural	86
Abr./00	14ª	Fusões Empresariais e QVT	58

Maio/00	15ª	Inovação Tecnológica e QVT	37
Jun./00	16ª	Questões Jurídicas e QVT	45
Ago./00	17ª	Gestão e Estrutura Organizacional de QVT	62
Set./00	18ª	Educação e Pedagogia para QVT	43
Out./00	19ª	Publicações e Vídeo em QVT	40
Nov./00	20ª	Sociedade do Tempo Livre	42
Fev./01	21ª	Pesquisa com Dados Quantitativos	20
Abr./01	22ª	Marketing e Comunicação Interna	25
Maio/01	23ª	Experiências Práticas	33
Jun./00	24ª	Sistemas Cooperativos	34
Ago./01	25ª	Empreendedorismo	19
Set./01	26ª	LER/DORT	22
Nov./01	27ª	Comunicação e mídia	20
Mar./02	28ª	Projetos Avançados de QVT	30
Maio/02	29ª	2º Estudo de Caso em um hospital	28
Mar./03	30ª	Novas alternativas em QVT	38
Abr./03	31ª	Projetos Avançados de QVT	20
Maio/03	32ª	Riscos à saúde e Gestão da QVT	22
Jun./03	33ª	Gestão Ambiental e QVT	21
Ago./03	34ª	Legislação e QVT	12
Out./03	35ª	Gestão de QVT e Atividade Contábil	19
Mar./04	36ª	Economia Solidária, Terceiro Setor e GQVT	20
Jun./04	37ª	Sinistralidade e Qualidade de Vida no Trabalho	15
		Total	1015

As Reuniões da Rede vêm ocorrendo desde 1999, preparamos, então, o Quadro Síntese das Reuniões da Rede: Reuniões da Reg-QVT – com todos os temas e número de participantes destes encontros, que tem sido pólo difusor de idéias, práticas, reflexões e desafios do bem-estar no trabalho. Nestes *5 anos*, tivemos *37 temas* e mais de mil participantes dos debates.

3.2 CONEXÕES INTERNACIONAIS

A Rede de Estudos em Gestão da Qualidade de Vida no Trabalho está conectada a diversos centros de pesquisa em Qualidade de Vida no mundo todo. Dessa forma, a Rede interage com associações científicas e centros de pesquisa nacionais e internacionais, com o objetivo de trocar experiências e informações, discutir temas relevantes e realizar intercâmbios de especialistas da área. Essa conexão é reforçada pela troca de boletins e pelo intercâmbio internacional em co-participações em eventos no exterior – Tampere (Finlândia), Roma (Itália), Cairo (Egito), entre outros – e, também, em eventos na FEA/USP, como ocorreu no 1º e no 2º QVT-I. Para o 3º QVT-I compareceram colegas holandeses e americanos. Alguns dos centros com os quais se mantêm contatos são: American Psychosomatic Society, na Califórnia; The Great Place to Work Institute, por intermédio do Prof. Robert Levering; Research Institute of Human Engineering for Quality Life (HQL), no Japão; Purdue University, por intermédio do Prof. James McGlothlin; Finnish Institute, por intermédio da Profa. Anneli Leppanen e Universidade de Tilburg, na Holanda, por intermédio dos Profs. Ad Viengorts e Marleen Bacht. Em 2003, o ICOH – International Comission of Occupational Health nos aproximou de estudiosos de mais de 70 países, cujo fórum sobre Saúde Ocupacional foi tratada com ênfase na eqüidade e desigualdade como desafios socioeconômicos característicos deste novo milênio <www.icolr2003.com.br>. Novas conexões internacionais surgiram, entre elas: Arbeid Institute na Holanda; Instituto del Favaro fundado em Milão pelo pai da Medicina do Trabalho: Bernardino Ramizzini. Nos últimos anos, também o núcleo GOUT apoiou ativamente os eventos internacionais da International Stress Management Association (ISMA – Brasil) <www.ismebrasil.com.br> sob a presidência da psicóloga Ana Maria Rossi; com a presença de grandes nomes internacionais, entre eles o Prof. Rennart Levi – fundador do Karoliniska Onssilite em Estocolmo – Suécia.

Diversas entidades nacionais são parceiras da REG-QVT. São exemplos a Associação Brasileira de Qualidade de Vida (ABQV), a Associação Brasileira de Ergonomia (Abergo), a Associação Paulista de Administração de Recursos Humanos (APARH), a Associação Brasileira de Medicina Psicossomática (ABMP) e Associação Nacional dos Médicos do Trabalho (ANAMT) , atualmente sob a presidência do Prof. Dr. René Mendes, também presidente científico do ICOH 2003.

3.3 PROPOSTA CARACTERÍSTICA E PERFIL DOS ALUNOS DO CURSO AVANÇADO EM GESTÃO EMPRESARIAL DE QUALIDADE DE VIDA (CAGE-QV)

Em tempos de diversidade e diferenciação, gradativamente o capital humano passa a ser reconhecido como a peça-chave das organizações vencedoras.

Paralelamente às inovações tecnológicas, as inovações administrativas começam a surgir à medida que há necessidade de pessoas motivadas, saudáveis e preparadas para enfrentar os constantes desafios. Nesse contexto, a Qualidade de Vida no Trabalho vem-se tornando parte da cultura organizacional. Com a atenção voltada para as necessidades crescentes de promover e ampliar competências nesse tema tão abrangente e com a preocupação de aprimorar continuamente a qualificação dos profissionais envolvidos com a Gestão da Qualidade de Vida, concebeu-se o Curso Avançado de Gestão Empresarial de Qualidade de Vida, com sua primeira turma em 1999.

O objetivo do curso é aproximar conceitos e práticas de gestão que atendam à complexidade do mercado e a seus desafios de competitividade com ênfase em pessoas. A programação vai de conceitos macro-organizacionais a aspectos específicos inerentes ao tema, desenvolve o pensamento crítico e estratégico de QVT e cria condições de especialização profissional com conceitos, modelos de gestão, ações e instrumentos para se medir resultados.

Ao longo do curso, os participantes desenvolvem um projeto orientado contendo um Plano de Ação em Gestão Empresarial de Qualidade de Vida no Trabalho.

O corpo docente é formado por professores doutores da Universidade de São Paulo (USP), da Pontifícia Universidade Católica (PUC) e da Fundação Getulio Vargas (FGV), além de convidados especiais, como empresários e consultores. A coordenação fica a cargo de um professor doutor da FEA/USP que conta com suporte técnico e administrativo de equipe multiprofissional formada por psicólogas, administradores, engenheira de produção e economistas. O programa é realizado em 60 horas de atividades e, por curso, o número previsto de participantes é 30.

O curso é direcionado a empresários, executivos, educadores e consultores com interesse em qualidade de vida e outras áreas afins como: promoção da saúde, segurança no trabalho, serviço social e estratégias empresariais.

O programa desenvolvido de uma visão estratégica para uma atuação gerencial está detalhado no Quadro 3.1.

Quadro 3.1   *Programa CAGE-QV.*

ASPECTOS MACRO-ORGANIZACIONAIS
- Conceito e significados da gestão em QVT
- Perspectivas estratégicas da gestão em QVT
- Cultura e valores organizacionais vinculados à visão de QVT

ASPECTOS ESPECÍFICOS
- Abordagem e instrumentos de gestão
- Pesquisas qualitativa e análise de conteúdo
- Prática nacional e internacional, ações e programas em QVT

POR QUE AS EMPRESAS PREOCUPAM-SE COM QVT?
- A visão de especialistas e empresários (Mesa Redonda)
- Perfil do gestor: histórico, papel e qualificação
- Estudos de caso: prevenção e fatores de risco

PARADIGMAS E AVALIAÇÃO DE RESULTADOS
- QVT: auditoria operacional
- Tendências empresariais e desafios da gestão em QVT
- Relação do trabalho e QVT

PROJETO ORIENTADO
- Plano de ação em gestão empresarial de QVT

ENCERRAMENTO DO CURSO
- Avaliação, síntese e conclusões sobre gestão empresarial de QVT

O curso foi lançado em abril de 1999 e nesse mesmo ano, em setembro, a programação repetiu-se com uma segunda turma. O curso foi revisado para sua terceira edição, que aconteceu no primeiro semestre de 2001. Em 2002 tivemos a 4ª turma nos meses de junho e julho, nos anos de 2003 e 2004 concluíram o curso as 5ª e 6ª turma, respectivamente.

O I Curso Avançado em Gestão Empresarial de Qualidade de Vida (CAGE-QV) foi realizado de 6 de abril a 6 de julho de 1999. Foram oferecidas 30 vagas, das quais 28 foram preenchidas, o que representou 93,3% de procura. A idade média dos participantes foi de 40 anos. A seguir são apresentados dados sobre os participantes dos cursos. No Gráfico 3.1 pode-se constatar o perfil profissional dos participantes.

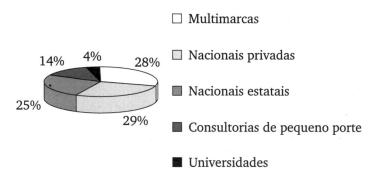

Gráfico 3.1 *Perfil profissional dos participantes do I CAGE-QV.*

Dentro dessas empresas, os cargos eram de gerente geral, assessor jurídico e consultor nas áreas de saúde e recursos humanos.

A grande maioria dos participantes era do sexo feminino (93%), com domicílio na capital de São Paulo (86%), como demonstram os Gráficos 3.2 e 3.3, respectivamente.

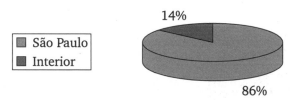

Gráfico 3.2 *Domicílio dos participantes do I CAGE-QV.*

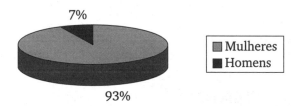

Gráfico 3.3 *Perfil dos participantes do I Cage-QV.*

Os objetivos dos participantes ao procurar o curso foram: ampliar conhecimentos; trocar experiências; adquirir novas ferramentas para facilitar a gestão em QVT; implementar novas perspectivas à visão do que é QVT; desenvolver programas de QVT sólidos e bem planejados para vendê-los e divulgá-los; aprender conceitos em QVT e formas de mensurar seus resultados; discutir tais conceitos; conhecer e fortalecer práticas por meio do embasamento teórico; refletir; obter metodologia para o desenvolvimento do tema; enfatizar o conteúdo gerencial; desenvolver projetos; conhecer processos de avaliação e programas que tenham resultados mensuráveis.

Os projetos desenvolvidos foram:

- Responsabilidade Social e Qualidade de Vida: Agente da Nova Cultura Empresarial.
- Sentido do Trabalho.
- Diagnóstico de QVT e Indicadores de *Performance*.
- Liderança × Medo nas Relações Interpessoais.

O II Curso Avançado em Gestão Empresarial de Qualidade de Vida foi realizado de 14 de setembro a 14 de dezembro de 1999. Foram oferecidas 30 vagas, das quais 16 foram preenchidas, o que representou 53,3% de procura. Quanto ao perfil profissional, os participantes ocupavam cargos de gerente geral e consultores nas áreas de saúde, educação e recursos humanos. Todos residiam na capital de São Paulo, sendo a maioria do sexo feminino (75%), como consta no Gráfico 3.4.

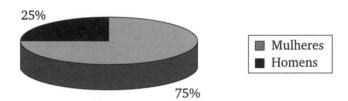

Gráfico 3.4 *Perfil dos participantes do II CAGE-QV.*

Os objetivos dos participantes do II Cage-QV foram: atualizar os conceitos; obter metodologia para a implantação de programas; trocar experiências; criar estratégias de gestão; conhecer as tendências atuais; e promover a integração social.

Com base nas avaliações positivas dos dois eventos, pode-se dizer, com toda certeza, que os objetivos foram atingidos: criar e fortalecer valores culturais com enfoque multidisciplinar para a gestão empresarial de QVT e aproximar os conceitos e modelos de gestão às ações práticas. Dessa forma, criou-se uma massa crítica de profissionais mais bem preparados para assumir posições atuais, como por exemplo a de gestor de QVT, e posições futuras.

A terceira versão do Cage-QV foi reformatada, levando-se em consideração a avaliação dos cursos I e II e a perspectiva de ampliação da proposta para outras regiões do país.

O desejo de implementar esse programa veio da identificação da necessidade do mercado de uma formação voltada à gestão com metodologia para o desenvolvimento de projetos. Após esses dois cursos, a meta é atender a outra demanda, como o aprofundamento dos conceitos tratados ao longo dos Cursos Avançados em Gestão Empresarial de Qualidade de Vida, para, em futuro próximo, oferecer um programa de aproximadamente 360 horas e viabilizar uma especialização no tema.

3.3.1 III CAGEQVT

A terceira versão do curso foi atualizada levando-se em consideração a avaliação do primeiro e do segundo curso e a perspectiva de ampliação da proposta para outras regiões do país. O desejo de implementar esse programa veio da identificação da necessidade de mercado de uma formação voltada à gestão com metodologia para desenvolvimento de projetos. Após esses dois cursos, o desejo é atender a uma outra demanda através do aprofundamento dos conceitos tratados ao longo dos Cursos Avançados de Gestão Empresarial de Qualidade de Vida no Trabalho.

Um dos trabalhos desenvolvidos no III CAGEQVT em maio de 2001 teve como tema FERRAMENTAL PARA MENSURAÇÃO E VALIDAÇÃO DE PROGRAMA ANTITABAGISMO e foi realizado por Ana Claudia de Assis Rocha Pinto, Ana Luiza P. de Oliveira e Roseneide H. C. Andrade. O trabalho tinha como objetivo criar ferramentas para avaliar e estratificar a população de fumantes e mensurar os resultados de um projeto antitabagismo. O primeiro passo na implantação de um programa contra o fumo é a identificação da população-alvo do projeto. Após identificada a população de fumantes e feito o convite inicial será aplicado um instrumento para avaliar o grau de preparação desses indivíduos para realizar a tentativa de abandono do tabagismo. O instrumento utilizado facilita a identificação da população mais propensa à tentativa, uma vez que tem por objetivo estratificar a população identificando o interesse do indivíduo em parar de fumar. Isso possibilita que as ações sejam direcionadas à população com maior intenção de abandono do tabaco, aumentando a chance de sucesso e aceitação do projeto, otimizando os recursos e maximizando os resultados.

As análises e conclusões do grupo foram que a manutenção do programa para prevenir recaídas e atingir novos fumantes tende a aumentar o resultado, visto que o custo com o ex-fumante vai caindo a cada ano.

Os resultados produzem grandes benefícios para os funcionários e para a empresa, inclusive do ponto de vista da responsabilidade social. O indivíduo melhora sua qualidade de vida e saúde, diminui o risco para várias doenças, melhora sua auto-estima, além de outros inúmeros benefícios.

Essa melhora geral reflete diretamente na consideração do funcionário com a empresa e em sua produtividade.

3.3.2 IV CAGEQVT

O trabalho desenvolvido no CAGEQVT foi o projeto elaborado por Arlete Martini, Flávia Zuanazzi, Flávio Freitas, Káthia Cunha, Katya Silva, Leandro Buso, Luciana Fortunato, Luís Oliveira, Regina de Azevedo, Tania Braga e Rui Mazziero, com o Título Gestão da Qualidade de Vida no Trabalho – Fase de Diagnóstico: instrumento de Coleta de Dados que visava aperfeiçoar um instrumento de coleta de dados para ser utilizado na fase de diagnóstico do programa de G-QVT, o grupo tirou as conclusões que a fase de pré-teste deve ser aperfeiçoada de acordo com as especificidades da empresa, formação e nível, outra conclusão se deve ao cuidado com a fase que antecede a coleta de dados, o público-alvo deve ser sensibilizado.

IV Curso Avançado de Gestão Empresarial da Qualidade de Vida

Durante os meses de Junho e Julho de 2001, 30 participantes estiveram presentes na IV turma do Curso Avançado de Gestão Empresarial da Qualidade de Vida (IV CAGE-QV). Os temas do curso foram centrados em aspectos macroorganizacionais, questões metodológicas e empresariais, paradigmas e avaliação de resultado em QVT, preocupação das empresas com Qualidade de Vida no Trabalho, além de uma mesa redonda com tópicos com enfoque nas tendências e limitações da Qualidade de Vida no Trabalho.

Realizado nas dependências da FEA-USP, cada aluno ao término do curso recebeu um diploma da Fundação Instituto de Administração (FIA) pela conclusão do curso. Os participantes também tiveram a oportunidade de elaborar e apresentar um projeto orientado com o auxílio da Profa. Dra. Ana Cristina Limongi-França e facilitadores.

A IV turma do CAGE-QV teve a presença de um perfil de alunos bem diversificado: administradores, docentes, profissionais da área de Recursos Humanos, estudantes, profissionais de áreas de saúde, sociólogos, engenheiros, entre outros perfis, participaram da turma do curso. O corpo docente foi formado por professores da Faculdade de Economia, Administração e Contabilidade da Universidade de São Paulo, além de outros docentes e profissionais ligados às áreas de administração, saúde, estudo do ser humano e qualidade de vida no trabalho.

Segundo *feedback* dos próprios alunos, o curso propiciou assimilação efetiva de novos conhecimentos que certamente contribuirão para aplicação no ambiente profissional dos participantes. Além disso, mais de 90% dos respondentes afirmaram que o curso proporcionou o desenvolvimento de uma visão crítica de qualidade de vida no trabalho. Ainda segundo a pesquisa, algumas das dificuldades enfrentadas pelos alunos foi conciliar o tempo de aula com o tempo para o trabalho e adequar seu tempo à necessidade do projeto. A grande satisfação da turma, segundo *feedback*, foi a possibilidade de relacionamento com pessoas diferentes.

Avaliação da IV turma CAGE-QV

Expectativas	Avaliação
Assimilação de novos conhecimentos	Sim: 17 / Em parte: 2 / Não: 0
Aplicação para seus trabalhos profissionais	Sim: 14 / Em parte: 5 / Não: 0
Desenvolvimento de uma visão crítica de Qualidade de Vida no Trabalho	Sim: 18 / Em parte: 1 / Não: 0
Ter uma visão multidisciplinar de QVT	Sim: 18 / Em parte: 1 / Não: 0

Fonte: *Feedback* dos alunos.

3.3.3 V CAGEQVT

A visão estratégica em qualidade de vida no trabalho, dentro de programas empresariais, propicia desenvolvimento do pensamento crítico, essencial para a evolução das relações trabalhistas no mundo globalizado. Além de gerar condições de especialização profissional, o V Curso Avançado de Gestão Empresarial em Qualidade de Vida no Trabalho (CAGEQV) teve como objetivo principal contribuir para a criação e o fortalecimento de valores culturais, com ênfase multidisciplinar nos modelos de gestão em QVT.

Teve também as seguintes metas de aprendizagem contextualizar organizações sociais e empresariais, reciclar conhecimentos através de palestras, estudos de caso, incluir a elaboração de projetos que envolvam os aspectos abordados.

A seguir um breve relato dos trabalhos desenvolvidos no V CAGEQVT.

Grupo	Trabalho (5ª Turma CAGEQVT)	Objetivo
Adelaíde Araujo, Arthemisia Santiago, Christianne Souza, Marlí Holanda, Marivaldo Barreto, Nádia Santana, Ruth Vaz.	Programa de Desenvolvimento de Talentos Internos e Qualidade de Vida.	Valorizar o Corpo funcional da Justiça Federal pela identificação e reconhecimento de talentos e desenvolvimento de potenciais.
Crenilda Ferreira, Elaine Alves, Guilherme Lobato, Ilka dos Santos, Maria Monteiro, Wallace Ribeiro.	Gerenciamento do Estresse como Fator de Qualidade de Vida no Trabalho.	Elaboração e Implementação de um programa de gerenciamento de estresse no trabalho segundo a natureza da organização do trabalho, cultura organizacional e localização geográfica.
Fábio Bottini, Francisca Barbosa, Leyla Misono, Lívia Sacoman.	Programas de Esporte e Lazer no IPT, Instituto de Pesquisas Tecnológicas.	Quais os fatores mais relevantes para a implementação de um programa de esporte e lazer no IPT.
Elizia Capanema, Lúcia D'Almeida, Sheija Hojda, Oswaldo Oliveira Jr.	Serasa: Programa de Qualidade de Vida no Trabalho para Aposentados.	Aplicar os conceitos da Qualidade de Vida no Trabalho na empresa para propiciar um ambiente seguro e agradável para os colaboradores aposentáveis.
Andréa Kanikadan, Tom Coelho	QVT na Pequena Empresa.	Conhecer o grau de importância e empenho do gestor na implantação de programas de QVT.
Juliana Webwe, Gláucia Silva, Jefferson Silva	Cultura Organizacional: Ferramenta para implantação de ações em QVT.	Levantar as Interfaces entre QVT e cultura organizacional tendo como base as escolas de pensamento de QVT e a empresa *Fitness*.

Para atender focos específicos da gestão da qualidade de vida no trabalho foram criados dois novos cursos: minicurso: ferramentas e curso básico.

Programa: Curso Ferramentas e Modelos de Avaliação da Gestão de Qualidade de Vida no Trabalho

- Modelo de avaliação da Gestão em QVT – GQVT, como referência instrumental de análise.
- Elementos de avaliação da gestão – GQVT.
- Indicadores de avaliação da GQVT associados aos conceitos da administração pós-industrial.
- Caracterização dos indicadores Biopsicossociais e Organizacionais – BPSO-96, de Avaliação da GQVT.
- Discussão dos tipos de níveis de Avaliação da GQVT.
- Apresentação de resultados do instrumento aplicado em empresas.

Programa: Curso Básico de QVT – Fatores Críticos de Gestão

Aspectos Macroorganizacionais

- Formação e visão crítica do conceito de Gestão de Qualidade de Vida (G-QVT).
- Capacitação para aplicar o conceito de Gestão de Competências nos programas organizacionais.

Aspectos Específicos

- Que é Qualidade de Vida no Trabalho – QVT?
- Por que QVT nas Empresas agora?
- Desafios: produtividade, legitimidade, perfil do gestor.
- Níveis de Análise: estratégico, gerencial e operacional.
- Estudo de Caso.

3.4 OS INDICADORES BPSO-96 E A VISÃO DOS EXECUTIVOS DO MBA – RH (FIA-FEA-USP) – SOBRE QUALIDADE DE VIDA NO TRABALHO

O estudo consistiu na tabulação de respostas abertas solicitadas para a prova de avaliação das disciplinas sobre Qualidade de Vida no Trabalho, ministradas nos cursos de MBA – Recursos Humanos.

Todos os trabalhos analisados são de alunos com formação universitária e com cinco anos, em média, de experiência em gestão de pessoas. A prova foi sempre realizada no final do curso de MBA-RH (FIA-FEA-USP). Os dados aqui apresentados são de 60 alunos dos cursos de 1999 e 2000, das turmas 6, 7 e 8 do MBA-RH.

As respostas foram agrupadas conforme a classificação biopsicossocial – BPSO-96. Essa classificação utiliza quatro palavras-chaves que se referem aos diferentes focos ou camadas de QVT:

Biológico – B
Psicológico – P
Social – S
Organizacional – O

Os dados aqui apresentados são a transcrição de idéias e termos utilizados, extraídos das seguintes questões:

- defina o conceito de Qualidade de Vida no Trabalho;
- descreva as atividades de QVT desenvolvidas em uma empresa;
- indique os aspectos positivos dos programas de Qualidade de Vida no Trabalho (QVT);
- indique os aspectos que devem ser melhorados nos programas de Qualidade de Vida no Trabalho (QVT).

3.4.1 Defina qualidade de vida no trabalho

A tabulação das respostas revelou grande ênfase nas questões organizacionais, como pode ser visto no Quadro 3.2 e no Gráfico 3.5. Essa tendência pode ser associada ao perfil dos alunos de cursos de MBA-RH (FIA-FEA-USP), que buscam posicionamento profissional competitivo e bastante voltado ao investimento em especialização profissional.

Quadro 3.2 *Definições de qualidade de vida no trabalho.*

Camada biológica (13%)	Camada psicológica (33%)	Camada social (8%)	Camada organizacional (56%)
Saúde (5.5%) • Controle e preservação da saúde • Garantia de saúde, prevenção do *stress* negativo • Forte tendência de investimento em saúde, manutenção/melhoria da saúde • Funcionários saudáveis • Compreensão sobre *stress* ***Doenças associadas ao trabalho*** (16,7%) • Gestão pessoal da própria saúde ***Hábitos saudáveis*** (11,7%) • Responsabilidade pelo próprio bem-estar • Saúde • Responsabilidade pessoal • Responsabilidades individuais • Definição do estilo de vida • Postura não acomodada	***Satisfação*** (41,7%) • Expectativas individuais • Necessidades individuais do ser humano • Realização pessoal ***Funcionários motivados*** (13,3%) • O grande desafio é ter pessoas motivadas ***Auto-estima do funcionário*** (3,3%)	***Relação entre competitividade e bem-estar*** (3,3%) • Nova atitude diante da necessidade de trabalhar competitividade com bem-estar ***Bom ambiente de trabalho*** (18,3%) • Funcionários convivendo em ambiente saudável • Cuidado com as condições de trabalho • Ambiente organizacional mais saudável • Ambiente oportuno	***Produtividade*/performance** (33,3%) • Melhoria da *performance* • Ganho por meio de maior produtividade • *Performance* da empresa ***Qualidade total*** (31,7%) • Expansão do conceito de Qualidade Total • Evolução da Qualidade Total *Concretização dos resultados da empresa* (citada por 10,0%) • atingir as metas da empresa ***Competitividade organizacional*** (25%) • Diferencial competitivo • Valores organizacionais mais sincronizados com a competitividade • Maior competitividade • Sobrevivência para a empresa ***Comprometimento dos empregados*** (25%) • Empenho no espírito do ofício • Pessoas engajadas e motivadas • Maior comprometimento • Vestir a camisa da empresa • Vínculo estabelecido entre funcionário e empresa *Instrumento para reter talentos* (citado por 5%) • Programas de qualidade de vida para atrair e reter funcionários ***Reconhecimento do indivíduo*** (13,3%) • Não produzir qualidade sem pessoas • Pessoas como seres integrais • Resgatar e manter o verdadeiro valor do indivíduo • O capital humano é o ativo mais importante

136 QUALIDADE DE VIDA NO TRABALHO – QVT

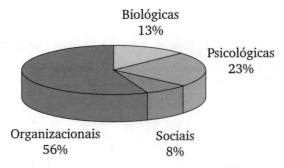

Gráfico 3.5 *Definições de qualidade de vida no trabalho.*

3.4.2 Atividades de QVT desenvolvidas

Nessa questão, os alunos deveriam informar quais atividades eram desenvolvidas nas empresas sob a sigla QVT. Alguns descreveram ações das próprias empresas em que atuavam, outros escolheram empresas com as quais haviam tido algum contato profissional ou pela divulgação na imprensa. Aqui também foi adotada a classificação BPSO-96.* Ver Gráficos 3.6 e 3.7 e Quadros 3.3 e 3.4.

Gráfico 3.6 *Aspectos relacionados ao conteúdo dos projetos.*

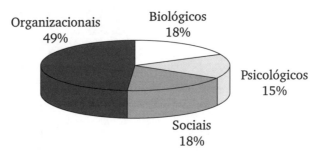

Gráfico 3.7 *Aspectos positivos gerados pelos programas de QVT.*

* BPSO-96: sigla referente ao conjunto de indicadores empresariais de qualidade de vida no trabalho, referente às dimensões Biológicas, Psicológicas, Sociais e Organizacionais.

Quadro 3.3 *Atividades de QVT nas empresas (Critério BPSO-96).*

Dimensão Biológica (63%)	Dimensão Psicológica (5%)	Dimensão Social (10%)	Dimensão Organizacional (22%)
Fumo (36,7%) • Grupos de apoio para ex-fumantes • Palestras antibagismo • Proibição de fumo no ambiente de trabalho • Quem parar com o vício tem reembolso do método escolhido • Dicas para deixar de fumar ***AIDS*** (11,7%) • Palestras preventivas da AIDS • Formas de prevenção da AIDS • Distribuição de cartazes e camisinhas • Programa sexo seguro ***Alimentação/Obesidade*** (36,7%) • Programa de controle de obesidade • Introdução de cardápio balanceado • Educação sobre a composição dos alimentos • Palestras sobre educação alimentar • Refeições balanceadas servidas na empresa • Reeducação alimentar • Controle de calorias ***Saúde/Doenças*** (71,7%) • Semana do coração ***Check-up*** • Prevenção de doenças • Valorização da medicina preventiva • Prevenção de doenças profissionais ***Álcool*** (11,7%) • Programas de combate ao abuso de álcool ***Drogas*** (11,7%) • Eventos sobre drogas, programa de dependência química	***Lazer externo*** (8,3%) • Caminhada ecológica • Convênio com o MAM • Passeio ciclístico • Incentivo à participação em atividades sociais por meio da venda de ingressos para teatros, *shows*, entre outros eventos ***Tratamento Psicológico*** (6,7%) • Suporte psicológico, convênio psicológico	***Reciclagem*** (6,7%) • Coleta seletiva de lixo • Reutilização de embalagens • Coleta seletiva de papel ***Palestra sobre a prevenção de assaltos*** (1,7%) ***Cidadania*** (20%) • Realização de trabalhos voluntários na comunidade (duas citações) • Desenvolvimento do senso de cidadania e participação • Ações para melhorar a saúde da cidade • Filantropia • Campanhas assistenciais	***Lazer interno*** (18,3%) • Espaço de lazer com TV, jornais, revistas • Sarau das 5 • Grupos de coral, teatro • Biblioteca • Jogos de futebol internos ***Ambiente físico*** (18,3%) • Valorização da higiene e da limpeza no local de trabalho • Abolição das divisórias, inclusive da sala do presidente • Decoração do ambiente • Estudo ergonômico do mobiliário e iluminação • Avaliação ergonômica dos espaços de trabalho ***Arranjos flexíveis*** (11,7%) • Não se trabalha no aniversário • Se preferir trabalhar em casa, empresta-se ***laptop*** • Horário flexível • Extinção da marcação de ponto ***Benefícios*** (13,3%) • Benefícios tradicionais, vale-transporte, vale-refeição, seguro saúde... (Gráfico 9)

Quadro 3.4 Aspectos positivos gerados pelos programas de QVT.

Dimensão Biológica (18%)	Dimensão Psicológica (15%)	Dimensão Social (18%)	Dimensão Organizacional (49%)
Redução de doenças/faltas (11,7%) • Redução do número de doenças/afastamentos • Menor absenteísmo • Distanciamento ou diminuição da doença • Menos faltas ao trabalho **Redução de custos com assistência médica** (8,3%) **Melhoria no estilo de vida** (6,7%) • Ação concreta e determinada para a promoção da saúde • Importância de um estilo de vida mais saudável • Modelos de vida sadia para melhorar o estilo de vida • As empresas estão investindo pesadamente em programas de QVT e estão cuidando do bem-estar físico e emocional de seus funcionários	**Melhor satisfação interna** (8,3%) • Funcionários mais satisfeitos • Aumenta o grau de satisfação dos funcionários **Melhoria na autoestima/imagem dos funcionários** (3,3%) **Aumento da motivação** (10%) • Maior motivação/comprometimento • Reforça o vínculo dos funcionários • Aumenta o grau de responsabilidade	**Empregados mais conscientes/politizados** (8,3%) • As pessoas estão mais conscientes da importância de manter um estilo de vida saudável • População mais questionadora • Novo perfil de profissional interessado em sua própria qualidade de vida • Funcionários com maior grau de exigência **Melhoria do clima organizacional (relacionamentos)** (6,7%) • Relacionamentos mais saudáveis • Integração dos funcionários **Aumento da preocupação com qualidade de vida** (11,7%) • Pessoas e empresas têm demonstrado interesse crescente pelo tema • Maior conscientização sobre QVT • Muitas ações estão sendo feitas • Preocupação com o bem-estar dos trabalhadores • Alto grau de receptividade	**Aumento da produtividade** (18,3%) • Funcionários saudáveis e satisfeitos produzem mais e melhor • Empregado saudável é produtivo **Aumento da competitividade** (16,7%) • Habilidade para conseguir novos clientes • As empresas que não se modernizarem estarão fadadas ao fim de sua existência • Conseguirem melhor vantagem competitiva • Gestão organizacional mais arrojada/competitiva **Imagem da empresa** (13,3%) • Marketing para a empresa • Melhor imagem externa • Os consumidores buscam produtos de empresas cuja identificação com a imagem é positiva • Aparecem na mídia, ganham prêmios **Redução dos custos** (1,7%) • Redução das perdas de processo e do trabalho **ISO 9000** (10%) • Exigências para certificação ISO 9000 • QVT tem sido associada à ISO 9000 • Crescente necessidade das empresas de obter certificações ISO **Exigência de qualidade** (1,7%) • Resultados da empresa (citado por 10%) • Otimização dos recursos da empresa • Lucratividade • Maiores resultados • Empregado saudável gera lucro

3.4.3 Aspectos que devem ser melhorados nos programas de QVT

Na análise desses dados, optou-se por tabulá-los pela classificação de Fatores Críticos das Interfaces da Qualidade de Vida no Trabalho na Administração de Empresas, pois eles referem-se mais a processos do que a camadas específicas de intervenção das demandas de Qualidade de Vida no Trabalho. Os fatores críticos adotados para a análise são: produtividade (Quadro 3.5), legitimidade (Quadro 3.6) e práticas e valores (Quadro 3.7).

Quadro 3.5 *Pontos a melhorar: produtividade.*

Fator Crítico: PRODUTIVIDADE
Métricas, processos de avaliação (citado por 31,7% dos participantes) • Acompanhamento e controle dos resultados das medidas adotadas que possibilitem sua correção • Processos de avaliação precários • Mensuração dos resultados dos programas • Carência de medidores, indicadores • Processos de *feedback* são fundamentais • Devem ser avaliados periodicamente • Dificuldade de monitoramento • Dificuldade de mensurar • Subjetividade na apuração de resultados

Quadro 3.6 *Pontos a melhorar: legitimidade.*

Fator Crítico: LEGITIMIDADE
Comprometimento/visão das lideranças (citado por 40% dos participantes) • Conscientizar as lideranças empresariais • Nem todas as pessoas influentes aderem à decisão de implantar um programa de QVT • Falta de conscientização dos dirigentes das organizações • Falta de comprometimento da alta cúpula • Falta de responsabilidade dos empresários • Comprometer a empresa • Essencial que haja um "padrinho" do programa (diretor, presidente etc.)
Não encarar os programas como custo, e sim como investimento (citado por 15% dos participantes) • Desperdício de dinheiro • Não encarar mais como um encargo e sim como um investimento • Busca do conceito de resultados financeiros e não do de despesas • Convencer os dirigentes das empresas de que os investimentos serão revertidos em benefícios para a própria empresa
Resistência, dúvidas quanto à eficácia (citado por 6,7% dos participantes) • É preciso que o funcionário perceba que o discurso e a prática são coerentes • Falta de credibilidade dos gestores e dos próprios funcionários
Encarar como parte da gestão estratégica (citado por 18,3% dos participantes) • Iniciativas sem conexão com a estratégia da empresa • Programas devem ter origem na estratégia da empresa • Programas completamente deslocados da dinâmica do dia-a-dia da organização • É uma questão estratégica • Desalinhados com as metas da organização • Alinhamento com a estratégia • Falta de orientação estratégica
Carência de profissionais para liderar o programa (citado por 11,7% dos participantes) • Definir e preparar pessoa específica para liderar o programa • Capacitação praticamente inexistente • Preparo e conhecimento específico de quem vai gerenciar o projeto • Formação das pessoas que lideram esse tipo de projeto • Devem ser coordenados por profissionais especializados

Quadro 3.7 *Pontos a melhorar: práticas e valores.*

Fator Crítico: PRÁTICAS E VALORES
Imediatismo (citado por 28,3% dos participantes) • Alguns programas não possuem a característica de continuidade • Programas com foco no curto e no médio prazos • Falta de constância de propósito • Fazer com que as pessoas mudem e que depois sustentem a mudança por algum tempo ***Atendimento individual inadequado*** (citado por 8,3% dos participantes) • Não consideram as particularidades de cada indivíduo ***Programas não integrados*** (citado por 18,3% dos participantes) • Ações limitadas apenas a alguns setores • Eventos são pontuais • Atitudes isoladas • Devem abranger todos os níveis da empresa • Programas segmentados ***Falta de recursos*** (citado por 26,7% dos participantes) • Muitas vezes, tem-se que reduzir custos de qualquer maneira • Obter recursos financeiros que sustentem as fases iniciais dos projetos • As empresas brasileiras possuem menos dinheiro • Fragilidade dos programas em face das situações de dificuldades econômico-financeiras • No caso de pequenas e médias empresas, os investimentos financeiros são pequenos • Investimento vultoso, custo inadequado ***Programas superficiais*** (citado por 20% dos participantes) • Apenas para conseguir certificado ISO • Programas não podem ser superficiais ou baseados em modismos • Programas focados em campanhas de combate ao colesterol e à obesidade • Não se devem restringir à promoção de exercícios físicos • Forma "marketeira" como muitas empresas administram seus programas • Vão além de palestras, de pontos superficiais, da não-superficialidade dos programas, da "perfumaria"

Quadro 3.7 (*Continuação*).

Identificação das necessidades (citado por 11,7% dos participantes)
- Falta levantamento das necessidades de cada realidade
- Conhecer seus funcionários e suas necessidades
- Deve-se observar a cultura e as particularidades da empresa
- Conhecimento das reais necessidades da organização

Dificuldade com mudanças de modo geral (citado por 21,7% dos participantes)
- Muitos não gostam de ouvir palpites sobre como viver
- Resistência de pessoas acomodadas
- Dificuldades em mudar estilos de vida
- Mudanças são difíceis
- Dificuldades de mudanças de comportamento
- As pessoas devem ter tempo para poder realizar as atividades e ações para a melhoria do ambiente de trabalho
- Mudança de cultura

Desnível social do país (citado por 6,7% dos participantes)
- Baixo nível de escolaridade
- Uma das dificuldades está intimamente ligada à condição social do país

Paternalismo (citado por 8,3% dos participantes)
- Programas paternalistas
- Programas com caráter assistencialista, procurando ajudar os funcionários
- Quebra do paradigma do paternalismo
- Mudar a imagem "romântica"

Implantação de soluções efetivas (citado por 5% dos participantes)
- Programas maravilhosos no papel, mas de implantação impossível ou discutível eficácia e eficiência
- As empresas têm priorizado a implantação de sistemas de trabalho que não são os mais adequados
- Planos de ação que não atendem aos reais objetivos da organização

4

Interfaces da Qualidade de Vida da Administração no Brasil

Apresentam-se, nesta seção, os resultados da pesquisa de campo realizada. Os dados analisados referem-se aos questionários válidos tratados por meio de estatística descritiva, análise discriminante, análise fatorial e análise de conglomerados conforme questionário a seguir.

A análise de conglomerados (*clusters*) apóia a identificação de grupos típicos de administradores ante as questões de QVT. O tratamento discriminante permite, por sua vez, encontrar funções que classificam os dados em um dos conglomerados identificados. A rigor, essa análise permite discriminar as variáveis examinadas de tal forma que é possível obter resultados significantes com número mais reduzido de variáveis. No caso específico, em vez de trabalhar com 18 variáveis-razão para a identificação dos conglomerados, foi possível o tratamento de apenas oito para obter, mesmo assim, grau de acerto de 83% na classificação dos grupos encontrados, conforme dados constantes das tabelas desta seção.

Vale salientar, ainda, que a análise fatorial foi testada, mas os dados aproveitáveis reduziram-se para 88 (o índice *Eingenvalue* 1 permite a identificação de seis fatores com grau de explicação de 58%, o que pode ser considerado pouco para uma análise consistente). Assim, não será aqui utilizada a análise fatorial. Nesta análise, o uso de métodos estatísticos teve como principal finalidade a elaboração de um modelo exploratório, para avaliar as funções e composições das variáveis e dos fatores críticos da Gestão de QVT (veja a Tabela 4.9, na qual consta a Síntese dos Tratamentos Estatísticos, no final deste capítulo). A seguir, cada fator crítico é examinado, fazendo-se referência às questões (variáveis) do questionário pelo respectivo número entre parênteses. Os quadros de variáveis por fator crítico estão distribuídos ao longo do texto.

Os resultados foram obtidos com base no questionário interfaces QVT & Administração, apresentado a seguir:

4.1 QUESTIONÁRIO INTERFACES QVT & ADMINISTRAÇÃO

Esta é uma pesquisa para avaliar Ações e Programas de Bem-Estar, Saúde e Segurança no Trabalho, e que denominaremos Qualidade de Vida no Trabalho (QVT).

Em se tratando de respostas por e-mail, *poderá ser utilizado (quando convier) o recurso de preenchimento do MS Excel.*

1. Cite as 2 áreas de atuação de maior importância para o administrador:
1ª_____ 2ª_____

2. Indique uma palavra-chave que para você signifique Qualidade de Vida no Trabalho (QVT)

3. Assinale a posição das Ações e Programas de Qualidade de Vida no Trabalho com relação a sua atividade de administrador ou futuro administrador:

   Primária / Secundária   Não faz parte das minhas atividades

Para as afirmações a seguir assinale de acordo com a **Legenda**:

1	2	3	4
discordo plenamente	discordo	concordo	concordo plenamente

4. As Ações e os Programas de QVT são importantes para a Administração de Empresas.
   | 1 | 2 | 3 | 4 | desconheço

5. Ações e Programas de QVT interferem na produtividade.
   | 1 | 2 | 3 | 4 | desconheço

   5.1 De que forma?   ☐ Positivamente   ☐ Negativamente

6. Empregados valorizam Ações e Programas de QVT.
   | 1 | 2 | 3 | 4 | desconheço

7. Empregadores consideram desnecessárias as Ações e Programas de QVT.
   | 1 | 2 | 3 | 4 | desconheço

8. As Ações e Programas de QVT oferecidos pelas empresas são legítimos de fato.
   | 1 | 2 | 3 | 4 | desconheço

9. Há resultados mensuráveis das Ações e Programas de QVT.
   | 1 | 2 | 3 | 4 | desconheço

10. Minha área de atuação utiliza práticas relacionadas ao bem-estar no trabalho.
    | 1 | 2 | 3 | 4 | desconheço

11. O administrador de QVT deve ter formação específica.
    | 1 | 2 | 3 | 4 | desconheço

12. A utilização de Ações e Programas de QVT aumentou nos últimos 5 anos nas empresas.

    | 1 | 2 | 3 | 4 | desconheço

13. As Ações e Programas de QVT geram benefícios que se perpetuam para sucessores e novas gerações.

    | 1 | 2 | 3 | 4 | desconheço

14. Tenho tido muita informação sobre Qualidade de Vida no Trabalho.

    | 1 | 2 | 3 | 4 | desconheço

15. As informações que recebo modificam minha atuação profissional.

    | 1 | 2 | 3 | 4 | desconheço

16. Toda empresa deve ter um Programa de Qualidade de Vida no Trabalho.

    | 1 | 2 | 3 | 4 | desconheço

17. Toda ação de Qualidade de Vida no Trabalho deve partir do empregado.

    | 1 | 2 | 3 | 4 | desconheço

18. Tenho uma definição clara sobre Qualidade de Vida no Trabalho.

    | 1 | 2 | 3 | 4 | desconheço

19. Há modelos gerenciais para implantação de Programas de QVT.

    | 1 | 2 | 3 | 4 | desconheço

20. Em sua opinião, para você como administrador sua Qualidade de Vida precisa ser melhorada.

    | 1 | 2 | 3 | 4 | desconheço

21. As Ações de Qualidade de Vida são sempre necessárias no trabalho das empresas.

    | 1 | 2 | 3 | 4 | desconheço

Assinale Verdadeiro (V) ou Falso (F) nas alternativas a seguir:

22. Há pressões externas para implantação de Ações e Programas de QVT.

    | F | | V | Quais: | | clientes | | outras empresas
                            | | legislação | | outros _____
                            | | sindicatos

23. Os Programas de QVT têm uma atuação específica.

    | F | | V | Quais: | | saúde | | responsabilidade social
                            | | nutrição | | relações de trabalho
                            | | lazer | | outros _____

24. Há empresas no Brasil que adotam programas abrangentes de QVT.

    | F | | V |

    Cite 3 empresas: _____

    _____

    _____

25. Espera-se melhoria da produtividade nas empresas que têm Ações e Programas de QVT.
    [F] [V]   De que forma?   [ ] maior comprometimento
                                   [ ] fidelidade à empresa
                                   [ ] melhoria do clima interno
                                   [ ] atração pelos benefícios
                                   [ ] mais disposição para o trabalho
                                   [ ] outros

26. Você sente necessidade de participar de Ações e Programas de QVT.
    [F] [V]   Por quê?: _____
    _____

27. As Ações e Programas de QVT são vistos como (marque apenas uma alternativa):
    [ ] Despesas   [ ] Publicidade da empresa
    [ ] Investimentos   [ ] Uma ação específica de RH
    [ ] Obrigação Legal   [ ] Outros _____
    [ ] Filantropia

28. As Ações e Programas de QVT devem ser (marque apenas uma alternativa):
    [ ] um produto ou serviço permanentes da empresa
    [ ] suporte às atividades da empresa
    [ ] ações gerenciais
    [ ] estratégias e políticas da empresa
    [ ] outros _____

29. Assinale a categoria profissional que mais precisa de Ações e Programas de QVT (marque apenas uma alternativa):
    [ ] Pessoal de Apoio (Limpeza e Manutenção em Geral)
    [ ] Pessoal de Operações e Produção
    [ ] Gerência
    [ ] Direção e Alta Direção
    [ ] Outro:

Nome: _____ Sexo: [F] [M]   Idade: _____
Naturalidade: _____ Cidade de trabalho/estudo: _____
Número de dependentes: _____ Estado Civil: _____
Formação: Grad.   Qual: _____   Dout. Qual: _____
             Mestr.   Qual: _____   Espec. Qual: _____
Grupo: [ ] Aluno   [ ] Professor   [ ] Executivo / Administrador
Trabalha / estuda há _____ anos com administração.
Principal área de atuação: Administração Geral   Produção e Operações
                            Finanças   Mét. Quant. e Informática
                            Marketing   Recursos Humanos
                            Política dos Negócios   Outra:
Forma de coleta dos dados: [ ] Internet   [ ] pessoalmente   outra: _____
Forma de contato para envio dos resultados da pesquisa: _____
Nome do entrevistador: _____ Data: _____ Hora: _____
Duração da entrevista: _____ (dias ou minutos)
Observações (do entrevistador): _____

Agradecemos a colaboração. Profa. Ana Cristina Limongi França e equipe de estagiários: Gaino, A. A. P.; Hamza, L. M.; Oliveira, P. M. de; Muritiba, S. N.; Almeida, S. F. de & Rocha, T. J.

4.2 CONCEITO DE QVT

A análise dos dados revela a percepção sobre a importância relativa das diferentes áreas da administração de empresas, conforme consta na Tabela 4.1. As quatro áreas clássicas da Administração representam 78,4% das respostas. Observa-se que não há correspondência direta entre a atividade do entrevistado e a percepção de importância das áreas de atuação. Recursos Humanos, área de atuação que congrega somente 20% dos entrevistados, é percebida como a mais importante, atingindo 31%, valor bem acima da de Finanças (20%) e da de marketing (14%). Percebe-se que o administrador geral migrou para a área de recursos humanos. Ademais, as respostas à variável RH podem significar congruência com as atividades de QVT, normalmente enquadradas como atividades de Recursos Humanos, mais especificamente questões de saúde, segurança e benefícios.

Tabela 4.1 *Áreas de atuação mais importantes para o administrador.*

Variáveis	Categorias	Cód.	Freq.	%	Descrição Gráfica
V1+V2 Áreas de atuação de maior importância para o administrador	Recursos humanos	1-2.7	122	30,9	Resursos Humanos
	Finanças	1-2.2	78	19,7	Finanças
	Marketing	1-2.3	57	14,4	Marketing
	Administração Geral	1-2.1	53	13,4	Adm. Geral
	Política de Negócios	1-2.4	26	6,6	Política de Negócios
	Produção e Operações	1-2.5	26	6,6	Produção e Operações
	Qualidade de vida, saúde e segurança	1-2.9	10	2,5	Qual. Vida, Saúde e Seg.
	Tecnologia	1-2.8	5	1,3	Tecnologia
	Comunicação	1-2.12	4	1,0	Comunicação
	Relações trabalhistas	1-2.10	3	0,8	Relações Trabalhistas
	Métodos quantitativos e informática	1-2.11	2	0,5	Mét. Quant. Inf.
	Outros	1-2.6	9	2,3	Outros

* Respostas múltiplas

Embora com representatividade de 2,5% entre as áreas consideradas de maior importância, seu destaque fica evidente quando a QVT é associada a grupos típicos de palavras-chaves (V2), conforme estabelecido na Tabela 4.2. Assim, os aspectos de saúde e segurança, enquadrados na dimensão Biológica, representam somente 13% dessa associação. Tal visão de QVT como um subsistema de Recursos Humanos está sendo superada por sua associação com aspectos organizacionais (14%) e, principalmente, com a dimensão psicossocial

(72%). De fato, na concepção moderna do administrador, em ambientes organizacionais complexos e abertos à competitividade, a QVT está fortemente associada a atitudes e comportamentos das pessoas e ao desenho organizacional de seu ambiente de trabalho. Essa constatação está respaldada na afirmação de 60% dos entrevistados que julgam possuir uma concepção clara e objetiva sobre o conceito de QVT (V18) e sua fundamental importância para o desempenho da organização (V16). Na realidade, 96% das respostas foram positivas quanto ao questionamento sobre se "toda empresa deve ter um programa de QVT". Na seqüência, indagou-se sobre o público-alvo desse programa (V29). A resposta foi: 43% consideram as áreas de apoio e operações como as mais relevantes para abrigar os programas de QVT, o que significa maior cuidado com as atividades-fins que geram produtos e serviços. Considerando a importância quantitativa dessas categorias no total de funcionários de uma empresa, esse percentual é justificável.

Tabela 4.2   *Focos das palavras-chaves sobre QVT.*

Variáveis	Categorias	Cód.	Freq.	%	Descrição Gráfica
V2 Palavra-chave que significa Qualidade de Vida no Trabalho	Psicológico	2.2	85	39,2	Psicológico
	Social	2.3	70	32,3	Social
	Organizacional	2.4	30	13,8	Organizacional
	Biológico	2.1	28	12,9	Biológico
	Sem resposta	2.5	4	1,8	Sem resposta

O fato novo e relevante é que as categorias de gerência e direção foram eleitas como prioritárias para ações e programas de QVT por 18% dos entrevistados, enquanto 17% optaram por outras categorias genéricas. Isso significa que a QVT é percebida como um conjunto de ações, programas e atitudes que interferem em toda a organização, independentemente das funções de seus colaboradores. Não existe um público-alvo único, isto é, um segmento específico de cliente interno, passando o conceito de QVT (Tabela 4.3) a ser percebido como uma área de competência relevante para as organizações. No entanto, é significativo destacar que essa percepção conceitual é negativamente influenciada pela ausência de conhecimento dos administradores sobre os modelos de gestão específicos para QVT (V19), exceção feita, como apresentado adiante, a um grupo de entrevistados executivos. Da análise sobre as percepções conceituais de QVT descritas, três grandes conclusões podem ser extraídas:

- existe crescente consciência ou percepção da importância de QVT para o administrador, independentemente de sua área de atuação ou nível de formação;

- o chão de fábrica é o tradicional alvo de programas de saúde ocupacional e de segurança no trabalho (hoje, a QVT passa a englobar outras categorias de colaboradores, incluindo gerência e alta direção);
- embora seja mais freqüentemente associado a questões de saúde e segurança no trabalho, o conceito de QVT passa a sinalizar a emergência de habilidades, atitudes e conhecimentos em outros fatores, abrangendo atualmente associações com produtividade, legitimidade, experiências e competências gerenciais, as quais serão analisadas a seguir.

Tabela 4.3 *Fator crítico: conceito de QVT.*

Variáveis	Categorias	Cód.	Freq.	%	Descrição Gráfica
V16 Toda empresa deve ter um programa de QVT	Discordo plenamente	16.1	3	1,4	
	Discordo	16.2	5	2,3	
	Concordo	16.3	70	32,3	
	Concordo plenamente	16.4	139	64,0	
V18 Tenho uma definição clara sobre QVT	Discordo plenamente	18.1	9	4,1	
	Discordo	18.2	68	31,3	
	Concordo	18.3	99	45,6	
	Concordo plenamente	18.4	31	14,3	
	Desconheço	18.5	6	2,8	
	Não respondeu		4	1,9	
V27 As ações e os programas de QVT são vistos como	Investimentos	27.2	71	32,7	
	Uma ação específica de RH	27.6	48	22,1	
	Despesas	27.1	23	10,6	
	Publicidade da empresa	27.5	11	5,1	
	Obrigação legal	27.3	2	0,9	
	Filantropia	27.4	2	0,9	
	Outros	27.7	4	1,8	
	Não respondeu	27.0	56	25,9	
V28 As ações e os programas de QVT devem ser	Estratégias	28.4	109	50,2	
	Um produto	28.1	37	17,0	
	Suporte	28.2	19	8,8	
	Ações gerenciais	28.3	11	5,1	
	Outros	28.5	10	4,6	
	Não respondeu	28.0	31	14,3	

4.3 PRODUTIVIDADE

As variáveis 5, 9, 19, 21 e 25, entre outras, referem-se à relação entre QVT e produtividade no trabalho (Tabela 4.4). Inicialmente, do ponto de vista da mensuração de resultados e produtividade, pode-se constatar que na concepção de 66% dos entrevistados os resultados das ações e dos programas de QVT são mensuráveis pelas organizações (V9); no entanto, 18% não souberam responder a essa questão, o que indica a necessidade de maior divulgação das alternativas de métricas e de outras informações hoje utilizadas nesse campo do conhecimento. Esses números não anulam a alta percepção (90%) de que a QVT está diretamente associada à produtividade do trabalho (V5). Observa-se que muitas organizações ainda utilizam métodos gerenciais pouco afeitos à QVT. Reforça essa constatação a resposta à questão 7 do Questionário da Pesquisa Exploratória (que aborda a percepção do administrador sobre a necessidade de QVT): 31% dos empregadores consideram desnecessárias as ações e os programas na área. É importante adiantar que na análise de conglomerados está identificado um grupo de administradores executivos que se posiciona de forma refratária à QVT, o que coincide com a percepção de que empregadores, mesmo que em número pequeno, não vêem necessidade de implementação dessas práticas nas organizações.

Levantamentos e investigações devem ser realizados para confrontar, efetivamente, essa percepção do administrador com as práticas em diferentes segmentos produtivos, organizações e níveis de ocupação. No levantamento realizado, tal questão foi parcialmente abordada ainda na variável 25. Do total de respondentes, 97% atestam que haveria aumento de produtividade com a implementação de ações de QVT. As variáveis apontadas como responsáveis por esse aumento esperado de produtividade, seguindo sua ordem de importância (validando respostas para todas as alternativas simultaneamente), são as seguintes: mais disposição no trabalho (86%), melhoria do clima interno (85%), maior comprometimento (75%), fidelidade à empresa (52%) e atração pelos benefícios (59%).

Embora considerando que as ações e os programas de QVT são, em geral, percebidos como necessários para as organizações melhorarem seu desempenho (V21), grande parte dos entrevistados (35%) não tem conhecimento das formas ou dos modelos gerenciais requeridos para sua implantação e sua operação (V19). Essa observação, já feita, demonstra o grande espaço existente a ser consolidado na visão gerencial de QVT, uma vez que é na camada gerencial que se encontram ferramentas e modelos de gestão da qualidade (do tipo ISO 9000) e critérios de excelência (do tipo PNQ) bastante compatíveis com a gestão de ações e programas de QVT. Há a percepção de que a QVT não é somente simples filantropia ou obrigação legal (1% cada), publicidade empresarial (5%), despesa necessária (10%) ou ação específica de Recursos Humanos

(25%), mas sobretudo um investimento (33%) capaz de impulsionar o crescimento da empresa (V27). Essa percepção coloca a QVT como um ramo de competência essencial para as organizações operarem em ambientes competitivos.

Tabela 4.4 *Fator crítico: produtividade.*

Variáveis	Categorias	Cód.	Freq.	%	Descrição Gráfica
V5 Ações e programas de QVT interferem na produtividade	Discordo plenamente	5.1	4	1,8	
	Discordo	5.2	9	4,1	
	Concordo	5.3	60	27,6	
	Concordo plenamente	5.4	134	61,9	
	Desconheço	5.5	2	0,9	
	Não respondeu	5.0	8	3,7	

V9 De que forma?	Positivamente	5.1.1	142	92,8	
	Não respondeu	5.1.0	11 (n. 153)	7,2	

V9 Há resultados mensuráveis das ações e dos programas de QVT	Discordo plenamente	9.1	7	3,2	
	Discordo	9.2	25	11,5	
	Concordo	9.3	103	47,5	
	Concordo plenamente	9.4	41	18,9	
	Desconheço	9.5	39	18,0	
	Não respondeu	9.0	2	0,9	

V19 Há modelos gerenciais para implantação de programas de QVT	Discordo plenamente	19.1	4	1,8	
	Discordo	19.2	25	11,5	
	Concordo	19.3	85	39,2	
	Concordo plenamente	19.4	23	10,6	
	Desconheço	19.5	77	35,5	
	Não respondeu	19.0	3	1,4	

V2 As ações de qualidade de vida são sempre necessárias no trabalho das empresas	Discordo plenamente	21.1	2	0,9	
	Discordo	21.2	15	6,9	
	Concordo	21.3	91	41,9	
	Concordo plenamente	21.4	106	48,8	
	Desconheço	21.5	1	0,5	
	Não respondeu	21.0	2	0,9	

De fato, as questões sociocomportamentais adquirem importância crescente na evolução da visão gerencial em ambientes abertos e competitivos, facilitando a introdução de sistemas de gestão da qualidade e do conhecimento, variáveis críticas para o desempenho organizacional. Resta indagar se existe legitimidade em ações e programas de QVT para que tal comportamento ocorra de forma abrangente e consistente nas empresas.

4.4 LEGITIMIDADE

A percepção do administrador sobre a questão da legitimidade da QVT é abordada sob diferentes perspectivas, investigadas no levantamento das variáveis 4, 6, 7, 8, 13, 20 e 26 (Tabela 4.5). É evidente a autoconsciência do administrador diante das ações e dos programas de QVT (V4). Do total de respondentes, 99% concordam ou concordam plenamente com sua importância. No entanto, 11% dos empregados são considerados como não conscientes dessa importância (não valorizam); os demais pensam de forma oposta (V6). O mesmo não ocorre com os empregadores (V7). Para o administrador, essa categoria de pessoas estaria dividida entre um segmento que teria visão positiva (62%) e outro contrário a ações e programas de QVT (32%). Esses dados revelam conflito potencial entre os empregados e administradores, de um lado, e a classe de empregadores, de outro. Talvez seja por essa constatação que os administradores percebem as ações e os programas de QVT de forma difusa quanto a sua legitimidade. De fato, 42% dos entrevistados consideram que a QVT tem legitimidade dentro das organizações, 43% posicionam-se de forma inversa e 15% desconhecem a questão (V8). Desse conflito é que deverão ser direcionadas as formas de implementação das ações e dos programas de QVT. Os caminhos estão abertos para sua conquista por parte dos empregados, dependendo das formas de negociação e da natureza dos conflitos envolvidos. Da mesma forma, essas práticas poderão ser concedidas pelas organizações, dependendo do grau de consciência social existente quanto à auto-estima, expectativas do grupo, apelos e suportes socioculturais. Ainda, com o contínuo surgimento de formas organizacionais em rede de competências, é possível vislumbrar a posição de compartilhamento de responsabilidades entre os principais atores em ação: empregados, empregadores e administrador. Essas questões serão retomadas mais adiante quando da análise do fator crítico Práticas e Valores de QVT.

O fator crítico Legitimidade apresenta alta complexidade; por isso, foi feito esforço de alinhamento perceptual entre questões éticas, jurídicas e de desenvolvimento sustentável. Ganhar legitimidade significa aumentar a freqüência e a abrangência das ações e dos programas de QVT e sua aceitação por universo cada vez maior de administradores, inclusive consolidando-os como parte da legislação trabalhista. Os benefícios da QVT são sentidos como perpetuados dentro das organizações por 83% dos entrevistados (V13). Essa informação traz um sentido de sustentabilidade à QVT que poucas ações e poucos programas empresariais conseguem atingir, principalmente se se levar em consideração que 89% dos administradores demandam a melhora de sua própria qualidade de vida no trabalho (V20) e que existe uma perspectiva quase unânime de participar de ações e programas de QVT no futuro (V26). Credibilidade é o ganho das ações e dos programas de QVT que têm legitimidade.

Tabela 4.5   *Fator crítico: legitimidade.*

Variáveis	Categorias	Cód.	Freq.	%	Descrição Gráfica
V4 As ações e os programas de QVT são importantes para a administração da empresa	Discordo plenamente	4.1	0	0,0	
	Discordo	4.2	1	0,5	
	Concordo	4.3	67	30,9	
	Concordo plenamente	4.4	147	67,7	
	Desconheço	4.5	2	0,9	
V6 Empregados valorizam ações e programa de QVT	Discordo plenamente	6.1	0	0,0	
	Discordo	6.2	25	11,5	
	Concordo	6.3	114	52,6	
	Concordo plenamente	6.4	71	32,7	
	Desconheço	6.5	5	2,3	
	Não respondeu	6.0	2	0,9	
V7 Empregadores consideram desnecessárias as ações e programa de QVT	Discordo plenamente	7.1	27	12,4	
	Discordo	7.2	108	49,8	
	Concordo	7.3	67	30,9	
	Concordo plenamente	7.4	3	1,4	
	Desconheço	7.5	10	4,6	
	Não respondeu	7.0	2	0,9	
V8 As ações e programas de QVT oferecidos pelas empresas são legítimos de fato	Discordo plenamente	8.1	8	3,7	
	Discordo	8.2	82	37,8	
	Concordo	8.3	84	38,8	
	Concordo plenamente	8.4	9	4,1	
	Desconheço	8.5	32	14,7	
	Não respondeu	8.0	2	0,9	

INTERFACES DA QUALIDADE DE VIDA DA ADMINISTRAÇÃO NO BRASIL 155

Tabela 4.5 (*Continuação*).

Variáveis	Categorias	Cód.	Freq.	%	Descrição Gráfica
V13 As ações e programas de QVT geram benefícios que se perpetuam para sucessores e novas gerações	Discordo plenamente	13.1	4	1,8	
	Discordo	13.2	18	8,3	
	Concordo	13.3	94	43,3	
	Concordo plenamente	13.4	86	39,6	
	Desconheço	13.5	14	6,5	
	Não respondeu	13.0	1	0,5	
V20 Em sua opinião, como administrador, sua QVT precisa ser melhorada	Discordo plenamente	20.1	2	0,9	
	Discordo	20.2	16	7,4	
	Concordo	20.3	108	49,8	
	Concordo plenamente	20.4	85	39,2	
	Desconheço	20.5	2	0,9	
	Não respondeu	20.0	4	1,8	
V26 Tem necessidade de participar de ações e programas de QVT	Falso	26.1	21	9,7	
	Verdadeiro	26.2	183	84,3	
	Não respondeu	26.0	13	6,0	

4.5 PERFIL DO ADMINISTRADOR EM QVT*

A análise estatística permite agrupar os entrevistados em conglomerados que apresentaram respostas similares para as variáveis-razão de 4 a 21. Os experimentos estatísticos foram feitos para a formação de dois, três e quatro conglomerados ou grupos típicos. Optou-se por escolher uma modelagem para os seguintes três grupos típicos (Tabela 4.6, Quadro 4.1 e Figuras 4.1 e 4.2).

1. **Incondicionais***, com 49 representantes em 215 entrevistados válidos, são os que apresentaram respostas mais positivas ou notas maiores para a importância de QVT, especialmente entre os administradores executivos, valorizando informações, capacitação especializada e legitimidade.

2. **Conciliadores**, com 86 casos, demonstrando notas ainda altas em todos os fatores críticos, mas observando-se questões ligadas especialmente a executivos.

3. **Refratários**, constituído por 80 casos, considerando a QVT ainda relevante, mas com restrições, especialmente entre professores e alunos de Administração, com médias menores em todos os fatores críticos.

De início, é interessante observar que não existe diferenciação significativa por sexo. Esse dado surpreende em relação a todas as pesquisas anteriores. A característica do grupo que se interessa por Qualidade de Vida é do sexo feminino e tem cerca de 40 anos. Está claro que o corte por ocupação associa, mesmo que de forma relativamente tênue, professores e alunos de Administração com os refratários, e a categoria executivos com os incondicionais e, em menor grau, com os conciliadores.

Embora de maneira não fortemente significativa, os jovens estão mais relacionados com o grupo dos refratários. Os de idade intermediária estão mais associados aos incondicionais e os mais maduros são identificados com os conciliadores (Figura 4.2). Por se tratar de uma análise exploratória, essas associações podem conter incorreções. Está claro que os jovens tendem a ver a QVT não com menor reserva, mas com menor necessidade imediata para seu próprio uso, tal qual descrito a seguir. Os dados sobre origem revelaram que a amostra foi composta por 82% de administradores da cidade de São Paulo, 7,4% do interior de São Paulo e 6,5% (V14) de outros Estados.

O conglomerado dos incondicionais tem como variável mais característica a firme convicção de que a QVT tem espaço definido em termos conceituais, de capacitação e de atuação dentro das organizações (V18, V11). Cabe a eles, tam-

---

* Caricaturas elaboradas por Caio Augusto Limongi Gasparini (2001).

bém, o maior grau de acesso à informação (V14), variável crítica para a consecução das ações e dos projetos na área. Como previsto na análise de freqüências simples, existem contestações sobre a aceitação de QVT como uma prática legítima (V8), com o que os incondicionais concordam.

Tabela 4.6 *Fator crítico perfil do administrador QVT.*

Variáveis	Categorias	Freq.	%	Descrição Gráfica
Sexo	Feminino	66	30,4	
	Masculino	151	69,6	

Variáveis	Categorias	Freq.	%	Descrição Gráfica
Idade	De 19 a 30 anos	72	33,5	
	de 31 a 50 anos	114	53,0	
	de 51 a 68 anos	28	13,0	
	Não respondeu	1	0,5	

Variáveis	Categorias	Freq.	%	Descrição Gráfica
Dependentes	Um	30	13,8	
	Dois	38	17,5	
	Três	31	14,3	
	Quatro	7	3,2	
	Cinco	2	0,9	
	Nenhum	109	50,2	

	Solteiro	92	42,4	
	Casado	98	45,2	
Estado civil	Divorciado	21	9,7	
	Amasiado	1	0,5	
	Não respondeu	5	2,3	

	Administração	88	40,6	
	Engenharia	25	11,5	
Formação – Graduação	Psicologia	13	6,0	
	Economia/Contábeis	7	3,2	
	Outros	29	13,4	
	Não respondeu	55	25,3	

Tabela 4.6 (*Continuação*)

Formação – Mestrado	Administração	23	10,6
	MBA	7	3,2
	Engenharia	6	2,8
	Psicologia	3	1,4
	Outros	21	9,7
	Não respondeu	157	72,3

Formação – Doutorado	Administração	8	3,7
	Engenharia	3	1,4
	FEA/USP	5	2,3
	Outros	13	6,0
	Não respondeu	188	86,6

Variáveis	Categorias	Freq.	%	Descrição Gráfica
Especialização	Administração	8	3,7	
	MBA	8	3,7	
	RH	3	1,4	
	Outros	22	10,1	
	Não respondeu	176	81,1	

Grupo	Aluno	64	29,5
	Professor	48	22,1
	Executivo/Administrador	85	39,2
	Não respondeu	20	9,2

Tempo de trabalho/estudo	1 a 5 anos	68	31,3
	6 a 10 anos	46	21,2
	11 a 20 anos	43	19,8
	21 a 35 anos	36	16,6
	Não respondeu	24	11,1

Quadro 4.1 *Mapa dos conglomerados.*

Códigos	Questões do Inventário Interfaces da QVT na Administração
INC	SEGMENTO 1 – INCONDICIONAIS
CONC	SEGMENTO 2 – CONCILIADORES
REFR	SEGMENTO 3 – REFRATÁRIOS
V3	Posição QVT das ações e dos programas de QVT na atividade do administrador
V4	As ações e os programas de QVT são importantes para a administração de empresas
V5	Ações e programas de QVT interferem na produtividade
V6	Empregados valorizam ações e programas de QVT
V7	Empregadores consideram desnecessárias as ações e os programas de QVT
V8	As ações e os programas de QVT oferecidos pelas empresas são legítimos de fato
V9	Há resultados mensuráveis das ações e dos programas de QVT
V10	Minha área de atuação utiliza práticas relacionadas ao bem-estar no trabalho
V11	O administrador de QVT deve ter formação específica (para gerenciar qualidade de vida)
V12	A utilização de ações e programas de QVT aumentou nos últimos cinco anos na empresa
V13	As ações e os programas de QVT geram benefícios que se perpetuam para sucessores e novas operações
V14	Tenho tido muita informação sobre Qualidade de Vida no Trabalho
V15	As informações que recebo modificam minha atuação profissional
V16	Toda empresa deve ter um programa de Qualidade de Vida no Trabalho
V17	Toda ação de Qualidade de Vida no Trabalho deve partir do empregado
V18	Tenho uma definição clara sobre Qualidade de Vida no Trabalho
V19	Há modelos gerenciais para implantação de programas de QVT
V20	Na sua opinião, para você, como administrador, sua QVT precisa ser melhorada
V21	As ações de Qualidade de Vida são sempre necessárias no trabalho das empresas
FEMI	Sexo feminino
MASC	Sexo masculino
IDADE 1	De 19 a 30 anos
IDADE 2	De 31 a 50 anos
IDADE 3	De 51 a 68 anos
ALUNO	Grupo – Alunos
PROF	Grupo – Professores
EXEC	Grupo – Executivos/Administradores

160 QUALIDADE DE VIDA NO TRABALHO – QVT

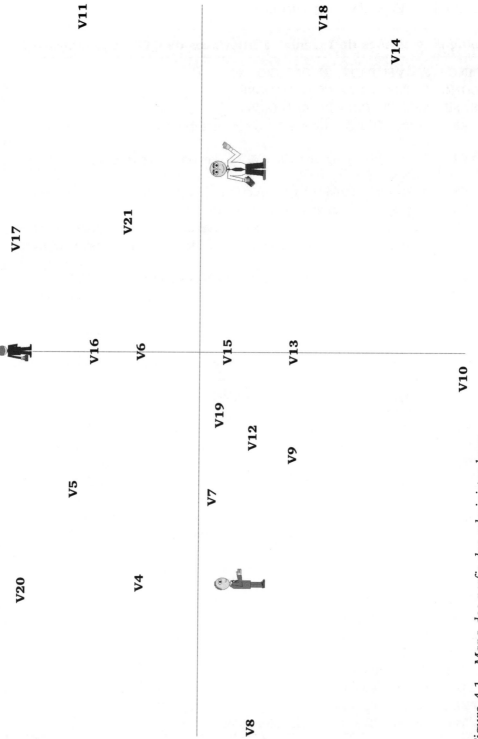

Figura 4.1 Mapa dos perfis dos administradores.

INTERFACES DA QUALIDADE DE VIDA DA ADMINISTRAÇÃO NO BRASIL 161

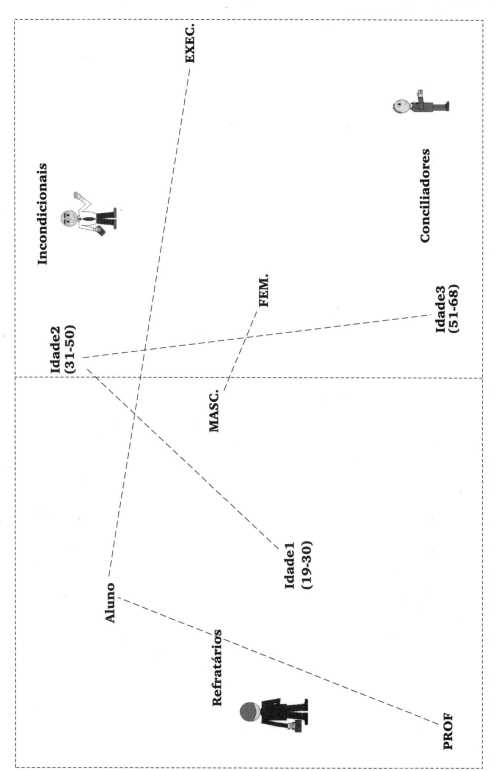

Figura 4.2 *Mapa dos administradores por idade e ocupação.*

O grupo de incondicionais tende a desconhecer, ainda que de forma não decisiva, a existência de modelos gerenciais para a implantação de programas de QVT (V19) e posiciona-se com reservas ao atribuir ao empregador a responsabilidade de implantá-los (V7). A questão da sustentabilidade ou da perpetuidade dos resultados dos programas de QVT (V13), colocada como aspecto negativo para o grupo dos refratários, torna-se, por oposição, uma variável importante para os que defendem incondicionalmente a QVT.

O grupo refratário posiciona-se também favorável às práticas de QVT, porém com menor ênfase. Defende fortemente a adoção de ações e programas permanentes (V16, V21), mas não concorda com a visão de legitimidade de sua adoção pelas organizações (V8). Não coloca restrições quanto à associação entre QVT e produtividade (V5), mas não acredita que os benefícios dessas práticas possam perpetuar-se (V13), argumento forte contra a sustentabilidade. A rigor, o que o grupo refratário parece indicar é a forte ausência de práticas de QVT em seu cotidiano profissional (V10), o que significa a pouca existência de contato dessa categoria com as competências e experiências hoje existentes na área. Essa afirmação é reforçada pelo fato de o grupo ser associado a administradores mais jovens.

O grupo denominado de conciliador é sustentado por todas as categorias de profissionais de Administração, com maior peso de professores e alunos. A aceitação de QVT como uma prática legítima (V8) é o que melhor caracteriza o grupo. Seu posicionamento ante o empregador como responsável pela implantação de programas de QVT é fortemente positivo (V7). A qualificação de modelos gerenciais específicos para essa nova competência (V19) tem apontamento positivo. Ao contrário dos incondicionais, tem certa dificuldade de definir precisamente o que é QVT (V18) exatamente porque vê nessa atividade um leque muito grande de associações com as áreas psicossocial, organizacional e biológica. Acredita, embora de forma não totalmente vigorosa, na possibilidade de obter resultados mensuráveis (V9) para sua própria melhora como profissional (V20). Tem a percepção de que a utilização de programas de QVT vem progressivamente aumentando sua importância nas organizações (V12), provocando aumento de produtividade (V5).

4.6 PRÁTICAS E VALORES NAS EMPRESAS

Essa participação introduz a QVT no cenário de novas práticas organizacionais, o que é tratado a seguir por meio das variáveis 3, 10, 17, 22 e 29, entre outras (Tabela 4.7). O que mais reforça o potencial de crescimento das práticas de QVT é sua aceitação por 45% dos administradores como um grupo de atividades "primárias" para sua atuação profissional (V3).

Tabela 4.7 *Práticas e valores nas empresas.*

Variáveis	Categorias	Cód.	Freq.	%	Descrição Gráfica
V3 Posição das ações e dos programas de QVT com relação à atividade de administrador ou futuro administrador	Primária	3.1	97	44,7	
	Secundária	3.2	56	25,8	
	Não faz parte	3.3	42	19,4	
	Não respondeu	3.0	22	10,1	
V10 Minha área de atuação utiliza práticas relacionadas ao bem-estar no trabalho	Discordo plenamente	10.1	19	8,8	
	Discordo	10.2	45	20,7	
	Concordo	10.3	88	40,5	
	Concordo plenamente	10.4	51	23,5	
	Desconheço	10.5	11	5,1	
	Não respondeu	10.0	3	1,4	
V17 Toda ação de QVT deve partir do empregado	Discordo plenamente	17.1	47	21,7	
	Discordo	17.2	145	66,8	
	Concordo	17.3	18	8,3	
	Concordo plenamente	17.4	3	1,4	
	Desconheço	17.5	2	0,9	
	Não respondeu	17.0	2	0,9	
V22 Há pressões externas para implantação de ações e programas de QVT	Falso	22.1	48	22,1	
	Verdadeiro	22.2	166	76,5	
	Não respondeu	22.0	3	1,4	
V22 Quais?*	Sindicatos	22.2.3	119	29,7	
	Outras empresas	22.2.4	86	21,4	
	Legislação	22.2.2	83	20,7	
	Clientes	22.2.1	69	17,2	
	Outros	22.2.5	44	11,0	
V29 Categoria profissional que mais precisa de ações e programas de QVT	Pessoal de operações	29.2	80	36,9	
	Direção e alta direção	29.4	20	9,2	
	Gerência	29.3	18	8,3	
	Pessoal de apoio	29.1	13	6,0	
	Outro	29.5	43	19,8	
	Não respondeu	29.0	43	19,8	

* Resposta múltipla.

Por outro lado, 26% consideram a QVT como atividade secundária e 20% não a incluem como atividade relevante. Trata-se aqui de entender que essa variável (V3) se refere à QVT como objeto de ação profissional do administrador e não como o grau de importância dessa atividade para a organização ou mesmo para o administrador individualmente, o que é tido como fundamental (V4).

Dos entrevistados, 64% responderam que as práticas relacionadas ao bem-estar no trabalho são utilizadas em suas respectivas áreas de atuação (V10). Trata-se, assim, de um conjunto de atividades que permeia as organizações. Outros 29% atestam o contrário, mostrando o potencial de crescimento dessas atividades. Esse crescimento, como verificado anteriormente, pode ser conquistado, concedido ou compartilhado. A variável 17 aponta que, pela óptica do administrador, as ações de QVT não devem partir do empregado, demonstrando que elas se encontram no âmbito da empresa e não no âmbito do empregado. As formas de pressão socioeconômicas validadas como relevantes para o incremento das práticas de QVT são apontadas na questão 22 do Questionário da Pesquisa Exploratória, cujas alternativas podiam ser respondidas simultaneamente pelo entrevistado. Assim, constatou-se que os sindicatos passam a ter fundamental importância (55%), seguidos pelo "efeito demonstração" de outras empresas (39%), pela legislação (38%), pelo "efeito cliente" (32%) e por outros (20%). Essas informações apontam para a importância da conquista da QVT por intermédio das formas sindicais de organização. A relevância conjunta do "efeito demonstração" e do que se poderia chamar de "efeito cliente" aponta para a QVT como objeto de um processo de concessão por parte da organização. Desse conjunto de forças deverão surgir formas de compartilhar as responsabilidades e de validar as práticas de QVT. Vale destacar que as atividades obrigatórias para proteção aos riscos profissionais não se enquadram na denominação concessão, mas na de cumprimento legal de responsabilidade civil e criminal por acidentes e doenças ocupacionais.

4.7 NOVA COMPETÊNCIA

O catalisador dessas práticas é a consolidação de uma nova competência gerencial identificada em QVT, analisada a seguir por meio das variáveis 11, 12, 14, 15, 22, 23, 24 e 28, entre outras (Tabela 4.8). Dos entrevistados, 57% acreditam que o administrador de QVT deve ter formação específica e 36% pensam de forma oposta. Reforça o argumento da competência específica o fato de os programas de QVT terem abrangência de atuação bastante focada. Assim, segundo os dados obtidos por meio da questão 23 do Questionário da Pesquisa Exploratória, observa-se que saúde (70%), lazer (57%) e nutrição (54%) são atividades específicas de QVT; também foram incluídas como respostas de alta freqüência a "responsabilidade social" (54%) e as "relações de trabalho" (61%), estas tidas como interfaces de QVT com os mundos psicossocial e organizacional – anteriormente identificadas como relevantes associações com QVT –, indicando a expansão do conceito de saúde-doença para esferas mais abrangentes de capacitação do administrador.

Reafirmam essa expansão do conceito e da própria competência requerida pelo gestor de QVT as respostas obtidas na questão 28 do Questionário da Pesquisa Exploratória, que elege QVT como uma "estratégia da empresa" (58%), seguida de "serviço permanente" (20%), com forte efeito catalisador nas esferas psicossocial e organizacional (V2). Assim, ainda que tendo como atividades específicas as mencionadas nas questões anteriormente apontadas, trata-se de reconhecer que a QVT não pode ser tratada simplesmente do ponto de vista operacional, ou mesmo gerencial, para adquirir *status* estratégico. Na análise de conglomerados, essa constatação é mais bem qualificada, pois parte dos administradores posiciona-se com reservas sobre tal posição.

Tabela 4.8 *Nova competência.*

Variáveis	Categorias	Cód.	Freq.	%	Descrição Gráfica
V11 O administrador de QVT deve ter formação específica	Discordo plenamente	11.1	14	6,4	
	Discordo	11.2	63	29,0	
	Concordo	11.3	80	36,9	
	Concordo plenamente	11.4	44	20,3	
	Desconheço	11.5	15	6,9	
	Não respondeu	11.0	1	0,5	

V12 A utilização de ações e programas de QVT aumentou nos últimos cinco anos na empresa	Discordo plenamente	12.1	1	0,5	
	Discordo	12.2	10	4,6	
	Concordo	12.3	96	44,2	
	Concordo plenamente	12.4	70	32,3	
	Desconheço	12.5	40	18,4	

V14 Tenho tido muita informação sobre QVT	Discordo plenamente	14.1	17	7,8	
	Discordo	14.2	97	44,7	
	Concordo	14.3	74	34,1	
	Concordo plenamente	14.4	20	9,2	
	Desconheço	14.5	8	3,7	
	Não respondeu	14.0	1	0,5	

Tabela 4.8 (*Continuação*)

Variáveis	Categorias	Cód.	Freq.	%
V15 As informações que recebo modificam minha atuação profissional	Discordo plenamente	15.1	4	1,8
	Discordo	15.2	42	19,4
	Concordo	15.3	113	52,1
	Concordo plenamente	15.4	35	16,1
	Desconheço	15.5	18	8,3
	Não respondeu	15.0	5	2,3
V23 Os programas de QVT têm uma atuação específica	Falso	23.1	44	20,3
	Verdadeiro	23.2	171	78,8
	Não respondeu	23.0	2	0,9
V23 Quais?*	Saúde	23.2.1	151	22,7
	Relações de trabalho	23.2.5	131	19,7
	Lazer	23.2.3	124	18,7
	Nutrição	23.2.2	118	17,8
	Responsabilidade social	23.2.4	118	17,8
	Outros	23.2.6	22	3,3
V24 Há empresas no Brasil que adotam programas abrangentes de QVT	Falso	24.1	23	10,6
	Verdadeiro	24.2	156	71,9
	Não respondeu	24.0	38	17,5
V24 Empresas que adotam programas abrangentes de QVT	Nestlé		17	7,8
	Natura		14	6,5
	Bank Boston		13	6,0
	HP		12	5,5
	Avon/Du Pont/Gessy Lever		9	4,1
	Alcoa/C&A/Dow/IBM/Rhodia/Xerox		8	3,7
	ABB/Volkswagen		6	2,8
	3M/Fiat/GM		5	2,3
	Abril/Grupo Accor/Ford/Pão de Açúcar/Siemens		4	1,8
	Bradesco/Citibank/Merck Sharp Domme/Philips		3	1,4
	Não respondeu/Não sabe		95	43,8

Tabela 4.8 (*Continuação*)

Variáveis	Categorias	Cód.	Freq.	%	Descrição Gráfica
V25 Espera-se melhoria da produtividade nas empresas que têm ações e programas de QVT	Falso	25.1	5	2,3	
	Verdadeiro	25.2	211	97,2	
	Não respondeu	25.0	1	0,5	
V25 De que forma?*	Mais disposição para o trabalho	25.2.5	187	23,8	
	Melhoria do clima interno	25.2.3	184	23,4	
	Maior comprometimento	25.2.1	164	20,8	
	Fidelidade à empresa	25.2.2	115	14,6	
	Atração pelos benefícios	25.2.4	106	13,5	
	Outros	25.2.6	31	3,9	

* Resposta múltipla.

É relevante a constatação de que 77% dos administradores consideram que a utilização de ações e programas de QVT aumentou nos últimos cinco anos. Esse fato ocorreu no mesmo período de início do Programa Brasileiro de Qualidade e Produtividade, Implantação dos Sistemas e Certificações de Qualidade Total, do tipo ISO 9000. Tudo indica que a qualidade de processos e produtos desperta a discussão sobre a Qualidade da Vida Pessoal e Organizacional, embora o grau de informação disponível seja bastante baixo (V14). Eis aqui outra interface crítica para a construção da nova competência: a informação. Embora muitas vezes a informação esteja presente, sua difusão é dificultada por motivos éticos (casos de doenças mais graves ou vícios) ou mesmo pela falta de conhecimento necessário a seu tratamento (desconhecimento das métricas, anteriormente apontado). Quando essas informações são colocadas à disposição, existe percepção muito forte (68%) de que elas alteram a atuação profissional do administrador (V15).

Tabela 4.9 *Síntese dos tratamentos estatísticos [Importância de cada variável na classificação dos grupos, com média (Mean) e Desvio-Padrão (Std. Deviation).*

Variáveis		N	Mean	Std. Deviation	F	Sig
✓4 As ações e os programas de QVT são importantes para a administração de empresas	Grupo 1	49	3,8163	0,3912	9,730	0,000
	Grupo 2	86	3,7674	0,4249		
	Grupo 3	78	3,5000	0,5284		
	Total	213	3,6808	0,4773		
✓5 Ações e programas de QVT interferem na produtividade	Grupo 1	47	3,7234	0,6151	9,077	0,000
	Grupo 2	83	3,7108	0,6155		
	Grupo 3	75	3,3200	0,6810		
	Total	205	3,5707	0,6650		
✓6 Empregados valorizam ações e programas de QVT	Grupo 1	48	3,5000	0,5835	8,550	0,000
	Grupo 2	85	3,2235	0,6051		
	Grupo 3	75	3,0267	0,6570		
	Total	208	3,2163	0,6418		
✓7 Empregadores consideram desnecessárias as ações e os programas de QVT	Grupo 1	48	2,9375	0,8097	11,369	0,000
	Grupo 2	83	2,9398	0,5488		
	Grupo 3	74	2,4865	0,6462		
	Total	205	2,7756	0,6848		
✓8 As ações e os programas de QVT oferecidos pelas empresas são legítimos de fato	Grupo 1	48	2,4792	0,6185	20,316	0,000
	Grupo 2	70	2,8429	0,6052		
	Grupo 3	65	2,1846	0,5834		
	Total	183	2,5137	0,6618		
✓9 Há resultados mensuráveis das ações e dos programas de QVT	Grupo 1	48	3,2889	0,6260	24,538	0,000
	Grupo 2	71	3,2254	0,5398		
	Grupo 3	59	2,5254	0,7736		
	Total	178	3,0057	0,7311		

Tabela 4.9 (*Continuação*)

Variáveis		N	Mean	Std. Deviation	F	Sig
✓10 Minha área de atuação utiliza práticas relacionadas ao bem-estar no trabalho	Grupo 1	48	3,3542	0,6992	46,955	0,000
	Grupo 2	81	3,1358	0,7374		
	Grupo 3	73	2,1644	0,7995		
	Total	202	2,8366	0,9077		
✓11 O administrador de QVT deve ter formação específica (para gerenciar qualidade de vida)	Grupo 1	46	3,5662	0,5832	48,329	0,000
	Grupo 2	82	2,2683	0,7036		
	Grupo 3	71	2,8310	0,8104		
	Total	199	2,7688	0,8743		
✓12 A utilização de ações e programas de QVT aumentou nos últimos cinco anos na empresa	Grupo 1	45	3,6000	0,4954	26,096	0,000
	Grupo 2	74	3,4865	0,5792		
	Grupo 3	57	2,9123	0,5099		
	Total	176	3,3295	0,6089		
✓13 As ações e os programas de QVT geram benefícios que se perpetuam para sucessores e novas gerações	Grupo 1	48	3,7500	0,4838	37,355	0,000
	Grupo 2	84	3,4405	0,5672		
	Grupo 3	70	2,8143	0,7282		
	Total	202	3,2970	0,7130		
✓14 Tenho tido muita informação sobre QVT	Grupo 1	48	3,2083	0,6510	60,566	0,000
	Grupo 2	83	2,5060	0,6123		
	Grupo 3	75	1,9467	0,6128		
	Total	206	2,4660	0,7817		
✓15 As informações que recebo modificam minha atuação profissional	Grupo 1	46	3,2609	0,6476	13,464	0,000
	Grupo 2	81	2,9753	0,5472		
	Grupo 3	67	2,6269	0,7555		
	Total	194	2,9227	0,6898		

Tabela 4.9 (*Continuação*)

Variáveis		N	Mean	Std. Deviation	F	Sig
✓16 Toda empresa deve ter um programa de QVT	Grupo 1	49	3,8571	0,3536	6,895	0,001
	Grupo 2	86	3,5581	0,6963		
	Grupo 3	80	3,4625	0,5941		
	Total	215	3,5907	0,6113		
✓17 Toda ação de QVT deve partir do empregado	Grupo 1	49	2,0816	0,7593	4,209	0,016
	Grupo 2	85	1,7765	0,5428		
	Grupo 3	77	1,8961	0,5022		
	Total	211	1,8910	0,5956		
✓18 Tenho uma definição clara sobre QVT	Grupo 1	48	3,5625	0,9873	39,785	0,000
	Grupo 2	84	2,6905	0,6205		
	Grupo 3	76	2,3421	0,7034		
	Total	208	2,7644	0,8777		
✓19 Há modelos gerenciais para implentação de programas de QVT	Grupo 1	38	3,5179	0,6789	8,421	0,000
	Grupo 2	56	3,0179	0,6740		
	Grupo 3	42	2,5952	0,5868		
	Total	136	2,9265	0,6846		
✓20 Em sua opinião, como administrador, sua QVT precisa ser melhorada	Grupo 1	48	3,2917	0,7978	0,510	0,602
	Grupo 2	85	3,3647	0,5946		
	Grupo 3	76	3,2632	0,6190		
	Total	209	3,3110	0,6533		
✓21 As ações de qualidade de vida são sempre necessárias no trabalho das empresas	Grupo 1	48	3,7292	0,4491	9,394	0,000
	Grupo 2	85	3,3882	0,6743		
	Grupo 3	80	3,2250	0,6931		
	Total	213	3,4038	0,6633		

5

Perspectivas da Gestão da Qualidade de Vida no Trabalho

Os conceitos e práticas aqui apresentados foram direcionados para o modelo de Nova Competência em Gestão, com núcleos conceituais caracterizados pelos fatores críticos. O modelo da Nova Competência está projetado de acordo com a Figura anterior – Modelo conceitual da gestão avançada de QVT – Nova Competência, e é formado por:

- conhecimento do negócio;
- estratégias;
- técnicas.

Dessa forma, analisam-se inicialmente os resultados da análise documental referente ao Projeto G-QVT e, em seguida, discutem-se os resultados do estudo exploratório.

Os elementos dos dados registrados na Análise Documental indicam a similaridade de conteúdo qualitativo no que se refere à localização de fatores críticos na administração. Com base nesses documentos, foi construído, testado e aplicado o questionário com perguntas direcionadas "Interfaces da qualidade de vida no trabalho na administração".

O tema está em contínua discussão dentro e fora da USP por meio de várias frentes. A mencionada Rede de Estudos Gestão de Qualidade de Vida no Trabalho, já em sua 20ª Reunião, conta com cerca de 200 especialistas participantes de reuniões, eventos e cursos. O Boletim *Caia na Rede*, em sua sétima edição e com novo logotipo, é distribuído via Internet e tem alcance estimado de mil leitores. Os dois cursos avançados de Gestão Empresarial em Qualidade de Vida no Trabalho envolveram 44 especialistas. A linha de pesquisa vem sendo divulgada em cursos de Administração, palestras, mesas-redondas e publicações com foco em gestão empresarial. No âmbito da pós-graduação, está sendo oferecida a disciplina Gestão de Qualidade de Vida no Trabalho no Curso de Mestrado do Programa Interunidades de Pós-Graduação (Pronutri). Para o ano de 2001, está sendo negociada a formação de cooperativas e incubadoras de programas com base tecnológica em QVT.

Além de possibilitar a síntese do esforço coletivo, a análise documental dessa rica experiência auxilia, sobremaneira, a formatação do desenho da pesquisa exploratória quantitativa, anteriormente discutida, e demonstra a consolidação no modelo conceitual Nova Competência em Gestão da QVT. Essa consolidação pode ser identificada na natureza das discussões dos eventos internacionais – QVT-I, Rede REG-QVT –, nos quais foram tratados temas como conceito de QVT, diversidade, questões jurídicas, inovações tecnológicas, fusões, educação e pedagogia que estão afinados com as Escolas de Pensamento direcionadas ao Conhecimento do Negócio.

A Rede REG-QVT representa hoje a consolidação, no âmbito da FEA/USP, de um núcleo de pesquisa, ensino e extensão em QVT, articulado em rede de competências e aberto a debates temáticos variados entre profissionais especializados e pessoal interessado no tema, particularmente relacionados com a realidade organizacional de empresas e entidades nacionais e internacionais.

A diversidade cultural do ambiente nas empresas aponta obstáculos e oportunidades para as práticas e os valores de QVT, destacando-se o poder de inclusão de grupos socioocupacionais na vida organizacional por meio de ações e programas, o que potencializa a disciplina como elemento estratégico.

O rico e diversificado ambiente empresarial advindo das fusões e incorporações, intensificadas na década de 1990, traz desafios competitivos para as organizações e grande turbulência na vida das diferentes categorias profissionais, potencializando ansiedades, medo e *stress*. Nesse ambiente, as práticas e os valores de QVT encontram campo fértil para sua difusão.

A inovação tecnológica, intensificada na passagem do século, traz grandes impactos socioocupacionais, principalmente com a informatização de processos. "Tecnologia e QVT caminham juntas", essa é a principal conclusão dos debates.

Um grande aliado da QVT é o aparato jurídico que se constitui na salvaguarda de direitos e deveres, ordenando os aspectos essenciais de ações e programas, práticas e valores, particularmente na área trabalhista. Acidentes de trabalho e conflitos organizacionais e aspectos críticos de QVT são reduzidos ou mais bem regulados por referências normativas e legais. Há muito o que aperfeiçoar em relação a esse tema, diminuindo a visão paternalista, o que pressupõe maior participação de especialistas jurídicos nas questões de QVT.

Adequar programas organizacionais modernos, como a produção enxuta e flexível, a práticas e valores de QVT, reduzindo incertezas e vencendo as contradições das fortes dinâmicas interna e externa da empresa, assim como melhor integrar as pessoas por meio de informações e aprendizagem, aumentando o espírito cooperativo e a identidade empregado – empresa, são objetivos típicos de QVT para a área organizacional de empresas-cidadãs.

O aumento da produtividade e o tempo livre trazem consigo o ócio criativo, o qual pode ser potencializado por meio da QVT, evitando incertezas e perda de referências no trabalho.

A constituição e a manutenção ativa da Rede evidenciam uma nova competência identificada em QVT, demonstrando claramente suas interfaces com temas relevantes (fatores críticos) da realidade empresarial contemporânea: produtividade, legitimidade, perfil do gestor, modelos organizacionais em rede.

5.1 VISÃO DOS EXECUTIVOS DE GESTÃO DE PESSOAS

Na visão dos executivos do MBA-RH-FIA-FEA-USP, o conceito de QVT confirma a ênfase na camada organizacional como fundamental para a formação de competências em gestão. A camada psicológica aparece como segunda grande preocupação, seguida dos aspectos biológicos e sociais. Essa ordenação reflete a formação e a experiência profissional dos executivos.

As atividades de QVT desenvolvidas nas empresas são percebidas fortemente na camada biológica, com ênfase nas ações programadas voltadas para saúde, alimentação e vícios adquiridos por empregados. A camada organizacional merece destaque nos itens lazer interno, ambiente físico, arranjos flexíveis e benefícios. Com pouco destaque, encontram-se as camadas social (reciclagem, palestras, cidadania) e psicológica (lazer externo e tratamentos terapêuticos).

Os aspectos positivos de QVT são percebidos pelos executivos de RH, majoritariamente, na área organizacional, com ênfase no aumento de produtividade, na competitividade, nos resultados e imagem da empresa e na qualidade dos processos e produtos. As camadas biológica, psicológica e social aparecem equilibradas em termos de aspectos positivos, com destaques para, respectivamente, as questões de redução de doenças, satisfação interna e consciência e politização dos empregados.

A QVT apresenta uma série de fatores críticos que merecem ser aprofundados, visando ao desenvolvimento mais aperfeiçoado de ações e programas de QVT. Os principais pontos da análise das respostas dos executivos do Curso de MBA – RH da FIA-FEA/USP foram os seguintes:

Fator Crítico Produtividade
Métricas e processos de avaliação
Subjetividade na apuração de resultados

Fator Crítico Legitimidade
Comprometimento
QVT como investimento
Incertezas sobre eficácia
QVT como estratégia
Ausência de lideranças

Fator Crítico Práticas e Valores
Imediatismo e paternalismo
Ausência de personalização de atendimento
Falta de integração
Superficialidade dos programas de QVT
Ausência de estudos de demanda
Impacto de mudanças
Desnível social
Dificuldades de implantação
Adequação de programas e ações

Os aspectos anteriormente relacionados mostram a ampla gama de estudos e pesquisas inovadores que podem vir a ser desenvolvidos nas questões de gestão empresarial da QVT.

5.2 CONCEITO DE QVT

Existe crescente consciência ou percepção da importância de QVT para o administrador, independentemente de sua área de atuação ou nível de formação; o chão de fábrica é o tradicional alvo de programas de saúde ocupacional e de segurança no trabalho. Atualmente, no entanto, QVT passa a englobar outras categorias de colaboradores, incluindo gerência e alta direção.

Embora, historicamente, QVT esteja mais associada a questões de saúde e segurança no trabalho, seu conceito passa a sinalizar a emergência de habilidades, atitudes e conhecimentos em outros fatores, abrangendo agora associações com produtividade, legitimidade, experiências, competências gerenciais e mesmo integração social.

5.3 PRODUTIVIDADE

Há grande crença de que os programas de QVT geram resultados mensuráveis nas organizações, embora ainda exista pouca cultura quanto às métricas hoje existentes. A associação entre QVT e produtividade é aceita pela grande maioria dos administradores. É uma associação imediata e positiva. Observa-se que em muitas organizações ainda prosperam métodos de gestão pouco afeitos à QVT. Entre a percepção do administrador e as práticas reais existe uma lacuna, o que é reforçado pela idéia de que muitos empregadores são vistos como refratários à QVT. Maior disposição para o trabalho, melhoria do clima interno, maior comprometimento, fidelidade à empresa e atração pelos benefícios são os elementos que mais contribuiriam, nessa ordem, para a percepção de aumento da produtividade.

É importante para o administrador o conceito de que QVT é, acima de tudo, um investimento da empresa e não somente uma ação filantrópica, mercadológica ou mesmo uma obrigação legal. O administrador considera QVT um tema estratégico para o aumento de produtividade em ambientes competitivos, mas que ainda carece de maiores informações sobre o perfil dessa nova competência identificada.

5.4 LEGITIMIDADE

Entre os administradores, é praticamente unânime a consideração de que QVT é um tema significativo. Consideram-na um elemento de sustentabilidade empresarial. No entanto, um grupo reduzido não percebe seu valor para a melhoria das condições de trabalho, em parte por não conhecer o verdadeiro significado e o alcance do conceito.

Os empregadores são vistos, em sua maioria, como não interessados em programas de QVT. Essa visão é um indicador da existência de potencial conflito na esfera das culturas organizacionais entre empregados e administradores, de um lado, e empregadores, de outro.

Desse conflito nasce, entre os administradores, uma visão difusa sobre a legitimidade existente em torno de programas e ações de QVT. A divisão de opiniões é equilibrada, considerando também pequena parcela que desconhece o assunto. Essa posição difusa abre perspectivas de ações e programas em QVT a serem conquistados pelos empregados ou concedidos pelos empregadores. Caberia aos administradores caminhar para uma posição de compartilhamento de responsabilidades entre os vários atores na organização. Essa posição reforça o perfil do administrador como parâmetro capaz de viabilizar, ou não, essa nova competência dentro do quadro de prioridades empresariais.

5.5 PERFIL DO ADMINISTRADOR

Por meio da análise de conglomerados, identificaram-se três grupos típicos: o dos incondicionais (49 casos em 215), o dos conciliadores (86 casos) e o dos refratários (80 casos). A rigor, não existe diferenciação significativa entre os grupos, pois as médias de importância para as variáveis relevantes são altas em todos eles. Assim, todos os três grupos têm alto grau alto de identificação com QVT, mas existem diferenças que merecem destaque.

Não existe diferenciação entre os grupos considerando o sexo dos respondentes, embora os profissionais de QVT sejam mais claramente identificados como do sexo feminino. Os jovens podem ser identificados como pertencentes ao grupo dos refratários, e conforme a idade aumenta, a identificação passa a ser com o grupo dos incondicionais e com o dos conciliadores. Os executivos jovens estão mais presentes no grupo dos incondicionais e no dos refratários, enquanto os professores e alunos de Administração estão mais representados no grupo dos conciliadores.

O grupo dos incondicionais tem a firme convicção de que QVT tem espaço, em termos conceituais, de capacitação e de atuação dentro das organizações. Esse grupo tem maior exposição a informações sobre a matéria, o que é crítico para a elaboração de ações e programas. Coloca em dúvida a legitimidade, considerando certa oposição à QVT por parte dos empregadores. Embora tenha pouco conhecimento sobre os modelos de gestão mais compatíveis com a área, acredita fortemente na sustentabilidade dos programas como variável crítica para sua implementação.

O grupo dos refratários, assim denominado somente para dar ênfase a certa oposição, embora discreta, posiciona-se a favor de ações e programas de QVT, porém encontrando dificuldades em aceitar sua legitimidade, tal qual o grupo dos incondicionais. Vê na produtividade uma justificativa plausível para o uso de QVT nas organizações; por isso, tem uma visão mais precisa e focada no conceito. No entanto, não acredita em sua sustentabilidade, discordando da afirmação de perpetuação dessas iniciativas nas organizações. Nesse grupo é identificada baixa ênfase no uso de programas de QVT em seu cotidiano profissional, o que indica pouco contato com suas práticas e seus benefícios diretos.

O grupo dos conciliadores tem na legitimidade a variável mais forte, sustentada por professores e alunos. Indica os empregadores como os principais responsáveis pela implantação de programas de QVT e pela adoção de modelos gerenciais para tal fim. A grande dificuldade desse grupo é precisar o conceito de QVT, por ser essa uma competência que envolve ampla gama de habilidades. Acredita na possibilidade de mensuração de resultados, na própria melhoria de condição de trabalho e na produtividade por meio de ações e programas de QVT.

5.6 PRÁTICAS E VALORES NAS EMPRESAS

O que mais reforça o potencial de crescimento das práticas de QVT é sua aceitação como um grupo de atividades primárias ou essenciais para a atuação da maioria dos profissionais de administração. Convém salientar que essa é uma percepção sobre a QVT enquanto objeto de atuação (amplo e diversificado, seguindo o conceito BPSO-96), e não quanto ao grau de importância dessa atividade no contexto de outras atividades na organização. Isso significa que o homem das finanças não vê essa atividade como primária em seu campo de atuação, o que é compreensível.

A grande maioria dos respondentes percebe que as práticas e os valores de QVT estão sendo utilizados em suas respectivas áreas de atuação, com grande potencial para atingir outras áreas da empresa.

As práticas e os valores estariam contidos em grupos de pressão relacionados, por ordem de importância, a sindicatos, efeito demonstração de outras empresas, legislação, efeito cliente e outros. A QVT não é um valor associado a iniciativas isoladas de empregados.

QVT é um valor a ser conquistado (importância de sindicatos e legislação) ou concedido (efeito demonstração e efeito cliente), com grande potencial para ser compartilhado, o que depende do perfil do administrador, identificado como altamente positivo em relação à QVT.

5.7 NOVA COMPETÊNCIA

Em grande parte, a QVT é identificada como uma competência específica, embora essa não seja uma constatação unânime. Reforça a posição da maioria dos administradores o fato de os programas de QVT serem muito bem focados, embora abranjam diferentes habilidades.

A competência em QVT está associada a questões de saúde, lazer e nutrição – nessa ordem. Também estão contidas nessa nova competência as habilidades relacionadas a responsabilidade social e relações do trabalho, as quais são interfaces das esferas psicossocial e organizacional (altamente associadas como relevantes à QVT). Essa percepção reforça a expansão do conceito saúde-doença para áreas mais abrangentes de capacitação do administrador.

QVT é uma competência gerencial para o administrador e uma competência estratégica para a organização. É percebida também como atividade permanente, com forte efeito catalisador nas esferas psicossocial e organizacional, reforçando o conceito BPSO-96.

Os resultados indicam que a qualidade de processos e produtos desperta a discussão sobre Qualidade de Vida Pessoal e Organizacional, embora o grau de informação sobre essas questões seja relativamente baixo. A falta de informação talvez seja, ainda, o maior obstáculo ao reconhecimento da QVT como nova competência. De fato, a difusão de informações é dificultada por motivos éticos (casos de doenças graves ou vícios) ou mesmo pela falta de conhecimento sobre tratamentos clínicos e seus resultados. Quando essas informações estão presentes, existe forte percepção de que elas alteram a atuação profissional do administrador e sua compreensão sobre QVT como nova competência.

Há, também, desconhecimento sobre modelos gerenciais para a gestão das atividades de QVT, o que ratifica a proposta de consolidação de uma nova competência.

Quando se vislumbra espaço, encontram-se forças onde não se imagina, assim como elementos inéditos da realidade. O fechamento deste texto é, entre outras coisas, o resultado da busca de explicações e de espaços conceituais e empíricos vislumbrados em fatos e incidentes inesperados na vida das empresas. Globalização, velocidade, exigências tecnológicas, amadurecimento da responsabilidade social, trabalho virtual, intensas jornadas de trabalho, esses são sinais da era pós-industrial, uma intensa "viagem pelos sons e pelas cores" (Galvão-Bueno, 1993) da pesquisa científica.

No campo aqui investigado da QVT, com base no modelo BPSO-96, com as camadas analíticas biológica, psicológica, social e organizacional, novas referências ou novos paradigmas emergiram. Localizar a análise de QVT em fenômenos específicos do trabalho, como saúde, segurança, motivação, adaptação de expectativas, entre inúmeros outros, foi o passo inicial. No campo pessoal, surgiram lutas evidentes entre perspectivas de realização pessoal, saúde e segunda carreira. Vale lembrar uma afirmação de Roseana Sarney: "Minha saúde não vai me impedir de fazer nada." A ex-governadora do Estado do Maranhão, no auge de sua carreira política, lutava com problemas de saúde para realizar seus objetivos de vida.

Nas organizações, os problemas de saúde organizacional também apresentam dificuldades claras. Vários estudos demonstram ser falsa a crença de que condições estressantes de trabalho são necessárias para que a produtividade e o desenvolvimento econômico aconteçam.

Líderes da Administração no Brasil de hoje expressaram algumas idéias sobre QVT nas empresas, por meio de relatos pessoais, as quais estão relacionadas a seguir, sinteticamente.

Mario Cesar Barreto Moraes, professor e membro da Comissão de Especialistas do Ensino Superior em Administração do MEC, afirmou que

> *"não é pintando a sala que se faz QVT, é integrando o conjunto de fatores de um ambiente de trabalho. É sentir-se livre para participar, motivar-se no que faz. QVT é o elo da administração para alcançar a motivação".*

Na opinião de alta executiva de órgão do Governo Federal,

> *"QVT são as condições de trabalho oferecidas no setor onde se trabalha e que se ampliam a todo ambiente. Equipamentos, relações com chefes e colegas, maneira como o empregador trata o empregado. O administrador tem limites de autonomia de resolução de problemas (referindo-se a equipamentos), há setores que não resolvem dotações orçamentárias, por exemplo".*

Manoel Alvarez, presidente da Associação Nacional dos Cursos de Graduação em Administração (Angrad), afirmou que "a realidade humana/social guarda uma complexidade que nos exige como gestores um contínuo aprendizado (...) vivemos em um país carente, sobretudo em educação e, em especial, em educação gerencial".

Rui Otávio Bernardes de Andrade, presidente do Conselho Federal de Administração, membro da Comissão Nacional de Cursos de Administração e do Conselho Consultivo da Anpad, definiu a palavra-chave de QVT como

> *"boa administração. Toda empresa bem administrada tem preocupação com a QVT dos funcionários. Eficiência e eficácia geram produtividade. Efetividade é o conteúdo social da administração. A relação da administração com a QVT acontece quando a empresa se preocupa além da produtividade. E sugere maior ênfase no conteúdo social da administração. A produtividade não é incompatível com a preocupação social. Há melhores índices quando o conteúdo é atingido em sua plenitude. QVT está na raiz da formação (do administrador), mas trabalha-se pouco sobre o tema".*

Para Patrícia Morilha Oliveira, estudante de Administração, QVT é

> *"um tema novo e até então pouco explorado; é imprescindível para os administradores em geral, já que qualidade de vida não é somente uma ação*

da alta administração da empresa, mas também pode e deve partir dos próprios funcionários e administradores. (...) Apesar das dificuldades de mensuração dos ganhos em produtividade (...) (QVT) é um fator importantíssimo, cuja falta acarretaria conseqüências – essas mais fáceis de serem mensuradas".

Sérgio Nunes Muritiba, estudante de Administração, afirmou:

"Eu considero QVT importante, principalmente diante das necessidades de os profissionais que trabalham em empresas se sentirem satisfeitos com o que fazem. Acredito que uma preocupação com QVT gera para esses profissionais melhor satisfação e para a empresa ganhos de produtividade e redução de custos."

"As reuniões da REG-QVT são um espaço de discussão democrática e pluralista que têm por objetivo ampliar o debate de temas atuais relacionados à QVT. A presença de profissionais altamente qualificados, como consultores, professores universitários, pesquisadores e estudantes, tem em comum a preocupação com as relações interpessoais no ambiente de trabalho e suas conseqüências."

Esse foi o relato de Alexandre Gaino, estudante de Economia, em matéria do Boletim nº 5, publicado em 2000. "Por melhores condições de trabalho." Esse foi o título dado pelo administrador Alessandro Souza Lopes à matéria sobre QVT escrita por ele no Boletim nº 2 da REG-QVT (1999).

Na visão de Peña (2000), em sua pesquisa de mestrado, "o ganho de competência em QVT é tecer os diferentes saberes, o enfoque de desenvolvimento da pessoa, indivíduos capazes e íntegros, com autonomia e liberdade, ensinando-aprendendo a sobrelevar os desafios com a vida e com o seu campo de atuação".

Nesses relatos e em vários estudos, a constatação é de que condições estressantes levam a doenças, prejuízos, incapacidade e falta de competitividade no mercado. O NIOSH (1998-2000), órgão do governo norte-americano, referência mundial de saúde e segurança do trabalho, aponta fatores que valorizam a pessoa que trabalha: carreira, reconhecimento e cultura organizacional. São defendidas ações administrativas compatíveis com valores e políticas voltados para o trabalho como condições que geram resultados positivos para a organização.

Problemas nos modelos de gestão, no que diz respeito a práticas de QVT, são ratificados por Campanário (1999) quando se refere a modelos diferenciados de gestão e sua relação com os fatores de QVT em ambiente de pesquisa tecnológica. Com relação ao modelo burocrático de gestão, cria-se um padrão de QVT que prioriza valores marcados por cultura do conhecimento pelo conhecimento, baixa necessidade de efetivamente transferir soluções tecnológicas para a sociedade, pouca motivação pela competitividade, relacionamento humano utilitarista e certa acomodação trabalhista (exceção feita ao arriscado início de carreira), dados os fortes esquemas de proteção institucional, principalmente no setor público. Modelos erguidos em redes de competência, com alta participação de pesquisadores nos destinos da organização e no compartilhamento de informações, possibilitam um padrão de QVT altamente favorável.

Albuquerque & Fischer organizaram detalhada pesquisa denominada RH-2010, por meio do Programa de Gestão de Pessoas (Progep), Fundação Instituto de Administração, sobre práticas e projeções das questões de gestão de pessoas nas empresas, com profissionais de recursos humanos. A pesquisa RH 2010 revela a identificação de novas competências em gestão de pessoas para os próximos anos. Contudo, a visão biopsicossocial aparece sem muita diferenciação das outras competências. Parece ser um tema isolado das ações tradicionais de RH. A QVT aparece em áreas específicas e no rol das questões difíceis e de longo prazo na discussão das estratégias organizacionais.

Buscando diferenciar essa visão, integrou-se na análise do tema o gestor das relações de produção. Trata-se de reconhecer que grande parte das relações de trabalho e de suas práticas e valores nasce de experiências no chão de fábrica, dos processos de planejamento e controle da produção, dos tempos e movimentos, da evolução das práticas de produtividade para a qualidade total e dos critérios de excelência. Essas condições são influenciadas pelas condições gerais de organização socioeconômica. As condições gerais de trabalho muitas vezes são tratadas como enormes coleções de percepções aleatórias. É preciso focar conceitos e práticas. As necessidades de qualidade de vida não surgem ao acaso. No trabalho, as pessoas transformam-se em atores (Ruth, 2000), incorporam as tarefas e as reproduzem por meio de seu desempenho nas atividades funcionais. Nessa dimensão, que se pode designar como organizacional, é que se apoiou nossa reflexão.

A Gestão Avançada em QVT foi o diferencial almejado. A idealização do Modelo Conceitual projeta-se na idéia de provocar um outro desenvolvimento. Com inspiração nas idéias do filósofo Birou (1987), acredita-se que a verdadeira possibilidade de mudança, isto é, de resposta ao desafio apresentado pelo outro (novo) mundo, reside na capacidade de receber as mensagens provenientes das diversas zonas exploradas no tempo e no espaço, bem como na possibilidade de concluir ações corretivas que visem a um novo equilíbrio tolerável, equilíbrio esse que suceda um desequilíbrio intolerável e destrutivo.

Esse outro desenvolvimento é formado por traços da mentalidade moderna identificados pela racionalidade, pela objetividade e pela passagem ao quantificável. O filósofo Birou afirma que jamais, nem em outra cultura, nem em outra parte do mundo, esse fato extraordinário se produziu.

Tsukamoto (1999) aborda as diversas etapas de desenvolvimento da dinâmica empresarial, com ênfase nos seguintes pontos conceituais: *hardware* – estrutura; *software* – conhecimento; *microware* – informação; e *speedware* – rapidez. O professor afirma que se vive agora o caminho da valorização das pessoas: o *humanware*.

No Brasil, muito há que ser construído. Ele aparece em 74º lugar no *Human Development Report* (http://www.imd.ch, 2000), na classificação de moderado desenvolvimento humano, logo abaixo do Cazaquistão. Considerando esse estágio de avaliação e adotando os mesmos parâmetros apresentados por Tsukamoto (1999), sugere-se um novo ciclo, denominado de *integrityware* – integração e cidadania como modelo de gestão administrativa. Seguindo a lógica do outro desenvolvimento, propõe-se o conceito experimental de Escolas de Pensamento de QVT, classificadas em socioeconômica, organizacional e condição humana no trabalho. Os estudos empíricos de análise documental e pesquisa quantitativa, que se fundamentaram na Escola Organizacional, apontam os seguintes elementos da Nova Competência – Gestão Avançada em QVT:

- expansão da qualidade de processos e produtos para a qualidade pessoal;
- gestão de pessoas, com ênfase em estratégia e participação;
- imagem corporativa integrada ao *endomarketing*;
- descontração, atividades físicas, lazer e desenvolvimento cultural;
- risco e desafio no trabalho como fatores de motivação e realização pessoal;
- desenvolvimentos humano e social por meio da educação para a cidadania;
- saúde como espelho das camadas biológica, psicológica, social e organizacional.

Os elementos da Gestão Avançada em QVT têm a arquitetura da espiral de evolução do conhecimento. Hermenêutica sustentada por valores, fluxos e tarefas do modelo dinâmico de G-QVT. A Gestão Avançada é idealizada como um conjunto de princípios que devem nortear o cuidado e a valorização das pessoas, em sua vida de trabalho na empresa. O modelo avançado busca nível de complexidade maior do que o proposto em pesquisa realizada na Tese de Doutorado (Limongi-França, 1996), com base em indicadores empresariais de QVT.

Naquele estudo, o Modelo Dinâmico de Gestão em QVT apresenta elementos das atividades de QVT, critérios dos programas, diagnóstico do esforço gerencial comparado à satisfação dos empregados, reconhecimentos dos parâmetros sociais e funcionais dos clientes e fornecedores do programa, definição dos elementos de gestão, como diretoria, especialistas, dotação orçamentária, avaliação dos resultados, alinhamento à política da empresa e ações sincronizadas na cultura organizacional, conforme consta na Figura 5.1.

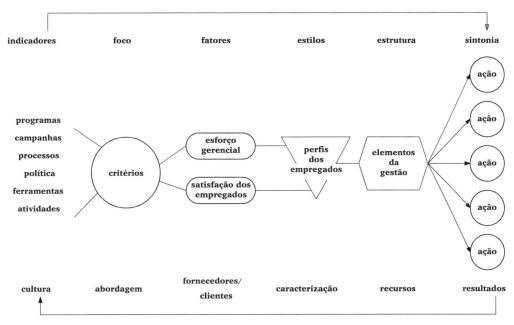

Figura 5.1   *Modelo dinâmico de gestão da Qualidade de Vida no Trabalho.*

Imagens e visões da organização devem ser positivas, pelo que Morgan (1996) propõe como "imaginização", isto é, o desenvolvimento de uma atitude proativa em relação ao modo como as organizações são e como elas podem ser. Esse caminho de mudança organizacional pode ocorrer por meio de discussões do movimento psicossomático, nas funções básicas do viver, nos cuidados com ansiedade, depressão, insônia, síndromes diversas, *technostress*, excessos e desamparo, e da visão de que prevenção de acidentes deve considerar desde o espaço urbano até o estímulo a ações voluntárias com apoio dos empregadores.

Os resultados demonstram espaço real para uma Nova Competência na administração de empresas. Essa Nova Competência é baseada em fatores críticos modelados pelas demandas da sociedade moderna, com crescente consciência quanto a desafios de produtividade competitiva, legitimidade social, formação do administrador – atores fundamentais das práticas e dos valores empresariais –, consolidados em uma visão criteriosa de qualidade de vida, com ações de bem-estar, dentro e fora do trabalho. A Nova Competência é sustentada por novas formas de organização do trabalho, redes de conhecimento e propostas de sustentabilidade social. No processo de pesquisa da Tese, a principal preocupação foi buscar a integração da experiência vivida na coordenação das atividades de gestão em QVT com amplo levantamento bibliográfico e pesquisa quantitativa realizada com administradores brasileiros.

A análise documental mostrou que a linha de pesquisa do Projeto de Gestão em Qualidade de Vida no Trabalho (G-QVT), do Departamento de Administração da Faculdade de Economia, Administração e Contabilidade da Universidade de São Paulo, é ampla, sólida e está em franca expansão. Os eventos relacionados a QVT ofereceram vários momentos significativos para o salto qualitativo dessa linha de pesquisa. Reuniões informais transformaram-se em pontos de referência de redes de conhecimento; eventos internacionais propuseram a sinalização das interfaces, a discussão científica e a publicação de temas relacionados à gestão em QVT. Os boletins, o cadastro de especialistas, a tabulação dos trabalhos científicos e das respostas dos executivos do curso de MBA-RH são documentos efetivos de registro dos caminhos que estão sendo trilhados e construídos para responder às necessidades das pessoas, das organizações e do conhecimento científico. Além de provocarem uma síntese do esforço coletivo, orientaram o desenho da pesquisa quantitativa realizada com administradores brasileiros.

A pesquisa quantitativa exploratória contou com 217 questionários válidos, respondidos por administradores. Ela evidenciou e, ao mesmo tempo, aprofundou a análise dos fatores críticos identificados na fundamentação teórica e na proposta conceitual deste livro.

Entre os resultados obtidos, destaca-se a crescente importância de QVT para os administradores. Independentemente da área de atuação ou nível de formação, entre eles aumenta a convicção de que os programas de QVT geram resultados mensuráveis nas organizações. Há forte associação entre QVT e produtividade, passando a ser vista como investimento da empresa.

A visão difusa quanto à legitimidade existente em torno de programas e ações de QVT colocou-se como certo desconhecimento sobre a natureza da questão. Essa posição difusa abre perspectivas de ações e programas em QVT a serem conquistados pelos empregados ou concedidos pelos empregadores. Caberia aos administradores caminhar para uma posição de compartilhamento de responsabilidades entre os vários atores na organização.

No conjunto de administradores que participaram da pesquisa, foram identificados grupos classificados de incondicionais, conciliadores e refratários. O grupo dos incondicionais tem a convicção de que QVT tem espaço, em termos conceituais, de capacitação e de atuação dentro das organizações. Coloca em dúvida a legitimidade, considerando certa oposição à QVT por parte dos empregadores. Acredita na sustentabilidade dos programas como variável crítica para sua implementação.

O grupo dos refratários posiciona-se francamente a favor de ações e programas de QVT. Vê na produtividade uma justificativa para atividades de QVT nas organizações. Não acredita em sua sustentabilidade ou na perpetuação dessas iniciativas nas organizações. O grupo dá pouca ênfase aos programas de QVT em seu cotidiano profissional.

O grupo dos conciliadores avalia o fator crítico legitimidade melhor do que os outros grupos. É formado, em sua maioria, por professores e alunos. Esse grupo percebe os empregadores como os principais responsáveis pela implantação de programas de QVT e pela adoção de modelos gerenciais para tal fim. O grupo dos conciliadores percebe a possibilidade de mensuração de resultados, da própria melhora da condição de trabalho e da produtividade por meio de ações e programas de QVT.

A Nova Competência identificada nas práticas e nos valores de QVT está sendo utilizada pelo grupo dos conciliadores em suas respectivas áreas de atuação, com grande potencial para atingir outras áreas da empresa. A competência em QVT está associada a questões de saúde, lazer e nutrição – nessa ordem. Também estão contidas nessa nova competência as habilidades relacionadas a responsabilidade social e relações do trabalho, estas tidas como interfaces das esferas psicossocial e organizacional.

O exercício da Gestão Avançada em QVT é necessário. Os movimentos devem consolidar a visão do conceito de QVT, rever os critérios de produtividade, resgatar os valores de legitimidade e estimular a formação do perfil do administrador. Esse resgate converge para os aspectos psicossociais e de cidadania ativos na cultura das empresas, alinhando as práticas e os valores com a denominação de QVT aos resultados de bem-estar no trabalho e, finalmente, homologando responsabilidades de gestão em QVT nos cargos que representem ascensão na carreira do executivo.

Ética e capacidade de ter consciência de si mesma, além de resgatar sua missão original de atender às necessidades humanas e não simplesmente de sistemas, devem ser as razões da existência da empresa, assim como reproduzir com legitimidade e responsabilidade a comunidade e a sociedade às quais pertence.

Esse caminho é garantido se houver percepção e consciência dos direitos da personalidade e de suas implicações empresariais. O jurista Rubens Limongi França (1999) sinaliza as marcas desses paradigmas: "Os direitos se exercem sobre as coisas do mundo exterior ao sujeito. Entretanto, os Direitos da Personalidade são aqueles que recaem sobre a própria pessoa, os modos de ser e a extensão desta personalidade."

Há limitações em estudos e práticas dessa natureza. Apesar de toda a sofisticação da era pós-industrial, as questões de adaptações deformadoras relacionadas ao trabalho já foram documentadas séculos atrás por mestres que mostram quão humano e atual é o desafio do bem-estar em ambientes nos quais as pessoas exercem suas atividades. Bernardini Ramazzini, considerado o pai da Medicina do Trabalho, escreveu em 1700:

> "Não se encontrará tipo algum de exercício tão saudável e inócuo que, praticado com excesso, não acarrete graves danos; disso se dão conta os mestres de dicção, cantores, oradores, pregadores, frades, também as monjas pelo seu contínuo entoar de cânticos nos templos, os rábulas forenses, os pregoeiros, os filósofos que lêem nas escolas discutindo até ficarem roucos, e todos aqueles que têm por ofício cantar e forçar a voz. Geralmente estão herniados, com exceção dos eunucos, por ablação dos testículos."

(RAMAZZINI, sobre as doenças dos mestres de dicção, dos cantores e outros desse gênero, reedição Fundacentro, 1999).

Assim como limpidamente Ramazzini descreveu há séculos, as doenças dos mestres de dicção, dos cantores e de outros desse gênero, e outras tantas, em obra reeditada pela Fundacentro em 1999, o exercício da profissão sempre traz implicações construtivas e limitadores dos quais nem sempre se dá conta.

Acredita-se que as principais limitações deste estudo são a amplitude e a diversidade das variáveis que, em geral, se referem ao assunto QVT. Não se trata aqui, por exemplo, das questões de qualidade de vida extra trabalho, como problemas familiares, habitação, violência e outros fatores que, com muita freqüência, estão presentes ou se refletem nas empresas. Outra limitação é certa sobreposição de conceitos administrativos, socioeconômicos e de saúde-doença que caracteriza a abordagem psicossocial. Essa abordagem não se diferencia autonomamente das ferramentas e modelos conceituais aplicáveis a outros grandes temas. Acredita-se que, em pouco tempo, surjam novas classificações das áreas de conhecimento, para evitar a confusão de conceitos e interpretações. No presente livro, procurou-se colaborar para que isso aconteça.

No diálogo entre a Ciência e o Senso Comum, são construídas, além da racionalidade, uma nova mentalidade, uma nova atitude e uma nova visão de mundo. Essa posição da professora Medina (1999), da Escola de Comunicações e Artes da USP, é a melhor expressão para as possíveis contribuições deste livro.

A elaboração desta pesquisa foi rica em interações, apoios institucionais e aprendizados de toda natureza. Acredita-se que a principal contribuição desta obra seja a proposta de avanço no conceito de Gestão de Qualidade de Vida no Trabalho como competência necessária ao administrador, desde o apelo da pesquisa científica colocada no *site* do Conselho Federal de Administração até o envolvimento de associações e entidades afins. As demais contribuições referem-se à idealização de modelo conceitual formado por elementos em geral difusos e colocados como opositores à obtenção da qualidade de vida. Os elementos identificados como fatores críticos abrem novo campo de análise no ambiente organizacional, enriquecendo os estudos sobre indicadores e conceitos de QVT. Outros estudos poderão ser feitos sobre esses fatores, isolados ou combinados entre si e com novos fatores específicos de culturas ou comunidades empresariais e grupais.

Finalizando, se procurou defender a idéia de que a Qualidade de Vida no Trabalho (QVT) é um tema que deve ser tratado nas empresas segundo os pressupostos de uma gestão avançada, com a adoção de informações e práticas especializadas, sustentadas por expectativas legítimas de modernização, mudanças organizacionais e por visão crítica dos resultados empresariais e pessoais. Certamente, o tema QVT não se esgota aqui. Para aperfeiçoá-lo, espera-se que as idéias aqui apresentadas se renovem e que persista o desejo de querer sempre mais das condições de desenvolvimento humano da vida no trabalho.

Bibliografia

ABRASPE. *Perfil das empresas de autogestão*. São Paulo, 2000.

ACIOLI, Alvaro. O impacto da globalização na saúde mental. *Revista Brasileira de Medicina Psicossomática*, v. 1, nº 4, p. 212, out./nov./dez. 1997.

ALBUQUERQUE, Lindolfo G. Administração participativa: modismo ou componente de um novo paradigma de gestão e relações de trabalho. *Revista da ESPM*, São Paulo, v. 3, nº 1, maio 1996.

_____. Competitividade e recursos humanos. *Revista de Administração da USP*, São Paulo, v. 27, nº 4, out./dez. 1992a.

_____. *Competitividade e recursos humanos*. São Paulo: FEA/USP. Trabalho apresentado no Concurso para Professor Titular, mar. 1992b.

_____ & LIMONGI-FRANÇA, Ana Cristina. Estratégias de recursos humanos e gestão da qualidade de vida no trabalho: o *stress* e a expansão do conceito de qualidade total. *Revista de Administração da USP (RAUSP)*, v. 33, nº, 2, p. 40-51, abr./jun. 1998.

_____; FISHER, André Luiz. *Delphi RH 2010*. Tendências na gestão de pessoas. Pesquisa não publicada. FIA/USP, São Paulo, 2000.

ALVES, Rubens. *A gestação do futuro*. Tradução de João Francisco Duarte Jr. 2. ed. Campinas: Papirus, 1987.

ALVESSON, M. *Organization theory and technocratic consciousness*. Berlim: New York: Walter de Gruyter, 1987.

ANDRADE, Rui Otávio Bernardes de; LIMA, Manoelita C. (Coord.). *Perfil, formação e oportunidade de trabalho do administrador profissional*. Brasília, Conselho Federal de Administração (CFA-ESPM), 1999.

ANDRES, Maurício. Ecologizar: desafios da saúde humana e ambiental. ENCONTRO INTERNACIONAL DE GESTÃO DE COMPETÊNCIAS EM QUALIDADE DE VIDA NO TRABALHO, 2º QVT-i. São Paulo: FEA/USP, 1999.

ANGERAMI-CAMON, Valdemar Augusto et al. *Psicologia da saúde*. São Paulo: Pioneira, 2000.

A POLÍTICA e a estratégia para melhorar a qualidade de vida. *Revista Qualidade Total*, set. 1995.

ARANTES, Paulo Eduardo. Nem tudo o que é sólido desmancha no ar. *Revista Estudos Avançados*. São Paulo: IEA, v. 12, nº 34, p. 100, set./dez. 1998.

ARENDT, Hanna. *A condição humana*. Tradução de Celso Lafer. Rio de Janeiro: Forense Universitária, 1983.

ARROBA, Tanya; JAMES, Kin. *Pressão no trabalho*: stress: um guia de sobrevivência. São Paulo: McGraw-Hill, 1988.

BALANÇO Social das Empresas. Disponível em: <http://www.ibase.org.br>; <http://www.balancosocial.org.br>. Acesso em: dez./jan. 2000.

BARELLI, Suzana. Os frustadíssimos pulos das sete ondas. *Valor*, Caderno Eu & Consumo, 25 jan. 2001, p. D6.

BENNETT, Addison C. *Productivity and the quality of work life in hospitals*. Chicago: American Hospital Publishing, 1983.

BENNIS, Warren; BIEDERMAN, Patricia Ward. *Organizing genius*: the secret of creative collaboration. Cambridge: Addison-Wesley, 1996.

BERGAMINI, Cecília; CODA, Roberto (Org.). *Psicodinâmica da vida organizacional*: motivação e liderança. São Paulo: Atlas, 1997.

BERGLIND, Hans. *Quality of work life*: the context of bargaining. Working Conditions, Employment, and Labor Market Policy, 1 (25). New York: Collier-Macmillan, 1975.

BERMAN, Marshall. *Tudo que é sólido desmancha no ar*: a aventura da modernidade. Tradução de Carlos Felipe Moisés e Ana Maria L. Ioriatti. 9. ed. Rio de Janeiro: Companhia das Letras, 1986.

BERMUDEZ. *Incubadoras*. Pesquisa Fapesp. São Paulo, 1999.

BIROU, Alain; HENRY, Paulo-Marc. *Um outro desenvolvimento*. São Paulo: Biblioteca Vértice, 1987.

BÍSCARO, Waldir. *Maturidade e poder pessoal*: caminhos do desenvolvimento. São Paulo: Brasiliense, 1994.

BOBBIO, Norberto. *Ética e política*. Lua Nova: Revista de Cultura e Política. Ética, Política e Gestão Econômica. São Paulo: Marco Zero, nº 25, p. 137, 1992.

BOM-ANGELO, Eduardo. Sobrevivência empresarial: exigências e redesenhos organizacionais. ENCONTRO INTERNACIONAL DE GESTÃO DE COMPETÊNCIAS EM QUALIDADE DE VIDA NO TRABALHO, 2º QVT, 1999. São Paulo: FEA/USP, 1999.

BOOG, Gustavo G. *O desafio da competência*: como sobreviver em um mercado cada vez mais seletivo e preparar sua empresa para o próximo milênio. São Paulo: Best Seller, 1991.

_____ et al. *Manual de treinamento e desenvolvimento*. 3. ed. São Paulo: Makron Books, 1999.

BOTURA JR, Winner. A questão individual da motivação para qualidade. In: ENCONTRO INTERNACIONAL DE GESTÃO DE COMPETÊNCIAS EM QUALIDADE DE VIDA NO TRABALHO. 2º QVT-i, 2., Anais..., São Paulo: FEA/USP, 2000.

BOWDITCH, James L. Organizations as open systems. *Quality of Work Life Assessment* 1 (1), p. 6, 1982. Library of Congress Cataloging in Publication Data.

_____. Survey feedback as a mean for organizational change. *Quality of Work Life Assessment* 1 (2), p. 23, 1982. Library of Congress Cataloging in Publication Data.

_____; BUONO, Anthony F. The importance of worker attitudes in contemporary society. *Quality of Work Life Assessment* 1 (1), p. 2, 1982. Library of Congress Cataloging in Publication Data.

BRUNO, Marco. *Editorial Revista Pieron*. São Paulo, 2000.

BUSCAGLIA, Leo. *Amor*. Rio de Janeiro: Record, 1996.

BUSCHINELLI, José T. et al. *Isto é trabalho de gente?* Petrópolis: Vozes, 1993.

BUTTERISS, Margaret. *Re-inventing HR*: changing roles to create the high-performance organization. Canadá: Wiley, 1998.

Cadernos de Pesquisa em Administração, jul./dez. 1994. São Paulo: FEA/USP.

CAJAZEIRA, Jorge E. R. *Banas ambiental*, p. 46-48, out. 2000.

CALDAS, Miguel P. *Demissão*: causas, efeitos e alternativas para empresa e indivíduo. São Paulo: Atlas, 2000.

CAMACHO, L. G. *Qualidade de vida através do trabalho*. São Paulo: Editora e Empreendimentos Culturais, 1995.

CAMPANÁRIO, Milton de Abreu; LIMONGI-FRANÇA, Ana Cristina. Paradigmas da qualidade de vida no trabalho – QVT e sistemas de gestão participativa em pesquisa tecnológica. Estudo de caso do IPT. In: SIMPÓSIO DE INOVAÇÃO TECNOLÓGICA. Organização PGT. São Paulo: FEA/USP, 2000.

CAMPANÁRIO, Milton de Abreu; LIMONGI-FRANÇA, Ana Cristina. *Land rent and the reproduction of labor force*: some evidence from São Paulo. Graduate Field of City and Regional Planning Cornell University. Ithaca, New York, May 1981.

CAMPANÁRIO, Milton de Abreu. Qualidade de vida e sistemas participativos em atividades de pesquisa: reflexões sobre o IPT. In: ENCONTRO INTERNACIONAL DE GESTÃO DE COMPETÊNCIA EM QVT, 2., *Anais...*, São Paulo, FEA/USP, 1999.

CANETE, Ingrid. *Humanização*: desafio da empresa moderna; a ginástica laboral como um caminho. Porto Alegre: Foco Editorial, 1996.

CARAYON, Pascale. A organização do trabalho e os Dort (distúrbios osteomusculares relacionados ao trabalho) no setor de serviços. In: SZNELWAR, Laerte I.; ZIDAN, Leila N. (Org.). *O trabalho humano com sistemas informatizados no setor de serviços*. São Paulo: Departamento de Engenharia de Produção da Escola Politécnica da USP: Plêiade, 2000.

CASADO, Tania. Tipos psicológicos: uma proposta de instrumento para diagnóstico do potencial humano nas organizações. 1998. Tese (Doutorado) – Faculdade de Economia, Administração e Contabilidade, Universidade de São Paulo, São Paulo.

CASTRO, Claudio de Moura. O médico da filha do médico. *Veja*, São Paulo, p. 21, 10 jan. 2001.

CENTRO DE INTEGRAÇÃO EMPRESA-ESCOLA (CIEE). *Relatório de atividades*: balanço social. São Paulo: 1999.

_____. *Saiba tudo sobre o CIEE*: orientação aos convenientes. São Paulo, 2000.

CHANLAT, Jean-François et al. *O indivíduo na organização*: dimensões esquecidas. São Paulo: Atlas, 1996. v. 1, 2 e 3.

COBRA, Nuno. A receita da vida. *Revista Proteção*, MPF Publicações, nº 59, p. 8, nov. 1996.

CODO, Wanderley; SAMPAIO, J. J. C. *Sofrimento psíquico nas organizações*: saúde mental e trabalho. Petrópolis: Vozes, 1995.

COLLINS, J. C.; PORRAS, J. I. *Feitas para durar*: práticas bem-sucedidas de empresas visionárias. Rio de Janeiro: Rocco, 1995.

COLTRO, Alex. Da formação educacional e do treinamento do administrador, as contribuições dos grandes pensadores ocidentais. *Caderno de Pesquisas em Administração*, São Paulo, FEA/USP, v. 1, nº 9, p. 61-69.

CONDITIONS of Work Digest 1995: working time around the world. Disponível em: <http://www.oit.org/publi/.english/protection/condtrav/htmldocs/time_pub11.htm>.

COSTA, Ana Cristina. *A confiança nas organizações*: um imperativo nas práticas de gestão. Estudos organizacionais: novas perspectivas na administração de empresas. São Paulo: Iglu, 2000. p. 293 e 304. (Coletânea luso-brasileira.)

COSTA NETO, Pedro Luiz de Oliveira. *Estatística*. São Paulo: Edgard Blucher, 1977.

COUTO, Hudson A. *Temas de saúde ocupacional*. Belo Horizonte: Ergo, 1987. Coletânea de Cadernos ERGO.

CRAINER, Stuart. *Os revolucionários da administração*. São Paulo: Negócio, 1999.

D'AMBROSIO, Ernesto Luigi. Trabalho e produtividade. *Revista Educador Social*, 214, p. 38-40, 1980. São Paulo: Serviço Social da Indústria – Regional São Paulo.

DAVENPORT, Thomas H. *Reengenharia de processo*. 4. ed. Rio de Janeiro: Campus, 1994.

DAVIS, L. E.; CHERNS, A. B. *The quality of working life*. New York: The Free Press: Macmillan, 1975.

DE CICCO, Francisco A. ISO 9000 e outras exigências da maior potência do mundo. *Revista de Administração de Empresas da FGV*, São Paulo, v. 34, nº 2, mar./abr. 1994.

_____. *BS 8750 e a futura ISO da prevenção*. São Paulo: Risk Tecnologia, 1996.

DEJOURS, C. *A loucura do trabalho*: estudo de psicopatologia do trabalho. São Paulo: Oboré, 1987.

_____; DESSORS, D.; DESRIAUX, F. Por um trabalho, fator de equilíbrio. Tradução de Maria Irene S. Betiol. *Revista de Administração de Empresas da FGV*, São Paulo, maio/jun. 1993.

_____. *Psicodinâmica do trabalho*. São Paulo: Atlas, 1994.

_____. Novas formas de organização do trabalho e lesões por esforços repetitivos (LER): abordagem através da psicodinâmica do trabalho. In: SZNELWAR, Laerte I.; ZIDAN, Leila N. (Org.). *O trabalho humano com sistemas informatizados no setor de serviços*. São Paulo: Departamento de Engenharia de Produção da Escola Politécnica da USP: Plêiade, 2000.

DELAMOTTE, Yves P. Quality of work life: the context of bargaining. *Union Attitudes Toward Quality of Working Life* 1 (27), New York: Collier Macmillan, p. 405, 1975.

DE LUCCA NETO. QVT: uma questão humana. *Revista T&D*, São Paulo, p. 32, abr. 1999.

DE MASI, Domênico. *A sociedade pós-industrial*. 2. ed. São Paulo: Senac, 1999.

DORMAN, Peter. *Three preliminary papers on the economics of occupational safety and health*. Geneva, 2000. Disponível em: <http://www.oit.org/publi/.english/protection/safework/papers/ecoanal/index.htm>.

DRUCKER, Peter F. *Desafios gerenciais para o século XXI*. São Paulo: Pioneira, 2000.

DUPAS, Gilberto. *Economia global e exclusão social*: pobreza, emprego, estado e o futuro. São Paulo: Paz e Terra, 1999.

DURAN, J. R. A dama do xadrez da sucessão. *Revista República*, ano 4, p. 53, nº 48, out. 2000.

DUTRA, Joel Souza. *Administração de carreiras*: uma proposta para repensar a gestão de pessoas. São Paulo: Atlas, 1996.

DUTRA, Joel. Desenhando programas de desenvolvimento a partir da identificação das competências essenciais. In: EBOLI, Marisa et al. *Universidades corporativas*, coletânea Progep – FIA e FEA-USP, São Paulo, FEA/USP, 1999.

EBOLI, Marisa et al. *Universidades corporativas*. Coletânea Progep-FIA e FEA/USP. São Paulo: Schmukler, 1999.

ECO, Umberto. *Como se faz uma tese*. 3. ed. São Paulo: Perspectiva, 1986.

―――. Dilúvio da informação. *Veja Digital*, São Paulo, dez. 2000.

ENCONTRO ENANPAD, 24., 2000. Resumo dos trabalhos. Florianópolis: Anpad, 2000.

FALKENBERG, Andreas Wyller. Quality of life: efficiency, equity and freedom in the United States and Scandinavia. *Journal of Socio Economics*, Norwegian School of Economics and Business Administration, v. 27(1), 1998.

FERNANDES, Eda C.; GUTIERREZ, Luiz H. Qualidade de vida no trabalho (QVT): uma experiência brasileira. *Revista de Administração da USP*, v. 23, nº 4, p. 29-31-32, out./dez. 1998.

―――. *Qualidade de Vida no Trabalho*. São Paulo: Apetick, ano 4, nº 57, dez. 1991.

―――; RENDÓN, J. V. Sondagens de opinião interna como instrumento de informação. *Revista de Administração da USP*, São Paulo, v. 27, nº 1, jan./mar. 1992.

―――. Contextualização histórica de qualidade de vida no trabalho. In: ENÇONTRO INTERNACIONAL DE GESTÃO DE COMPETÊNCIAS EM QUALIDADE DE VIDA NO TRABALHO. 2º QVT. São Paulo: FEA/USP, 1999.

FERRAZ, Fernando T.; LIMONGI-FRANÇA, Ana C. *Qualidade e comprometimento*. 2000. Tese (Doutorado) – Coppe, UFRJ, Rio de Janeiro.

FISCHER, A. L. *A constituição do modelo competitivo de gestão de pessoas no Brasil*. Um estudo sobre as empresas consideradas exemplares. 1998. Tese (Doutorado) – Faculdade de Economia, Administração e Contabilidade, Universidade de São Paulo, São Paulo.

―――. Gestão: empresas exemplares e universidades. In: ENCONTRO INTERNACIONAL DE GESTÃO DE COMPETÊNCIAS EM QUALIDADE DE VIDA NO TRABALHO, 2., Anais..., São Paulo, FEA/USP, 1999.

―――; LIEBER, Renato R.; BROW, Frederick M. *Patologia do trabalho*. Capítulo 21. Trabalho em turnos e as relações com a saúde-doença. São Paulo, Rio de Janeiro, Belo Horizonte: Atheneu, 1995.

FISCHER, Rosa M. *Poder e cultura em organizações penitenciárias*. Trabalho apresentado no Concurso para Professor Titular. São Paulo: FEA/USP, 1989.

―――. Cidadania organizacional: um caminho de desenvolvimento. In: EBOLI, Marisa et al. *Universidade corporativa*. São Paulo: Makron Books, 1999.

FLEURY, Afonso. Qualidade, produtividade e competitividade: abordagem comparativa entre França e Brasil. *Revista de Administração da USP (RAUSP)*, nº 2, v. 29, p. 20-31, abr./jun. 1994.

FLEURY, Maria Tereza Leme et al. *As pessoas nas organizações*. São Paulo: Gente, 2002.

_____. Aprendendo a mudar – aprendendo a aprender. *Revista de Administração da USP (RAUSP)*, v. 30, nº 3, p. 5-11, jul./set. 1995.

_____. Produção editorial acadêmica e espaço para gestão de pessoas e QVT. In: ENCONTRO INTERNACIONAL DE GESTÃO DE COMPETÊNCIA EM QVT, 2., *Anais...*, São Paulo, FEA-USP, 1999.

FOLHA DE S. PAULO. Principais doenças ocupacionais dos anos 90 e áreas de maior risco. São Paulo, 4 abr. 1999. Seção Empregos.

FRANCO, Sergio A. *Redução do stress no trabalho*: um estudo exploratório. 2000. Dissertação (Mestrado) – Departamento de Administração, Universidade Mackenzie, São Paulo.

FREITAS, Maria E. de. Contexto social e imaginário organizacional moderno. *Revista de Administração de Empresas*, São Paulo, nº 2, v. 40, 2000.

FUNDAÇÃO FIDES. *O empresário e os desafios do milênio*. São Paulo, 2000. (Coletânea de reflexões.)

FUNDAÇÃO PARA O PRÊMIO NACIONAL DE QUALIDADE (FPNQ). *Critérios de excelência*. São Paulo: FPNQ, 2000.

FUNDACENTRO: Órgão do Ministério do Trabalho para estudos de Segurança e Saúde do Trabalhador. Disponível em: <http://www.fundacentro.gov.br>. Acesso em: 2000.

GALVÃO-BUENO, Maria Thereza. *Viagem pelos sons e pelas cores*. São Paulo: Edição da autora, 1993.

GASPARINI, Ana Cristina Limongi-França. *Era uma vez um certo LAMBARI* – um estudo sobre respostas psicossomáticas na empresa, desde o julgamento "só psicológico" à revelação social. 1989. Dissertação (Mestrado) – Pontifícia Universidade Católica de São Paulo, São Paulo.

GASPARINI, Caio Augusto Limongi. Contrato de massa: noção e interpretação. *Justiça e Poder*, v. 14, 1999. São Paulo: Centro Universitário do Instituto de Ensino de Osasco (Unifeo).

GIDDENS, Anthony. *A terceira via*. 3. ed. Rio de Janeiro: Record, 1998.

Globalization of economic relations: implications for occupational safety and health. Taqi, Ali. In: XIV CONGRESSO MUNDIAL SOBRE OCCUPATIONAL SAFETY AND HEALTH. Madri: 23 abr. 1996. Disponível em: <http://www.oit.org/publi/.english/protection/safework/papers/globpch/index.htm>.

GOLEMANN, Daniel. *Inteligência emocional*: a teoria revolucionária que redefine o que é ser inteligente. 16. ed. Rio de Janeiro: Objetiva, 1995.

GOMES, Adriana de A.; ROZEMBERG, Brani. Condições de vida e saúde mental. *Psicologia Ciência e Profissão*, ano 20, nº 4, p. 16, 2000.

GOULARD, Íris B.; SAMPAIO, Jáder dos Reis (Org.). *Psicologia do trabalho e gestão de recursos humanos*: estudos contemporâneos. São Paulo: Casa do Psicólogo, 1998.

GRAHAM, Stephen. *Towards urban cyberspace planning*: grounding the global through urban telematics policy and planning. Londres: Sages, 1999.

GRIMBERG, Elisabeth; BLAUTH, Patrícia. *Coleta seletiva*: reciclando materiais, reciclando valores. São Paulo: Pólis – Instituto de Estudos, Formação e Assessoria em Políticas Sociais, 1998.

GUERREIRO-RAMOS, A. *A nova ciência das organizações*. Rio de Janeiro: FGV, 1989.

HAMEL, Gary; PRAHALAD, C. K. *Competindo pelo futuro*. Rio de Janeiro: Campus, 1995.

HAMMER, M.; CAMPY, J. *Reengenharia*: revolucionando a empresa. Tradução de Ivo Korytowski. Rio de Janeiro: Campus, 1994.

HAMMOND, John S.; KEENEY, Ralph L.; RAIFFA, Howard. *Decisões inteligentes*: como avaliar alternativas e tomar a melhor decisão. Tradução de Marcelo Filardi Ferreira. Rio de Janeiro: Campus, 1999.

HAMPTON, David R. *Administração*: comportamento organizacional. São Paulo: Makron Books, 1991.

HANDY, Charles. *Foreword*. Organizing genius: the secret of creative collaboration. Cambridge: Addison-Wesley, 1996.

HARMAN, Willis; HORMANN, John. *O trabalho criativo*. 12. ed. São Paulo: Cultrix, 1997.

HARVARD BUSINESS REVIEW, p. 124-125, Jan./Feb. 1998. Disponível em: <http://www.hbsp.harvard.edu>.

HEALTH impact of occupational risks in the informal sector in Zimbabwe, Oct. 1997. Disponível em: <http://www.oit.org/publi/.english/protection/safework/papers/index.htm>.

HEDBERG, Bo et al. *Virtual organizations and beyond*. Chichester: Wiley, 1997.

HERSEY, Ralf; BLANCHARD, Theodore. *Psicologia para administradores*. Tradução e revisão técnica: equipe CPB – Edwino A. Roger. São Paulo: EPU, 1986.

HIRATA, Helena S. Gênero e trabalho: uma perspectiva internacional. In: ENCONTRO INTERNACIONAL DE GESTÃO DE COMPETÊNCIAS EM QUALIDADE DE VIDA NO TRABALHO, *(Anais)*, São Paulo, 1999.

HOW can economic analysis be applied to the goal of creating safe and healthy conditions at work? Disponível em: <http://www.oit.org/publi/.english/protection/safework/papers/index.htm>. Acesso em: abr. 2000.

IANNI, Octávio. Globalização: novo paradigma das ciências sociais. *Estudos Avançados*, São Paulo: USP, nº 21, 1994.

ILO, *OECD and UNEP/FAO chemical safety activities*: a comparative analysis. Disponível em: <http://www.oit.org/publi/.english/protection/safework/papers/index.htm>. Acesso em: 1997.

IMD Internacional: http://www.imd.ch – The World Competitiveness Report, 2000.

IMPROVEMENT *of working conditions and environment in the informal sector through safety and health measures*. Disponível em: <http://www.oit.org/publi/.english/protection/safework/papers/index.htm>. Acesso em: 1999.

INFORMATION *note on women workers and gender issues on occupational safety and health*. Disponível em: <http://www.oit.org/publi/.english/protection/safework/papers/index.htm>. Acesso em: 2000.

INQUIETUDES femeninas: informe de mujeres sobre la violencia contra su sexo. Washington, DC: Population Reference Bureau – Measure Communication, 1998.

INSTITUTO DE PESQUISAS TECNOLÓGICAS – IPT. *Relatório PCMSO* – Programas de Controle Médico e Saúde Ocupacional. São Paulo, 1999.

INTERNATIONAL LABOUR ORGANIZATION. *The economics of safety, health and well-being at work*: an overview. Safe Work 2000.

_____. *The economics of safety, health, and well-being at work*: an overview. SafeWork 2000. Disponível em: <http://www.oit.org/publi/.english/protection/safework/papers/index.htm>. Acesso em: maio 2000.

JATENE, Adib Domingos. Novo modelo de saúde. *Estudos Avançados* 13, nº 35, p. 58-59, jan./abr. 1999. [*Dossiê Saúde Pública*]

KARCH, Robert. *Qualidade de vida*. Manager on-line (www.manager.com.br), entrevista ao jornalista Luiz Gonzaga, São Paulo, 2000, Publications.

KEHL, Sérgio P. Chegou a vez da metaqualidade. *Boletim Fundação Vanzolini*, São Paulo, 1999.

KOCHAN, T. A. et al. Total quality management and human resource systems: an international comparison. *The International Journal of Human Resource Management*, 6:2, May 1995.

KOHN, Alfie. *Punidos pelas recompensas*: os problemas causados por prêmios por produtividade, planos de incentivo, remuneração variável, elogios, participação nos lucros e outras formas de suborno. São Paulo: Atlas, 1998.

KOVARICK, Lúcio. *Escritos urbanos*. São Paulo: Editora 34, 2000.

KUHN, Thomas S. A estrutura das revoluções científicas. Tradução de Beatriz Vianna Boeira e Nelson Boeira. 4. ed. São Paulo: Perspectiva, 1996. (Coleção debates.)

LADEIRA, Marcelo B. O processo do estresse ocupacional e a psicopatologia do trabalho. *Revista de Administração da USP (RAUSP)* 1, São Paulo: FEA/USP, v. 31, p. 64-74, jan./mar. 1996.

LASZLO, Ervin. *Evolution*: the grand synthesis. Boston: Shambala, 1987.

LAUDON, Kenneth C.; LAUDON, Jane P. *Management information systems*. 6. ed. New Jersey: Prentice Hall, 2000.

LEITÃO, Mírian; MECKINSEY (Org.). *Produtividade no Brasil*. Rio de Janeiro: Campus, 1999.

LESCA, Humbert; ALMEIDA, Fernando C. de. Administração estratégica da informação. *Revista de Administração da USP (RAUSP)*, v. 29, nº 3, p. 66-76, jul./set. 1994.

LEVERING, Robert. A definição de um excelente lugar para se trabalhar. *Revista de Administração de Empresas da FGV* 4, São Paulo, v. 2, 1995.

LIMA, Maria Elizabeth A. *Os equívocos da excelência*: as novas formas de sedução na empresa. Petrópolis: Vozes, 1996.

LIMA, Suzana M. V. Fragmentos do tempo. *Jornal do Psicólogo*, nov./dez. 1999, p. 4-5.

LIMONGI-FRANÇA, Ana Cristina. *Interfaces da qualidade de vida na administração: fatores críticos de gestão empresarial para uma nova competência*. 2001. Tese (Livre-docência) em Administração de Empresas, FEA/USP, São Paulo.

_____. Qualidade de vida é um bom investimento. *Gestão e Tecnologia* 8, v. 2, São Paulo: Pacto-USP, p. 5, 1995.

_____. Qualidade de vida no trabalho: conceitos, abordagens, inovações e desafios nas empresas brasileiras. *Revista Brasileira de Medicina Psicossomática* 2, Rio de Janeiro: Editora Científica Nacional, v. 1, p. 79-83, abr./jun. 1995. Órgão oficial da Associação de Medicina Psicossomática.

_____. *Indicadores empresariais de qualidade de vida no trabalho*: um estudo comparativo entre satisfação dos empregados e esforço empresarial nas empresas com certificação ISO 9000. 1996. Tese (Doutorado em Administração de Empresas) – Faculdade de Economia, Administração e Contabilidade da Universidade de São Paulo, São Paulo.

_____. O trabalho sem dor. *Jornal do Brasil*, Rio de Janeiro, 14 mar. 1997. Caderno Empregos, p. 1.

_____. Qualidade de vida no trabalho: conceitos, abordagens, inovações e desafios nas empresas brasileiras. *Revista Brasileira de Medicina Psicossomática* 2, Rio de Janeiro: Científica Nacional, v. 1, abr./maio/jun. 1997.

LIMONGI-FRANÇA, Ana Cristina. Abrangência social e demandas pessoais de qualidade de vida. 1º ENCONTRO INTERNACIONAL DE COMPETÊNCIAS EM QUALIDADE DE VIDA NO TRABALHO. *Anais...* São Paulo: Progep – FEA-USP, 1998.

_____ et al. 1º ENCONTRO INTERNACIONAL DE GESTÃO DE COMPETÊNCIAS EM QUALIDADE DE VIDA NO TRABALHO. *Anais...* São Paulo: FEA/USP, 1998.

_____. Qualidade de vida do cliente interno, melhorias, dificuldades, pressões externas a partir da certificação ISO 9000. In: MELLO, Joamel B.; CAMARGO, Marlene O. (Coord.). *Qualidade na saúde.* São Paulo: Best Seller, 1998. 435 p.

_____ et al. 2º ENCONTRO INTERNACIONAL DE GESTÃO DE COMPETÊNCIAS EM QUALIDADE DE VIDA NO TRABALHO. *Anais...* São Paulo: FEA/USP, 1999.

_____. Indicadores empresariais de qualidade de vida no trabalho: uma proposta de conceitos, critérios e funções para ações e programas empresariais. In: SAMPAIO, Jader dos R. (Org.). *Qualidade de vida, saúde mental e psicologia social*: estudos contemporâneos II. São Paulo: Casa do Psicólogo, 1999.

_____; ASSIS, Maria Paulina. Projetos de qualidade de vida no trabalho: caminhos percorridos e desafios. *RAE Light* 2, São Paulo: EAESP-FGV, v. 2, p. 26-33, mar./abr. 1996.

_____; RODRIGUES, Avelino Luiz. *Stress e trabalho*: guia básico com abordagem psicossomática. 2. ed. São Paulo, Atlas, 1999. 154 p.

_____; _____. Uma perspectiva psicossocial em psicossomática: via estresse e trabalho. In: MELLO FILHO, Julio de (Coord.). *Psicossomática hoje.* Porto Alegre: Artes Médicas, 1993. 385 p.

LIMONGI-FRANÇA, Rubens. *Instituições do direito civil.* São Paulo: Saraiva, 1993.

_____. Direitos da personalidade e produção empresarial. 2º ENCONTRO INTERNACIONAL DE GESTÃO DE COMPETÊNCIAS EM QUALIDADE DE VIDA NO TRABALHO. *Anais.* São Paulo: FEA/USP, 1999.

LIPOWSKI, Z. J. *Psychosomatic medicine*: past and present. Toronto: Can. J. Psychiatry, 1986. v. 1.

LIPP, Marilda N. *Como enfrentar o stress.* 3. ed. São Paulo: Cone; Campinas: Unicamp, 1990.

LISONDO, Héctor R. *Qualidade dialética*: motivação, mudança e resistências. O "saber profundo" de Deming como ponto de partida para o conhecimento e tratamento das resistências à mudança no processo de implantação de sistemas de qualidade em pequenas e médias empresas de manufatura. 1999. Tese (Doutorado em Engenharia de Produção) – Escola Politécnica da Universidade de São Paulo, São Paulo.

LOPES, Alessandro Souza; D'AURIA, Cinthia; ARELLANO, Eliete Bernal; CASARINI, Fabiana Gradela; ABDUCH, Maria Angela; DIOGO, Maria Fernanda; BELLOTTI, Márcia; GAINO, Alexandre; LIMONGI-FRANÇA, Ana Cristina. *Boletim da Rede de Gestão de Qualidade de Vida no Trabalho, nº 1-6.* São Paulo: Faculdade de Economia, Administração e

Contabilidade da Universidade de São Paulo, em convênio com FIA-PROGEP, 1999-2000. Disponível em: <www.g-qvt.com.br>.

LÓPEZ, José Luis C. *Comunidad europea*: la seguridad en el trabajo y la seguridad en el producto. Madri: Instituto Nacional de Seguridad e Higiene en el Trabajo – INSHT, 1992.

LUNARDI FILHO, Wilson D.; MAZZILLI, Cláudio. O processo de trabalho na área de enfermagem: uma abordagem psicanalítica. *Revista de Administração da USP (RAUSP)*, v. 31, nº 3, p. 63-71, jul./set. 1996.

MALVEZZI, Sigmar. *Perfil do gestor*: histórico, papel e qualificação (apostila). Curso Avançado em Gestão Empresarial de Qualidade de Vida. São Paulo: Progep (FIA) – FEA/USP, 1999.

MARCHI, Ricardo de. Aspectos conceituais e metodológicos de qualidade de vida no trabalho. 1º ENCONTRO INTERNACIONAL DE GESTÃO DE COMPETÊNCIAS EM QUALIDADE DE VIDA NO TRABALHO. *Anais...* São Paulo: Progep – FEA-USP, 1998.

MARCOVITCH, Jacques. *A questão da competitividade no Brasil*. São Paulo: FEA/USP, 1995.

_____. *A universidade (im)possível*. São Paulo: Siciliano, 2000.

_____. O desafio de ensinar bem para todos. *Jornal da Tarde*, São Paulo, 19 fev. 2000, p. 2.

MARQUES, Joambell M. *Produtividade*: alavanca para a competitividade. 2. ed. São Paulo: Edicon, 1996.

MARTINELLI, Dante Pinheiro. *Em busca de uma visão sistêmica da negociação*. 2000. Tese (Livre-docência em Administração de Empresas) – Faculdade de Economia, Administração e Contabilidade da Universidade de São Paulo, São Paulo.

MARTINS, Gilberto de A. *Manual para elaboração de monografias e dissertações*. 2. ed. São Paulo: Atlas, 1994.

MARTINS, Mônica. Unidos pela qualidade. *Banas Qualidade*, ano 10, nº 104, p. 44, 2001.

MASCARENHAS, José de F. (Coord.). *Competitividade e crescimento*: a agenda da indústria/Confederação Nacional da Indústria. Brasília, CNI, 1998.

MASSAD, Luiz; ADDE, Elize A. *Qualidade de vida*. São Paulo: Edicon, 1995.

MATOS, Francis V.; SILVA, Valéria F. da; DUTRA, Joel de Souza (Orientador). *Evolução de carreira e competência em programas de desenvolvimento de trainees*. São Paulo: FEA-MBA RH-4, 1999.

MATTAR, Fauze Najib. *Pesquisa de marketing*: metodologia, planejamento, execução, análise. 2. ed. São Paulo: Atlas, 1994. v. 1.

MAXIMIANO, Antônio C. A. *Além da hierarquia*: como implantar estratégias participativas para administrar a empresa enxuta. São Paulo: Atlas, 1995.

MAZIERO, Gilmar. O fenômeno "karoshi" nas indústrias japonesas. 1º ENCONTRO INTERNACIONAL DE GESTÃO DE COMPETÊNCIAS EM QUALIDADE DE VIDA NO TRABALHO. *Anais...* São Paulo: Progep – FEA-USP, 1998.

MAZZILLI, Cláudio. Sistemas interativos de apoio à decisão: um processo coletivo. *Revista de Administração da USP* (RAUSP), v. 29, nº 3, p. 41-54, jul./set. 1994.

_____. Stress e qualidade de vida: conceitos e práticas de saúde. 2º ENCONTRO INTERNACIONAL DE GESTÃO DE COMPETÊNCIAS EM QUALIDADE DE VIDA NO TRABALHO. 2. QVT. São Paulo: FEA/USP, 1999.

MAZZON, José A. Marketing social e índices de promoção da saúde, voltados para QVT. 1º ENCONTRO INTERNACIONAL DE GESTÃO DE COMPETÊNCIAS EM QUALIDADE DE VIDA NO TRABALHO. *Anais.* São Paulo: Progep – FEA/USP, 1998.

_____; TEIXEIRA, Maria Luisa M. *Social marketing*: a new perspective for the concept of marketing. San Diego: *BALAS* – Business Association of Latin American Studies, 1998.

_____. *Auditoria operacional* (apostila). Curso Avançado em Gestão Empresarial de Qualidade de Vida. São Paulo: Progep – FEA/USP, 1999.

_____. Evolução dos instrumentos de gestão da saúde. 2º ENCONTRO INTERNACIONAL DE GESTÃO DE COMPETÊNCIAS EM QUALIDADE DE VIDA NO TRABALHO. 2. QVT. São Paulo: FEA/USP, 1999.

McDONOUG, John J. *The Quality of Working Life* – The Context of Change 1 (17), The quality of Work Life – Challenge to Continuity. Collier Macmillan Publishers, 1975.

McGLOTHLIN, James. Niosh research priorities in ergonomics and the present and future impact on the quality of worklife in the United States. 1º ENCONTRO INTERNACIONAL DE GESTÃO DE COMPETÊNCIAS EM QUALIDADE DE VIDA NO TRABALHO. *Anais...* São Paulo: Progep – FEA-USP, 1998. Disponível em: <www.JamesMcGlothlin.edu>.

McLAGAN, Patricia A. The next generation. *Training & Development*, 1997.

MEDINA, Cremilda C. de A. Os produtores de texto: experiências em redação com ênfase em QVT. In: ENCONTRO INTERNACIONAL DE GESTÃO DE COMPETÊNCIA EM QVT, 2., *Anais...*, São Paulo, FEA/USP, 1999.

MELLO FILHO, Júlio et al. *Psicossomática hoje*. Porto Alegre: Artes Médicas, 1992.

MELLO, Sylvia Leser. *Trabalho e sobrevivência*. São Paulo: Ática, 1988.

MENDES, Paulo B. QVT – Qualidade de Vida no Trabalho-bibliografia selecionada. Relatório de Pesquisa – Departamento de Administração da Faculdade de Economia, Administração e Contabilidade da Universidade de São Paulo, 1996.

MENDES, René. A promoção da saúde nas empresas: o futuro da medicina do trabalho, já existente. *Revista Práticas Bem Sucedidas*, São Paulo: Centro Brasileiro de Segurança e Saúde Industrial, ano 1, v. 1, jul./ago. 1996.

MENDES, René. *Patologia do trabalho*. Belo Horizonte, Atheneu. Compêndio, Edições 1996, 2002. v. 1 e 2. (ver também www.ICOH2003.com.br)

_____. Da insalubridade ao trabalho saudável: formas de alcançar. ENCONTRO INTERNACIONAL DE GESTÃO DE COMPETÊNCIAS EM QUALIDADE DE VIDA NO TRABALHO, 2. QVT, São Paulo: FEA/USP, 1999.

_____ et al. *Patologia do trabalho*. São Paulo, Rio de Janeiro, Belo Horizonte: Atheneu, 1995.

MERLEAU-PONTY, M. *Debates filosofia*: o visível e o invisível. 2. ed. São Paulo: Perspectiva, 1984.

MESSOHN, M. M.; SILVA, M. P. *Qualidade de vida no Banco de Boston*. Trabalho para a disciplina Tópicos de RH. São Paulo: FEA/USP, junho 1994.

MILCKOVICH, George T.; BOUDREAU, John W. *Administração de recursos humanos*. São Paulo: Atlas, 2000.

MINARELLI, José Augusto. *Trabalhar por conta própria*. 3. ed. São Paulo: Gente, 1997.

MINAYO, Maria C. de S. (Org.). *Pesquisa social*: teoria, método e criatividade. 4. ed. Petrópolis: Vozes, 1995.

MINDLIN, José. Competitividade tecnológica e internacionalização. *Revista de Administração da USP (RAUSP)*, v. 29, Coletiva de Depoimentos, 1994.

MINISTÉRIO DA EDUCAÇÃO E CULTURA (MEC). Instituto Nacional de Estudos e Pesquisas Educacionais. *Exame Nacional de Cursos Relatório* – Síntese 2000. Brasília: Ministério da Educação, 2000.

MINTZBERG, Henry. *The rise and fall of strategic planning*. New York: The Free Press, 1994.

MIRANELLI, José A. *Trabalhar por conta própria*: uma opção que pode dar certo. 3. ed. São Paulo: Gente, 1997.

_____. *Venda seu peixe*: como vender serviços profissionais. 2. ed. São Paulo: Infinito, 2000.

MOLLER, Claus. *O lado humano da qualidade*: maximizando a qualidade de produtos e serviços através do desenvolvimento das pessoas. São Paulo: Pioneira, 1992.

MORAES, L. F. R.; KILIMNIK, Z. M. *Comprometimento organizacional, qualidade de vida e stress no trabalho*: uma abordagem de diagnóstico comparativo (relatório de pesquisa). Belo Horizonte: UFMG-CEPEAD, 1994.

MORAES, Mauro S. de. *Qualidade de vida no trabalho*: uma análise sobre a QVT da equipe gerencial das lojas de uma cadeia de fast food. 1994. (Monografia) – Departamento de Engenharia de Produção da Escola Politécnica da Universidade de São Paulo, São Paulo.

MOREIRA, Dirceu. *A potencialização do capital humano*: o equilíbrio do capital intelectual e emocional, nas empresas, escolas e outros setores organizacionais. São Paulo: Makron Books, 1999.

MORGAN, Gareth. *Imagens da organização*. São Paulo: Atlas, 1996.

MOTA, Juan I. E. *Estrategia de empresa y recursos humanos*: una visión dinámica de la empresa. Madri: McGraw-Hill, 1993.

MOTTA, Fernando C. P.; CALDAS, Miguel P. (Org.). *Cultura organizacional e cultura brasileira*. São Paulo: Atlas, 1997.

MUNIZ JÚNIOR, J. *Qualidade de vida no trabalho*: regravação de velhos sucessos. 1992. (Trabalho final para disciplina de organização do trabalho aplicada à produção) – Poli/USP, São Paulo.

NATIONAL INSTITUTE OF OCCUPATIONAL SAFETY AND HEALTH (NIOSH). U.S. Department of Health and Human Services. <http://www.cdc.gov/niosh>, 1998.

NAVARRO, Leila. *Talento para ser feliz*. São Paulo: Gente, 2000.

NERI, Agnaldo. *Qualidade de vida no trabalho*: modismo ou referencial para a valorização de recursos humanos. Campinas, 1992. Apostila.

_____. Gestão pessoal de saúde: realidades e desafios. 1º ENCONTRO INTERNACIONAL DE GESTÃO DE COMPETÊNCIAS EM QUALIDADE DE VIDA NO TRABALHO. 1º QVT-i. *Anais...* São Paulo: Progep – FEA-USP, 1998.

NEVES, Carlos. *Qualidade de vida nas empresas*. São Paulo: T&D, 1994.

_____. *Nicolas Schor* – Mais vida à saúde. (Entrevista), p. 4-8, São Paulo: T&D, maio 1995.

NIOSH (National Institute for Occupational Safety and Health). U.S. Departament of Health and Human Services. Columbia, 1998 (vide *site*).

NOBRE, Moacyr R. C. *Qualidade de vida* (editorial) Arq. Bras. Cardiol, 1995.

NOGUEIRA, Arnaldo F. M. Questões jurídicas e sociais da qualidade de vida. 2º ENCONTRO INTERNACIONAL DE GESTÃO DE COMPETÊNCIAS EM QUALIDADE DE VIDA NO TRABALHO, 2º QVT-i. São Paulo: FEA/USP, 1999.

_____. *Relações de trabalho e qualidade de vida* (Apostila). São Paulo: Progep (FIA) – FEA/USP, 1999.

NOVAES, Washington (Coord.). *Agenda 21 brasileira*: bases para discussão. Brasília: MMA: PNUD, 2000.

_____. O IMPACTO das novas tecnologias no mercado. *Viver Psicologia*, São Paulo: Pereira de Castro, 1994.

OLIVEIRA, Chrysostomo Rocha. Boletim Técnico: LER/DORT. São Paulo, 2000.

OLIVEIRA, Marco A. Dilemas na gestão da qualidade e da qualidade de vida no trabalho. In: ENCONTRO INTERNACIONAL DE GESTÃO DE COMPETÊNCIAS EM QUALIDADE DE VIDA NO TRABALHO, 1., 1998. São Paulo. *Anais...* São Paulo: Progep: FEA/USP, 1998.

_____. *E agora, José?*: guia para quem quer buscar emprego, mudar de trabalho, montar um negócio ou repensar sua carreira. São Paulo: Senac, 1999.

_____ (Coord.). *Mitos e realidades na qualidade no Brasil.* São Paulo: Nobel, 1994.

OLIVEIRA, Maurício. Sem parede rende mais. *Revista Veja*, São Paulo: Abril, p. 116, 10 jan. 2001.

OLIVEIRA NETO, Valdemar. Voluntariado empresarial. In: 2º ENCONTRO INTERNACIONAL DE GESTÃO DE COMPETÊNCIAS EM QUALIDADE DE VIDA NO TRABALHO, 2º QVT-i. São Paulo: FEA/USP, 1999.

<ONU: http://www.un.org>. Acesso em: 2000.

ORGANIZAÇÃO INTERNACIONAL DO TRABALHO (OIT). Disponível em: <http://www.oit.org>. Acesso em: jan. 2000.

ORGANIZAÇÃO MUNDIAL DA SAÚDE (OMS). Disponível em: <http://www.oms.ch>. Acesso em: jan. 2000.

ORGANIZAÇÃO PANAMERICANA DE SAÚDE (PAHO). Disponível em: <http://www.paho.org>. Acesso em: jan. 2000.

PAIVA, José G. de. Significado do trabalho e suas implicações de realização e bem-estar pessoal. ENCONTRO INTERNACIONAL DE GESTÃO DE COMPETÊNCIAS EM QUALIDADE DE VIDA NO TRABALHO, 1., 1998. São Paulo: *Anais...* São Paulo: Progep: FEA/USP, 1998.

PALHANO, André. Alta rotatividade. *Revista Veja*, São Paulo: Abril, p. 158, 26 abr. 2000.

PARRY, Scott B. The guest for competencies. *Training*, July 1998.

PASTORE, José. *O desemprego tem cura?* São Paulo: Makron Books, 1998.

PEÑA, Janis S. G. *O âmago de um espinho adormecido*: análise da gestão de qualidade de vida no trabalho em um hospital psiquiátrico público. 2000. Dissertação (Mestrado) – FEA/USP, São Paulo.

PETERS, Lawrence H. et al. *Encyclopedic dictionary of human resource management.* Oxford: Blackwell Business, 1998.

PETRONE, Luigi. *Qualidade de vida e doenças psicossomáticas.* Tradução de Lúcia Malagrino Petrone. São Paulo: Lemos, 1994.

PILOM. Cidadania e qualidade de vida. *Jornal da USP.* São Paulo: Universidade de São Paulo, nº 256, 1993.

PIZA, Fábio de Toledo. *Conhecendo e eliminando riscos no trabalho*. Brasília: CNI: Sesi: Senai: IEL, 2000.

PLONSKI, Guilherme Ary. Cooperação Universidade-Empresa: um desafio gerencial complexo. *Revista de Administração da USP (RAUSP)*, São Paulo, FEA/USP, v. 34, nº 1, p. 5-12, out./dez. 1999.

PNUD. *Desenvolvimento humano sustentável*: conceitos e indicadores. HADDAD, Paulo R.; BONELLI, Regis (Coord.). Brasília: Fundação Pinheiro, set. 1998.

POLYCARPO, Jurema. Notícias da rede. *Boletim da Rede de Estudos em Gestão da Qualidade de Vida*, v. 3 e 4, São Paulo: FEA/USP, 1999-2000.

PREVENIR é um santo remédio. *Revista Exame*, São Paulo: Abril, p. 82-83, jan. 1992.

QSP. Centro da Qualidade, Segurança e Produtividade para o Brasil e América Latina, ano 6, nº 55, set. 1997.

QUELHAS, O.; MORGADO, C. Programa de qualidade "made in Brazil". *Revista Ser Humano*, São Paulo, nº 111, ago. 1996.

QUILLIAN, Warren. C. et al. *Age and ageing*. Londres: Oxford University Press, 1999.

RAINWATER, Janette. *Você é o responsável*: guia de autoterapia. São Paulo: Summus, 1987.

RAMAZZINI, Bernardino. *Doença dos trabalhadores*. Tradução de Raimundo Estrela. São Paulo: Fundacentro, 1999.

RAMOS, Alberto G. *A nova ciência das organizações, uma reconceituação da riqueza das nações*. Rio de Janeiro: FGV, 1989.

RATTNER, Henrique. *Liderança para uma sociedade aceitável*. São Paulo: Nobel, 1998.

RECHZIEGEL, Waldir. *Qualidade de vida no trabalho*: um estudo com trabalhadores em uma empresa do setor de autopeças. 2000. Dissertação (Mestrado) – Programa de Pós-Graduação em Engenharia de Produção da Universidade Metodista de Santa Bárbara d'Oeste (UNIMEP).

REDER, Alan. *Best business practices for socially responsible companies*. New York: Tarcher Putnam, 1995.

REGGIS, R.; MOGGI, J. *O despertar da empresa brasileira*: como se preparar para o futuro. São Paulo: Cultrix, 1994.

REVISTA BRASILEIRA DE ADMINISTRAÇÃO. Brasília: Conselho Federal de Administração, ano 9, nº 25, maio 1999.

_____. Brasília: Conselho Federal de Administração, ano 10, nº 28, mar. 2000.

_____. Brasília: Conselho Federal de Administração – CFA, ano 10, nº 30, set. 2000.

_____. Brasília: Conselho Federal de Administração, ano 10, nº 31, dez. 2000.

REVISTA BUSINESS WEEK. Nov. 2000. Edição latino-americana.

REVISTA CIPA. São Paulo: Caderno Informativo de Prevenção de Acidentes. São Paulo: Editora (Cipa), 1996-2001.

REVISTA CONTROLE DA QUALIDADE. Brasil ISO 9000. São Paulo: Banas, nº 42, nov. 1995.

REVISTA DE ADMINISTRAÇÃO DA USP (RAUSP). São Paulo: FEA/USP, v. 34; v. 35, nos 1 a 4, 1999-2000.

REVISTA DE ADMINISTRAÇÃO DE EMPRESAS – ERA. São Paulo: FGV, v. 40, nº 3; v. 41, nº 1, 2000-2001.

REVISTA DO PROVÃO. Brasília: MEC, v. 1, nos 1 e 5, 1996 e 2000.

REVISTA EXAME. O jogo de equipe é o que dá resultado. São Paulo: Abril, p. 154-156, ago. 1994.

REVISTA GESTÃO DA QUALIDADE. Brasília: QA&T-Consultores, ano 3, nº 4, 1992.

REVISTA LATINO-AMERICANA DE PSICOPATOLOGIA FUNDAMENTAL. São Paulo: Laboratório de Psicopatologia Fundamental (PUC-SP): Laboratório de Psicopatologia Fundamental (UNICAMP): Rede Universitária de Pesquisa, v. 2, nº 4, 4 dez. 1999.

REVISTA PESQUISA FAPESP. São Paulo: Fundação de Amparo à Pesquisa do Estado de São Paulo, nº 61, jan./fev. 2001.

REVISTA PROTEÇÃO. REVISTA MENSAL DE SAÚDE E SEGURANÇA DO TRABALHO. Novo Hamburgo: MPF Publicações, 1996-2000.

REVISTA SOS. São Paulo, Associação Brasileira de Prevenção de Acidentes, set./out. 2000.

REVISTA TENDÊNCIAS DO TRABALHO. Rio de Janeiro: Tama, nº 316, 1ª quinzena dez. 2000.

REVISTA VEJA. São Paulo: Abril, p. 104-105, 107, 1º nov. 2000.

REVISTA VEJA. São Paulo: Abril, p. 21, 10 jan. 2001.

REVISTA VEJA. São Paulo: Abril, p. 90, 13 dez. 2000.

REVISTA VEJA. São Paulo: Abril, p. 14-15, 26 jul. 2000.

RH. *Relatos e histórias*: a psicologia, a antropologia, a sociedade e a política de recursos humanos (em contos). São Paulo: Manpower, 1987.

RIBEIRO, Mauro. Inclusão empresarial dos desabilitados: resultados de sucesso. In: ENCONTRO INTERNACIONAL DE GESTÃO DE COMPETÊNCIAS EM QUALIDADE DE VIDA NO TRABALHO, 2º QVT-i. São Paulo: FEA/USP, 1999.

RICHARDSON, Roberto J. et al. *Pesquisa social*: métodos e técnicas. São Paulo: Atlas, 1985.

RIECHELMMAN, José R. Ações do médico: especificidades no atendimento à saúde da mulher executiva. In: 1º ENCONTRO INTERNACIONAL DE GESTÃO DE COMPETÊNCIAS EM QUALIDADE DE VIDA NO TRABALHO, 1., 1998. Anais... São Paulo: Progep. FEA/USP.

RIMOLI, Elizabeth D. *Esforços institucionais de qualificação e empregabilidade*. In: ENCONTRO INTERNACIONAL DE GESTÃO DE COMPETÊNCIAS EM QUALIDADE DE VIDA NO TRABALHO, 2º QVT. São Paulo: FEA/USP, 1999.

ROBBINS, Stephen P. *Comportamento organizacional*. 8. ed. Rio de Janeiro: LTC, 1999.

ROCHA, Dulce. Empresas assumem responsabilidade social. *Boletim Executivo em Foco*, São Paulo: FIA-FEA/USP, 1998. Programa de Educação Continuada em Administração, 1998.

ROCHA, L. E. et al. *Isto é trabalho de gente?* Vida, doença e trabalho no Brasil. Petrópolis: Vozes, 1993.

RODRIGUES, Avelino L. Estresse e trabalho: aumenta a preocupação com o desgaste do trabalhador. *Revista Proteção*, Novo Hamburgo: MPF, nº 17, jun./jul. 1992.

_____. Stress, burnout e trabalho: a síndrome da modernidade. In: 1º ENCONTRO INTERNACIONAL DE GESTÃO DE COMPETÊNCIA EM QUALIDADE DE VIDA NO TRABALHO, 1º QVT-i, 1998. São Paulo. *Anais*. São Paulo: Progep: FEA/USP, 1998.

RODRIGUES, M. C. P. O índice de desenvolvimento social. *Revista Conjuntura Econômica*, Rio de Janeiro, jan. 1991.

_____. O índice do desenvolvimento humano: IDH da ONU. *Revista Conjuntura Econômica*. Rio de Janeiro: FGV, jul. 1993.

_____. Por que o Brasil subiu no ranking do desenvolvimento humano? *Revista Conjuntura Econômica*, set. 1994.

RODRIGUES, M. V. C. *Qualidade de vida no trabalho*. Evolução e análise no nível gerencial. Petrópolis: Vozes, 1994.

_____. *Processos de melhoria nas organizações brasileiras*. Rio de Janeiro: Qualitymark, 1999.

_____; AMORIM, T. A. A. Uma investigação da qualidade nas organizações brasileiras. *Anais da Anpad*, v. 1, 1995. Recursos Humanos.

ROITMAN, A. A ética da globalização. *Revista Trevisan*. São Paulo: Trevisan, ano 9, jul. 1996.

ROMÃO, José E. Complexidade e educação. *Ecos Revista Científica*, p. 28-38, dez. 2000.

ROOS, Daniel; JONES, Daniel T.; WOMACK, James P. *A máquina que mudou o mundo*. Rio de Janeiro: Campus, 1992.

ROSSI, Ana Maria. *Autocontrole*: nova maneira de controlar o stress. Rio de Janeiro: Rosa dos Tempos, 1991.

ROTHERY, B. *ISO 9000*. Tradução de Regina Claudia Loverri. São Paulo: Makron Books, 1993.

ROTONDARO, R. *Formação de auditores internos*. São Paulo: Fundação Carlos Alberto Vanzolini, 1993. Apostila.

_____; LOPES, F. *ISO 9000*: documentação, implementação e certificação. São Paulo: Poli: Fundação Carlos Alberto Vanzolini, 1993. Apostila.

RUBENSTEIN, A. H. *Um paradigma para o delineamento de problemas organizacionais*. Tradução de Roberto Sbragia. São Paulo: FEA/USP: Pacto, 1980.

_____. *An approach to organizational design*. San Francisco: Jossey Bass, 1986.

RUTH, Walter. *O trabalho humano com sistemas informatizados no setor de serviços*. Departamento de Engenharia de Produção, Escola Politécnica – USP. São Paulo: Plêiade, 2000.

SAFETY in the use for chemicals (for Secondary School Education). Disponível em: <http://www.oit.org/publi/.english/protection/safework/papers/index.htm>. Acesso em: jan./dez. 2000.

SALDANHA, Nelson. Legitimidade. In: LIMONGI-FRANÇA, Rubens. *Enciclopédia Saraiva do Direito*. São Paulo: Saraiva, 1977.

SALERNO, M. S. Inovação tecnológica, novos padrões de organização do trabalho e a qualificação da força de trabalho. SIMPÓSIO SBPC. São Paulo: USP, 1992.

SAMPAIO, Jader dos Reis. *Qualidade de vida, saúde mental x psicologia social*. Estudos Contemporâneos. São Paulo: Casa do Psicólogo, 1999.

SAMULSKI, Dietmar; CHAGAS, Mauro H.; NITSCH, Jurgen. *Stress*. Belo Horizonte: Lapes: UFMG, 1996.

SANT'ANA, Sigrid S. Síntese das apresentações. In: ENCONTRO INTERNACIONAL DE GESTÃO DE COMPETÊNCIAS EM QUALIDADE DE VIDA NO TRABALHO, 1., 1998. São Paulo. *Anais...* São Paulo: Progep: FEA/USP, 1998.

SANTOS, D. G. Globalização e competitividade. *Makron Books Informa*, São Paulo: Makon Books, abr./maio 1996.

SANTOS, Jair L. F.; WESTPHAL, Marcia F. Dossiê saúde pública. *Estudos Avançados*, v. 13, nº 35, jan./abr. 1999.

SANTOS, Milton. A redescoberta da natureza. *Revista de Estudos Avançados*, v. 6, nº 14, jan./abr. 1992.

SANTOS, Yeda S. A face oculta da sociedade. *Jornal da USP*, 20 a 26 set. 2000, p. 13.

SATO, Leni; SELIGMANN-SILVA, E. As diversas expressões. *Revista Trabalho & Saúde*, São Paulo: Fundacentro, 1988.

SATO, Leni; SELIGMANN-SILVA, E. Astúcia e ambigüidade: as mudanças no chão da fábrica para a saúde. In: ENCONTRO INTERNACIONAL DE GESTÃO DE COMPETÊNCIAS EM QUALIDADE DE VIDA NO TRABALHO, 1., 1998. São Paulo. *Anais...* São Paulo: Progep: FEA/USP, 1998.

SAUAIA, A. C. A. *Satisfação e aprendizagem em jogos de empresas*: contribuições para a educação gerencial. 1995. Tese (Doutorado) – FEA/USP, São Paulo.

SBRAGIA, R. *O impacto de aspectos ligados à operação de estruturas matriciais sobre o desempenho de projetos de P&D*. Tese (Doutorado) – Faculdade de Economia, Administração e Contabilidade da Universidade de São Paulo, São Paulo, 1982.

_____; KRUGLIANSKAS, I. Capacitação tecnológica na indústria brasileira: alguns indicadores recentes. *Revista de Administração da USP (RAUSP)*, São Paulo, v. 30, nº 1, p. 75-83, jan./mar. 1995.

SCAICO, Oswaldo. O desenvolvimento da identidade nas organizações evoluídas. *Revista de Administração da USP (RAUSP)*, São Paulo: RAUSP, v. 20, nº 4, p. 42-50, out./dez. 1985.

SCHEIN, E. H. Coming to a new awareness of organization culture. *Sloan Management Review*, Cambridge: Massachusetts Institute of Technology, 1984.

_____. *Organizational culture and leardership*. San Francisco: Jossey Bass, 1986.

SCHIMIDT, M. Inês; DUNCAN, Bruce B.; BENÍCIO, M. Helena D. *Epidemiologia nutricional*: delineamentos de pesquisa. São Paulo: Edusp, 1996.

SCHRAIBER, Lilia B. *Pesquisa qualitativa e análise de conteúdo* (apostila). Curso Avançado em Gestão Empresarial de Qualidade de Vida. São Paulo: Progep (FIA): FEA/USP, 1999.

SELIGMANN-SILVA, Edith. Psicologia e psicodinâmica no trabalho. In: MENDES, René. *Patologia do trabalho*. São Paulo: Atheneu, 1995.

SELLTIZ et al. *Métodos de pesquisa nas relações sociais*. Tradução de Dante Moreira Leite. São Paulo: Editora Pedagógica e Universitária, 1974.

SELYE, Hans. *The stress of life*. Prefácio. New York: McGraw-Hill, 1976.

SENAI. *Construindo a pedagogia da qualidade*. Rio de Janeiro, 1992. Apostila.

SENGE, P. O profeta ZEN ensina a empresa a aprender. *Exame*, São Paulo: Abril, 1994.

SERRANO, Ricardo. *Ergonomia e segurança na empresa* (CD-ROM). São Paulo: Giroflex, 1999.

SERVIÇO SOCIAL DA INDÚSTRIA (SESI). Departamento Nacional. *Levantamento de dados*. JEC-SAÚDE. Brasília, 1999.

SEWELL, C.; BROWN, P. *Clientes para sempre*. São Paulo: Harbra, 1993.

SHIFT, Job. *Um mundo sem empregos*. São Paulo: Makron Books, 1995.

SHINIYASHIKI, Roberto. A urgência de criar qualidade de vida no trabalho. In: ENCONTRO INTERNACIONAL DE GESTÃO DE COMPETÊNCIAS EM QUALIDADE DE VIDA NO TRABALHO, 1., 1998. São Paulo. *Anais...* São Paulo: Progep: FEA/USP, 1998.

————. *O sucesso é ser feliz*. São Paulo: Gente, 1997.

SHIP breaking: a backgound paper, 1999. Disponível em: <http://www.oit.org/publi/.english/protection/safework/papers/index.htm>. Acesso em: jan. 2000.

SIEGEL, Sidney. *Estatística não-paramétrica para as ciências do comportamento*. São Paulo: McGraw-Hill do Brasil, 1975.

SILVA, Joysinett M. da. *QVT*: um estudo de caso sobre os profissionais da indústria de beneficiamento da castanha do caju realizado na Iracema Indústrias de Caju Ltda. 1999. Dissertação (Mestrado) – Universidade Federal do Rio Grande do Norte, Natal.

SILVA, Marco A. D.; DE MARCHI, Ricardo. *Saúde e qualidade de vida no trabalho*. São Paulo: Best Seller, 1997.

SIRGY, M. Joseph. The effect of moral philosophy and ethnocentrism on quality-of-life orientation in international marketing: a cross-cultural comparison. Strategic marketing planning guided by the quality-of-life (QOL) concept. *Journal of Business Ethics*, v. 15, nº 3, p. 241-259, Mar. 1996.

SMIRCICH, L. Concepts of culture organizational analysis. *Administrative Science Quarterly* 28, 1983.

SMITH, Adam. *A riqueza das nações*. São Paulo: Abril Cultural, 1982. v. 1, p. 41. (Os Economistas.)

SOLOMAN, C. M. Como lidar com a nova geração de administradores: os baby busters. *Revista de Administração de Empresas da FGV*, São Paulo:————, v. 34, nº 2, p. 78-87, mar./abr. 1994. Artigos em separata.

SOUZA. *Riscos*. SEMINÁRIOS DE INOVAÇÃO TECNOLÓGICA. Pacto. São Paulo: FEA/POLI, 2000.

SPINK, Mary J. (Org.). *O conhecimento no cotidiano*: as representações sociais na perspectiva da psicologia social. São Paulo: Brasiliense, 1993.

SPINK, Peter K. Some comments on the quality of working life. *Journal Occupational Psychology* 48, 1975.

————. O resgate da parte. *Revista de Administração da USP (RAUSP)*, São Paulo: FEA/USP, v. 26, nº 2, p. 22-31, abr./jun. 1991.

————; CLEMENTE, Roberta; KEPPKE, Rosane. Governo local: o mito da descentralização e as novas práticas de governança. *Revista de Administração da USP (RAUSP)*, São Paulo: FEA/USP, v. 34, nº 1, p. 61-69, jan./mar. 1999.

SROUR, Robert Henry. *Poder, cultura e ética nas organizações*. Rio de Janeiro: Campus, 1998.

STAL, Eva. A contratação empresarial da pesquisa universitária. *Revista de Administração da USP (RAUSP)*, São Paulo: FEA/USP, v. 30, nº 1, p. 3-18, jan./mar. 1995.

STRESS, HEALTH AND PRODUCTIVITY. Disponível em: <http://www.cdc.gov/niosh>. Acesso em 2000.

STRESS prevention for blue-colar workers in assembley-line production. Disponível em: <http://www.oit.org/publi/.english/protection/condtrav/htmldocs/5stress/sex_pub7.htm#_1_4>. Acesso em: jan./dez. 2000.

SZNELWAR, Laerte I. Prazer e sofrimento no trabalho: o caso das LER. In: ENCONTRO INTERNACIONAL DE GESTÃO DE COMPETÊNCIAS EM QUALIDADE DE VIDA NO TRABALHO, 1., 1998. São Paulo. *Anais...* São Paulo: Progep: FEA/USP, 1998.

_____; ZIDAN, Leila N. (Org.). *O trabalho humano com sistemas informatizados no setor de serviços.* São Paulo: Plêiade, 2000. Departamento de Engenharia de Produção da USP.

TASCHNER, Gisela B. Lazer, cultura e consumo. *Revista de Administração de Empresas*, v. 40, p. 39, 2000.

TAYLOR, Frederick W. *Princípios de administração científica.* São Paulo: Atlas, 1986.

TAYLOR, Robert. *Jornal Valor*, 2001, p. A8. [s. d.].

TEIXEIRA, Eduardo G. *A montanha-russa da transição.* 1997. Trabalho (Conclusão de Curso) – Escola de Comunicações e Artes da Universidade de São Paulo, São Paulo.

TEIXEIRA, José E. *Gerentes, vampiros e ideologia.* Rio de Janeiro: Qualitymark, 1998.

TEMAS DE GESTÃO DE COMPETÊNCIAS EM QUALIDADE DE VIDA NO TRABALHO, 2º QVT. São Paulo: FEA/USP, 1999.

TENDÊNCIAS do Trabalho, nº 315, p. 16, 1ª quinzena/nov. Rio de Janeiro: Editora Iana, 2000.

TERRA, José C. C. Gestão da criatividade. *Revista de Administração da USP (RAUSP)*, São Paulo: FEA/USP, v. 35, nº 3, p. 38-47, jul./set. 2000.

THEVÉNET, Maurice. La culture d'entreprise aujourd'hui: la consolidation après la sensibilisation. In: SEMINÁRIO CULTURE ET CHANGEMENT. São Paulo: USP, 1990.

TOLEDO, Flávio. *O que são recursos humanos.* 4. ed. São Paulo: Brasiliense, 1982.

TOLOVI JÚNIOR, José. Por que os programas de qualidade falham? *Revista de Administração de Empresas da FGV*, São Paulo: FGV, v. 34, nº 6, nov./dez. 1994.

_____. Os desafios da excelência em gestão de pessoas. 2º ENCONTRO INTERNACIONAL DE GESTÃO DE COMPETÊNCIAS EM QUALIDADE DE VIDA NO TRABALHO. 2º QVT-i. São Paulo: FEA/USP, 1999.

TRABALHE mas não morra. *Isto É*, São Paulo: Três, nº 1.349, 1995.

TRATEMBERG, Maurício. *Burocracia e ideologia.* São Paulo: Ática, 1985.

TRICHES, Divanildo; DONAIRE, Denis. *Revista de Administração*, São Paulo: FEA/USP, jan./mar. 1996.

TSUKAMOTO, Yuichi. Parcerias de responsabilidade social. In: ENCONTRO INTERNACIONAL DE GESTÃO DE COMPETÊNCIA EM QVT, 2., *Anais.*, São Paulo, FEA/USP, 1999.

_____. *Projeto*: núcleos de gestão para novos empreendimentos. São Paulo, 1992. Apostila.

_____. Qualidade de vida é a chave para separar os instrumentos úteis à administração moderna daqueles que se tornam obsoletos. *Inovação Empresarial*, São Paulo, 1992.

_____. O papel de "contractors" na infra-estrutura com alma. Competitividade na infra-estrutura para o século XXI. São Paulo, 1996. Apostila.

_____; BUENO, J. et al. Competição acelera a busca pelo ISO. In: GAMEZ e GOUVEIA, F. *Folha de S. Paulo*, Caderno 2, 25 ago. 1996.

TUKEY, J. W. *Exploratory data analysis*. Londres: Addison Wesley, 1977.

TUNDIS, Silvério A.; COSTA, Nilson R. (Org.). *Cidadania e loucura*: políticas de saúde mental no Brasil. Petrópolis: Vozes: Abrasco, 1987.

ULRICH, Dave. *Os campeões de recursos humanos*: inovando para obter os melhores resultados. 2. ed. São Paulo: Futura, 1998.

_____. *Recursos humanos estratégicos*: novas perspectivas para os profissionais de RH. São Paulo: Futura, 2000.

UNITRABALHO: rede interuniversitária de estudos e pesquisas sobre o trabalho. *Unitrabalho Informa*, São Paulo, ano 9, nº 3, nov. 1999.

VARGAS, Raul H. O. *A reportagem literária no limiar do século 21*. 1999. Dissertação (Mestrado) – Escola de Comunicações e Artes da Universidade de São Paulo, São Paulo.

VASCONCELLOS, Esdras G.; HEMSLEY, J. R. *Estrutura das organizações*. 2. ed. São Paulo: Pioneira, 1989.

_____. *Tópicos de psiconeuroimunologia*. São Paulo: Ipê, 2000.

VERGARA, Sylvia C. *Gestão de pessoas*. São Paulo: Atlas, 1999.

VIDAL, Mario C. Ação ergonômica: intergestão de qualidade de vida na empresa. In: ENCONTRO INTERNACIONAL DE GESTÃO DE COMPETÊNCIAS EM QUALIDADE DE VIDA NO TRABALHO, 1., 1998. São Paulo. *Anais...* São Paulo: Progep: FEA/USP, 1998.

WALTON, R. Criteria for quality life. In: DAVIS, L. E.; CHERNS, A. B. *The quality of working life*: problems, prospects and state of the art. New York: The Free Press, 1975.

WARDMAN, Kellie T. (Coord.). *Criando organizações que aprendam*. São Paulo: Futura, 1996.

WATANABE, Susumu. O modelo japonês: sua evolução e transferibilidade. *Revista de Administração da USP (RAUSP)*, São Paulo: FEA/USP, v. 31, nº 3, p. 5-18, jul./set. 1996.

WEIL, Pierre. *Organizações e tecnologias para o terceiro milênio.* 4. ed. São Paulo: Rosa dos Campos, 1995.

WEILER, Carlos. Qualidade de vida: implicações e práticas empresariais. In: ENCONTRO INTERNACIONAL DE GESTÃO DE COMPETÊNCIAS EM QUALIDADE DE VIDA NO TRABALHO. 2º QVT. São Paulo: FEA/USP, 1999.

WERTHER JR., William B.; DAVIS, Keith. *Administração de pessoal e recursos humanos.* Tradução de A. B. Simões. São Paulo: McGraw-Hill do Brasil, 1983.

WHITTINGTON, Richard. *What is strategy* – and it matter? Londres: International Thompson Business Press, 1995.

WISNER, Alain. *Por dentro do trabalho.* Tradução de Flora Maria Gomide Vezzá. São Paulo: FTD: Oboré, 1987.

_____. *A inteligência no trabalho*: textos selecionados de ergonomia. São Paulo: Fundacentro, 1994. (Brasil em Ação.)

WHOQOL GROUP – ORGANIZAÇÃO MUNDIAL DE SAÚDE. GRUPO BRASIL. Porto Alegre: Universidade Federal do Rio Grande do Sul, 1994. Disponível em: <www.hcpa.ufrgs.br/psiq.whoqol.html>. Acesso em: jan./dez. 2000.

WOMACK, J. P.; JONES, D. T.; ROOS, D. *A máquina que mudou o mundo.* Tradução de Ivo Korytovski. Rio de Janeiro: Campus, 1992.

WOOD JÚNIOR, Thomaz (Coord.). *Mudança organizacional*: aprofundando temas atuais em administração de empresas. São Paulo: Atlas: Coopers & Lybrand, 1995.

_____. *Os 7 pecados do capital e outras perversões empresariais.* São Paulo: Makron Books, 1999.

_____. Organizações de simbolismo intensivo. *Revista de Administração de Empresas (RAE/FGV)*, São Paulo, v. 40, nº 1, p. 21, jan./mar. 2000.

YUNUS, Muhammad. *O banqueiro dos pobres.* São Paulo: Ática, 2000.

ZACARIAS, Carlos R. Estilos de Gestão em QVT. In: 1º ENCONTRO INTERNACIONAL DE GESTÃO DE COMPETÊNCIAS EM QUALIDADE DE VIDA NO TRABALHO, 1º QVT-i. *Anais...* São Paulo: Progep: FEA/USP, 1998.

_____. A expansão da gestão de pessoas no sistema universitário. In: 2º ENCONTRO INTERNACIONAL DE GESTÃO DE COMPETÊNCIAS EM QUALIDADE DE VIDA NO TRABALHO. 2º QVT-i. *Anais...* São Paulo: FEA/USP, 1999.

ZACCARELLI, S. B. A nova ideologia da competição. *Revista de Administração de Empresas da FGV*, São Paulo, v. 35, nº 1, jan./fev. 1995.

ZIEMER, Roberto. *Mitos organizacionais*: o poder invisível na vida das empresas. São Paulo: Atlas, 1996.

Associação Brasileira de Recursos Humanos: <www.abrhnacional.com.br>

Associação Brasileira de Qualidade de Vida: <www.abqv.org.br>

Núcleo de Pesquisas em Gestão da Qualidade de Vida no Trabalho: <www.g-qvt.com.br>

International Stress Management Association: <www.ismabrasil.com.br>

Programa de Estudos em Gestão de Pessoas: <www.fia.com.br/progep>

Universidade de São Paulo: <www.usp.br>

Faculdade de Economia, Administração e Contabilidade: <www.fea.usp.br>

Índice Remissivo

Abraspe, 85
Absenteísmo, 85
Acidentes e doenças do trabalho, 40
Ações e programas de QVT, 159, 165
   administração de empresas, 159
   e empregados, 159
   necessidade de, 159
   produtividade, 159
   resultados mensuráveis, 159
Adam Smith, 46
Administração, 48
Administração de empresas, 159
Administrador, 45, 68
Administradores em QVT
   conciliadores, 156, 162
   incondicionais, 156, 162
   refratários, 156, 162
Advocacy coalition, 61
Agravo à saúde, 39
Ambiente de trabalho, 46
Ambiente produtivo, 45
Aprendizado, 71

Associação Brasileira de Qualidade de Vida, 43
Atendimento à qualidade de vida, 35
Atividades de QVT, 136
Ausência de espaço, 37
Auto-estima, 138
Auto-imagem, 138

Bem-estar, 22, 24, 32, 33, 45
BPSO-96, 136, 178
Brown, 41
Brutalidade racial, 56
Burocracia, 60

CAGE-QV, 124
   corpo docente, 125
   perfil profissional, 127
Caráter estratégico, 50
Chão de fábrica, 26, 49
Cidadania, 43, 62
Ciência administrativa, 46
Compartilhamento, 153
Competência, 22, 32, 83, 87, 165, 178

Competitividade, 49
Complexo biopsicossocial, 28
Comunidade, 62
Concedidas, 151
Conceito de qualidade de vida no trabalho, 42, 96
Conciliadores, 156, 162
Condição humana, 23, 27
Condições de saúde e educação, 47
Condições de trabalho, 23, 42, 71
Condições de vida, 24, 55
Conexões internacionais, 124
Confiança organizacional, 57
Conhecimento, 89
Conquista, 153
Consciência social, 59, 80
Conselho Federal de Administração, 68
Contabilidade social, 58
Controle Médico de Saúde Ocupacional (PCMSO), 84
Cooperação, 58
Corpo docente CAGE-QV, 125
Critérios de excelência, 44
Cultura, 59
Cultura organizacional, 62
Curso avançado em gestão empresarial de qualidade de vida, 125

Definição de QVT, 170
Dejours, 36
Desastres, 56
Descanso, 41
Desemprego, 56, 59
Desenvolvimento humano, 55
Desenvolvimento sustentável, 58
  âmbito macroeconômico, 58
Diagnóstico clínico, 57
Diálogo, 37
Dimensão biológica, 28, 45, 148
Dimensão humana, 33

Dimensão organizacional, 45
Dimensão psicológica, 28, 45, 56
Dimensão social, 29, 45
Dimensão socioeconômica, 26
Direito, 54
Direitos da personalidade, 54
Distúrbios osteomusculares relacionados com o trabalho (Dort), 36
Diversidade, 96
Divisão do trabalho, 46
Divisão social e técnica do trabalho, 47
Dor, 36, 37, 64, 85

E-commerce, 52
Economia, 46
Educação, 72
Educação e pedagogia, 100
Elites econômicas, 58
Empregabilidade, 82
Empregados, 159
Emprego, 66, 82
Empresa
  capitalista, 89
  cidadã, 59
Empresas relacionadas a QVT, 86
Enfermidade mental, 56
Engenharia, 41
Envelhecimento, 56
"Enxugamentos", 82
Era do conhecimento, 52
Era moderna, 25
Era pós-industrial, 73, 81
Ergonomia, 34
Escolas de administração, 48
Escolas de pensamento, 24, 74
  de QVT, 24, 30
Escola socioeconômica, 24
Escola taylorista, 47
Estilo de vida, 35, 92

Estratégia, 94
Estrutura organizacional, 58
Ética, 22

Famílias, 72
Fator crítico, 18, 22, 174
  legitimidade, 154
Fator crítico do perfil do administrador QVT, 157
Fatores socioeconômicos, 23
Felicidade, 71
Fernandes, 27, 34
Fischer, 41
Formação do administrador, 66, 71
Funções econômicas, 58
Fusões empresariais, 97

Gestão, 32
Gestão da Qualidade de vida no trabalho, 17, 32, 42
Gestão e estrutura organizacional, 99
Gestão empresarial, 65
Gestão empresarial da qualidade de vida no trabalho, 65
Gestão estratégica, 88
Giddens, 25
Globalização, 25
Governo, 58

Hierarquia de necessidades, 27
Hipótese, 18, 19
Humanização, 91

Ianni, 25
IDH (Índice de Desenvolvimento Humano), 55
Importância de QVT, 149
Incondicionais, 156, 162
Indicadores BPSO-96, 133
Individualização, 37, 64
Informação, 90

Inovação tecnológica, 44, 51, 98
Instituições do direito civil, 54
Integração universidade-empresa, 70
Integridade intelectual, 54
Inteligência emocional, 82
Investimento, 43, 152, 175
Invisible college, 61
ISO 9000, 138

Legalidade, 54
Legislação, 40
Legitimidade, 53, 54, 153
  da mulher, 57
Liderança, 83
Lieber, 41
Lipowski, 29

Manifestações psicossomáticas, 92
Manufatura, 50
MBA da USP, 84
MEC (Ministério da Educação), 69
Medicina, 41
Memória, 37
Mendes, 39
Mercados, 58
Metaqualidade, 48
Metas empresariais, 23
Minicrédito, 59
Modelo de gestão avançada, 19
Modelos de gestão, 74
Modelos gerenciais, 170
Modernização, 88
Motivação, 138
Mulher, 57

Natureza mágica, 59
Natureza psicossocial dos sintomas, 37
Natureza racional, 59
Natureza social, 59
Necessidades de concentração, 41

Negociação, 80
Niosh, 36
Normas ISSO 9000, 48
Nova competência, 18, 19, 87, 93, 94, 164
Nova economia, 32, 49, 89
Nova realidade social, 22
Novas práticas organizacionais, 162

Organização Mundial de Saúde (OMS), 29
Organizações de Simbolismo Intenso (OSI), 79
Os revolucionários da administração, 74

Paulo Freire, 72
Pausas e intervalos, 37
PCMSO – Controle Médico de Saúde Ocupacional, 84
Perfil do administrador, 72
Perfil profissional CAGE-QV, 127
Perfis ocupacionais, 71
Personalidade, 46
Pesquisas universitárias, 70
PIB (Produto Interno Bruto), 58
Planejamento estratégico, 91
Pnud (Programa das Nações Unidas para o Desenvolvimento), 55
Pobreza, 56
Poder feminino, 57
Políticas econômicas liberais, 58
Políticas fiscais liberais, 58
Pontos a melhorar, 139
Práticas de gestão, 63
Práticas de QVT, 17
Precocidade, 39
Pressões externas, 163
Pressões organizacionais, 23
Problemas familiares, 56
Processo, 82
Processo de pesquisa, 17
Processo dialético, 83

Produtividade, 44, 45, 50, 85, 159, 168
Produtividade como política, 45
Professor de administração, 69
Programa Brasileiro de Qualidade (PNQ), 48
Psicopatologia, 36
Psicossocial, 22, 38
Psicossomáticas, manifestações, 92
Psiquismo, 64

Qualidade, 48, 52
Qualidade de vida, 22, 27, 29, 32, 43
Qualidade de vida no trabalho (QVT), 24, 26, 32, 34
  atividades, 136
  camada biológica, 26
  camada organizacional, 26
  camada psicológica, 26
  camada social, 26
Qualidade pessoal, 27
Quantidade, 52
Questões jurídicas, 98
Quinta Disciplina, 70

Realidade compartilhada, 79
Recuperação, 37
Refratários, 156, 162
Refugiados, 56
Relações de trabalho, 20, 63, 165
Responsabilidade, 63, 72
Responsabilidade social, 165
Respostas psicossomáticas, 64
Resultados mensuráveis, 159
Risco ocupacional, 41
Ritmos, 37
Ritmos de produção, 41

Saúde-doença, 41, 63
Santos e Westphal, 26

Saúde e doença, 91
Saúde mental, 39
Saúde ocupacional, 150
Saúde pública, 35, 56
Século da pressa, 91
Século XX, 23
Sedentarismo, 38
Segurança e saúde, 40
Segurança no trabalho, 150
Síndrome comportamentalista, 64
Sintomas, 37
Sistemas informatizados, 37
Socioculturais, 61
Somatização, 64
"Só psicológico", 64
Status estratégico, 165
Stress, 22, 35, 38, 43

Subemprego, 56
Subjetividade, 39

Taylorismo, 48
Tecnologia de informação, 51
Tempo livre, 101
Tempos e movimentos, 22, 44
Teorias X e Y, 23
Trabalhador do conhecimento, 51
Trabalhadores "sucateados", 59
Tripé conceitual, 88
Turnos de trabalho, 41

Vetor estratégico, 93
Vida moderna, 22
Vida pessoal, 23
Violência, 59

Walton, 27, 34

Apoio Acadêmico e Científico
Prof. Dr. Milton de Abreu Campanário
Prof. Dr. José Affonso Mazzon

Produção Visual
Icléia Alves Cury: Oficina Editorial

Mapas, Gráficos e Tabelas
Delfim Galisi Domingues
Caio Augusto Limongi Gasparini (desenho dos perfis)

Revisão
Sonia Maria Eira-Velha
Bruno Oliveira Maronese
Elaine Durigam Ferreira Pessanha
Silvia Santos Vieira
Yeda S. Santos

Estagiários
Alexandre Augusto P. Gaino
Andres Rodrigues Veloso
Bruno Vasquez
Kavita Miadaira Hamza
Manoel Gladino Pereira Neto
Patrícia Morilha de Oliveira
Roberta Maitino de Oliveira Alves
Sérgio Nunes Muritiba
Sílvia Fagá de Almeida
Tatiana Kaawar Ratcu
Thiago Jordão Rocha

Apoios Institucionais
Conselho Federal de Administração – CFA
Prof. Dr. Rui Otávio Bernardes de Andrade, presidente

Associação Nacional dos Cursos de Graduação em Administração – Angrad
Prof. Dr. Manuel Santos Borges Alvarez, presidente

Federação Nacional dos Estudantes de Administração – Fenead
Ângela Lucas, vice-presidente
João Paulo Vergueiro, presidente

Associação dos ex-alunos MBA-FIA-FEA/USP

Impressão e Acabamento: